创领

——国能神东煤炭企业文化建设之路

CHUANG LING
GUONENG SHENDONG MEITAN QIYE
WENHUA JIANSHE ZHILU

魏永胜　王存飞　主编

知识产权出版社
全国百佳图书出版单位
——北京——

图书在版编目（CIP）数据

创领：国能神东煤炭企业文化建设之路/魏永胜，王存飞主编. —北京：知识产权出版社，2023.8

ISBN 978-7-5130-8959-3

Ⅰ．①创… Ⅱ．①魏… ②王… Ⅲ．①煤炭企业—企业文化—研究—中国 Ⅳ．①F426.21

中国国家版本馆 CIP 数据核字（2023）第 197243 号

内容提要

本书主要采用规范分析和案例研究相结合的方法，对国能神东煤炭集团有限责任公司企业文化建设之路进行了系统研究。本书主要内容包括：新时代神东文化新要求、神东文化传承与发展、文化认知认同与共识、文化融合发展、安全文化建设、企业文化落地新路径、文化软实力等。

本书可供高等院校经济管理、矿业工程、安全技术与工程等专业师生参考，也可供能源行业从业者和相关人员参阅。

责任编辑：刘亚军　　　　　　　　　　责任校对：谷　洋
封面设计：张国仓　　　　　　　　　　责任印制：孙婷婷

创领：国能神东煤炭企业文化建设之路

魏永胜　王存飞　主编

出版发行：知识产权出版社 有限责任公司	网　　址：http://www.ipph.cn
社　　址：北京市海淀区气象路 50 号院	邮　　编：100081
责编电话：010-82000860 转 8342	责编邮箱：731942852@qq.com
发行电话：010-82000860 转 8101/8102	发行传真：010-82000893/82005070/82000270
印　　刷：三河市国英印务有限公司	经　　销：新华书店、各大网上书店及相关专业书店
开　　本：720mm×1000mm　1/16	印　　张：17.25
版　　次：2023 年 8 月第 1 版	印　　次：2023 年 8 月第 1 次印刷
字　　数：256 千字	定　　价：89.00 元
ISBN 978-7-5130-8959-3	

出版权专有　侵权必究

如有印装质量问题，本社负责调换。

编 委 会

主　　编	魏永胜　王存飞
副 主 编	高云飞　刘　伟　于新晓　贺海涛
	汪腾蛟　罗　文　栗建平
执行主编	高会武　韩浩波
编　　审	贺安民　艾绍东　张　丽　梁宝玉
	张宝予　常晓莹　赵美成　连　军
	阚彦杰
编　　辑	赵晓蕊　王玉丽　张泽滆　邹绍辉
	邸鸿喜　李　捷　祁明珠　任　洁
	廖　喆　乔金林

序

岁月峥嵘，山河为证。

国能神东煤炭集团有限责任公司（以下简称神东）经过近40年的改革发展，先后建成我国首个亿吨级、首个两亿吨级现代化煤炭生产基地，成为煤炭工业先进生产力的代表。近40年来，神东在推进煤矿现代化、智能化建设的宏大进程中，不断培育独具特色的神东企业文化，坚持文化赋能，全面提升文化软实力，助力企业发展不断取得显著成效。这一物质文明和精神文明互促互进、共同发展的生动实践，充分彰显出神东人对企业精神、文化价值的执着信仰和坚定传承。

在国际上，企业文化理论发端于20世纪80年代初期，这一时期正是神东矿区开发建设的起步期。企业文化的兴起，标志着企业管理理念由以物为核心的刚性管理向以人为核心的柔性管理的转变。契合这一转变，神东人在矿区建设之初就用"艰苦奋斗"精神激励创业创新发展。转眼半个世纪过去了，企业文化管理模式已风靡全球，成为现代企业提升核心竞争力和高质量发展的必然选择，而神东所孕育形成的体系化的文化理念和精神特质，在推动企业愿景实现和战略规划落地方面发挥出积极作用。这种企业文化理论和企业文化实践同步发展的实例，充分凸显出神东增强文化自信的高度自觉和使命担当。

文化自信，是一个国家、一个民族发展中最基本、最深沉、最持久的力量。着眼前路，正如习近平总书记所言："没有高度的文化自信，没有文化的繁荣兴盛，就没有中华民族伟大复兴。"神东的企业文化是企业发展经验和企业精神的高度凝结，看似不是最直接的影响因素，但其作用是最持久的。近40年来，神东始终坚持党的全面领导，加强党的建设，在国家能源集团党组的坚强领导下，勇担保障国家能源安全的使命责任，坚持走新型工业化道路，围绕高起点、高技术、高质量、高效率、高效益的"五高"建设方针，建立了生产规模化、技术现代化、队伍专业化、管理信息化的"四化"发展模式，走出了煤炭产业中国式现代化的发展之路。这一独特的发展实践和竞争优势，一直受到以创新与创造、领先领跑为核心的企业文化的深度影响。"创领"文化作为神东精神的承接载体，具有深层的内在凝聚作用，具备自我进化与完善、自我调整与延续等独特功能，进而形成了神东企业文化软实力。这种软实力激活了生产力、增强了凝聚力、锻造了执行力、培育了创造力，进而提升了企业核心竞争力。伴随着企业文化的不断发展与深化，也助力神东形成了相对稳定的文化氛围和管理氛围，促使企业内部管理沟通更加便捷高效、企业决策更加科学有效、企业价值观更加鲜明具体，进而推动企业在"安全、高效、绿色、智能"高质量发展中，形成引领行业发展的神东样板、神东模式，为国家能源集团坚决担当好"国家能源——不断前进的动力"，加快建设世界一流清洁低碳能源领军企业，贡献出神东力量。

坚持守正创新，谱写时代华章，一直是神东人的价值追求。建设神东"创领"文化，既是秉承大型国有企业共性文化特征的过程，更是与时俱进、创新创造的发展过程。党的二十大擘画了全面建成社会主义现代化强国、以中国式现代化全面推进中华民族伟大复兴的宏伟蓝图，在"双碳"目标下，煤炭产业面临着绿色低碳转型的发展机遇与艰巨挑战。神东的变革之路也在换挡提速。如何有效发挥企业文化对神东高质量发展的支撑作用更是一道必须回答的时代命题。守正，就是要更加注重传承神东"艰苦奋斗、开拓务实、争创一流"的企业精神；创新，就是要持续推动企业文化的迭代与升级，不断培育员工对企业的认同感、自豪感和归属感，促进员工个人行为、精神、情感、信仰、行为习惯与企业融为一体。欲流之远者，必浚其泉源，组织编写《创领：国能神东煤炭企业文化建设之路》一书，正是探索神东"创领"文化守正创新的积极尝试。

《创领：国能神东煤炭企业文化建设之路》的编写历时三载，数易其稿，始得成型。本书紧扣党的二十大精神与时代脉搏，在深入推进高质量发展，持续深化改革，构建中国特色现代企业制度，弘扬企业家精神，不断提升企业竞争力，加快建设世界一流企业的时代背景下，系统研究神东发展建设过程中的企业文化实践，全面梳理中央企业深化改革的最新要求，丰富拓展大型国有企业的中国特色文化内涵，意义重大。本书积极回应了"神东企业文化的历史传承是什么、神东企业文化多年的建设方法与经验是什么、神东企业文化未来应该如何发展"等一系列具体问题。本书主要内容包括：神东文化传承与发展，神东文化认知与认同，文化与管理、党建、制度、队伍等的融合，神东安全文化，文化落地，文化自信等，提出了神东文化管理、文化融合模型、安全文化体系、神东软实力模型等理论与方法。

概观本书，以现代企业管理与文化理论为指导，采用规范分析和案例研究相结合的方法，研究思路清晰、行文叙述严谨、逻辑思维缜密，特别是深入探讨了国有企业文化建设的目标、企业文化建设的内涵、企业文化建设的发展路径与考评方法。研究成果为推进国有企业文化建设提供了系统性、创新性的模型、方法和路径，也体现出研究者在企业文化建设研究领域的独到视角和学术功力，值得阅览。

是为序。

编者

2023 年 7 月 1 日

前　言

"富煤贫油少气"是我国能源资源禀赋的显著性特征。目前我国煤炭储量占已探明化石能源资源总量的94%左右。据相关权威机构研究显示，到2030年，煤炭在我国一次能源消费结构中的比重仍占45%左右，在保障国家能源安全和经济社会发展中必将继续发挥重要作用，依然是国家安全的基石。特别是俄乌冲突爆发后，国际能源供应格局深刻调整，能源供应紧张局势加剧，世界各国都在积极通过提高能源供应多元化水平、加强能源基础设施互联互通、发展可再生能源等政策措施，维护本国能源供给安全。为此，在相当长时期内，煤炭的主体能源地位不会改变，煤炭仍是我国能源安全的兜底保障。

国能神东煤炭集团地处内蒙古自治区西部、陕西省北部、山西省西部交汇区，是国家能源集团（以下简称集团）的骨干煤炭生产企业。自开发建设以来，截至2022年，神东累计生产煤炭35.59亿吨。当今，在神东这片激情飞扬的土地上，平均每天119列火车满载约50万吨商品煤缓缓驶出，奔向祖国的四面八方，发挥着保障国家能源供应"稳定器""压舱石"的作用。神东，在为国家经济社会发展作出重要贡献的同时，也为中国煤炭产业创新转型发展提供了"神东方案"。

固本铸魂，神东文化建设成就斐然

近40年来，神东在煤炭行业创造了多项世界第一！神东，在建成我国第一个亿吨级、两亿吨级煤炭生产基地的同时，安全、生产、技术等主要指标达到世界领先水平。今天的神东，已经成为我国煤炭行业名副其实的领跑者。神东的崛起，就是一个煤炭企业的传奇！

"中国的昨天，已经写在人类的史册上！""中国的今天，正在亿万人民手中创造。"神东人所创造的成绩正是当代中国万千传奇中的一个缩影。而这个传奇,不仅是物质方面的,更是精神层面的。一顶帐篷、一把铁锹、一间房、一条路……一代又一代神东人在荒漠中,筚路蓝缕、开拓奋进,白手起家创事业、建新功。

没有强大的精神力量,是无法战胜一个又一个巨大困难的。神东虽地处大漠荒原,但神东人精神世界丰盈。在这里,每一块煤炭都是有温度的,都在进行一场跨越时空的接力,源源不断地输送着温暖,点亮了无数人的幸福生活;在这里,每一处场景都是有激情的,都在进行梦想的变现,成就自己的同时也在成就一个优秀的企业;在这里,每一个神东人都是幸福愉悦的,员工个人目标与企业发展目标有机结合,不仅支撑了企业愿景的实现,更谱写了一首温暖和谐的"交响曲"。

神东企业文化建设史就是一部大型煤炭企业承载国家能源战略西移和保障国家能源安全的发展史。20世纪80年代初,经历十年萧条的国民经济进入复苏阶段,拉动了能源需求的快速增长,也使我国以煤为主的能源供需矛盾更加凸显。曾经因燃料不足,以上海为代表的华东沿海地区工厂停工、停产时有发生,就连首都北京的煤炭供应有时也难以保障到位。党中央、国务院及时做出能源战略重点西移的重大决策,神东矿区由此拉开了轰轰烈烈的开发大幕。

神东作为神府东胜煤田开发主体,与神东矿区共使命,从最初的38名员工到今天的3.2万名员工,从综合机械化采煤到工作面无人化开采,从千万吨矿井群到亿吨级智能化矿井群"超级工程",从第一个300米、360米、400米、450米加长工作面,到世界上第一个8.8米大采高重型工作面、第一个中厚煤层综采自动化工作面,原煤生产效率最高150吨/工,直接工效最高1170吨/工,近年来百万吨死亡率控制在0.005,煤炭采掘机械化率达到100%,资源回采率达80%以上,安全、生产、技术、经济等主要指标达到国内第一、世界领先水平。神东的发展进程记录着神东人艰苦奋斗的创业进程,积淀着神东人独特的文化基因,孕育着神东人的格局胸怀,镌刻着神东人的价值追求,铸就着神东人的精神高地。

神东企业文化建设史就是一部我国煤炭行业踔厉奋发、砥砺奋进、改革发展奋斗史的缩影。"特别能吃苦、特别能战斗、特别能奉献、特别能创新"的可贵品质,"艰苦奋斗、开拓务实、争创一流"的神东精神,"神东煤、神东矿、神东人"的品牌形象,"安全、高效、绿色、智能"高质量理念,等等,这些正是对中国煤炭行业转型发展伟大精神力量、伟大使命担当、伟大胆魄勇气的完美诠释、全息折射和永久定格。

神东在近40年的艰辛探索和发展壮大中,逐步建立起具有神东企业鲜明特征的、完整的企业文化体系,战略、目标、宗旨、使命、精神、核心价值观等系统全面、内生协同,不断赋能神东企业健康可持续发展。企业文化带动企业跨越式发展是文化建设的终极目标。在神东,谈起企业文化,人们常听到的是从实践中总结提炼的实践升华,而不是先顶层设计再实施。神东文化是实实在在干出来的,是在神东这片沃土上长出来的。神东文化虽"形而上"但"穿到底",神东企业文化建设从一开始就融入企业的中心工作,融入生产经营全过程,融入员工成长发展全阶段,神东文化与企业生产经营管理深度融合到了一起。神东生产力的进步,不仅有创新链、价值链和人才链,还有文化"融合链",神东文化鼓励创新,又容忍失误和大胆探索。神东先后荣获"中国能源技术革新杰出企业""煤炭工业科技创新先进企业""国家能源集团科技创新先进单位"等多项殊荣,自上而下的科技创新三级管理体系,科技创新管理办法、知识产权管理办法、科技创新应用成果评奖以及推广应用管理办法、"五小"成果管理办法等,营造了积极向上的科技创新氛围,培育了良好的科技创新文化,充分发挥了文化赋能科技创新、文化引领企业发展的重要作用。"上下能够打破思维定式、愿意创新、思想统一、自发驱动、协同开放"正是神东文化效应的徐徐释放,神东文化赋予了每个神东人"争创一流"的胆魄和勇气。

神东,铸就了纵深发展的广阔格局与无上境界。神东非自己的神东,而是打造煤炭行业共同体的神东。神东已成为培养煤炭行业人才的"黄埔",输出我国最先进生产技术、管理模式的"高地",提供安全高效绿色智能煤炭资源开发的"样板";神东非自己的神东,而是承载国家能源保供、能源安全、能源革命使命的神东,在煤炭保供中贡献"神东力量",在安全生产中贡献"神东理念",在煤炭革命中贡献"神东方案";神东非自己的神东,而是以文化铸就发展之魂的神东,神东文化为神东创造出情感、思想、观念、认同、勇气、胆魄、斗志等多种元素。这是最高层次的竞争力,无声却有力。

神东人一路创新,风雨兼程,神东文化已成为神东人前进的精神支柱,神东价值观规范着员工的每一种行为,神东精神激发着神东人身上每一个细胞,企业发展活力不断迸发。

在新时代,神东已开启打造煤炭企业新标杆、建设世界一流企业、引领煤炭行业高质量发展的新征程。

新征程,神东文化建设的新高度

过去近40年,神东交出了一份优异的答卷;今天,神东又踏上了助力实现第二个百年奋斗目标新的赶考之路。新征程,再赶考。为国家能源革命和"双碳"目标做出新贡献,让煤矿工人更体面、更有尊严地工作和生活,这是新征程上神东企业文化建设的根本要求。

构建与高质量发展相匹配的神东发展新理念。企业发展,理念为先。煤炭企业高质量发展是全要素、全过程的发展,是体现新发展理念的发展。在"创新、协调、绿色、开放、共享"新发展理念指引下,神东需要注入新的文化要素和理念内涵,才能紧跟当前绿色能源革命浪潮的发展大势,才能回答好"变革传统组织、生产、运营和利用方式"的发展问题,才能将煤炭绿色低碳转型发展的挑战转化为实现企业高质量发展的良好机遇。

激活神东创新发展的安全文化新动能。神东坚决树牢"煤矿可以做到不死人""瓦斯超限就是事故"的安全理念,坚持"无人则安""零事故生产",始终把"零伤害"作为奋斗目标,将安全理念融入制度体系,贯穿于生产运营全过程各细节,教育引导广大干部员工自觉把安全放在首位,把安全红线作为"底线"和"生命线"。在依靠智能预警功能等新技术实施安全风险措施的前提下,不断强化神东安全文化"内化于心、外化于行"。

树立保障高质量发展的员工行为自觉新标准。新的时代背景下，神东的高质量发展已经扬帆起航。创建世界一流企业，不仅要有一流的产品和服务，也要有一流的品牌、一流的文化，同时更需要世界一流企业员工的一流自觉行动水平。神东致力在新征程中使员工的自觉行动成为践行高质量发展理念的一种必然价值取向。

面向未来，神东企业文化建设新方略

新使命，需要新战略；新战略，绘就新蓝图。神东使命，经历承载国家能源战略西移和矿区开发建设、亿吨级绿色煤炭生产基地、两亿吨级绿色能源基地、亿吨级智能化矿井群之变化；神东战略，经历建设中小型矿井、"五高"矿井、"四化五型"、世界一流企业之变化；神东文化，经历创业维艰与蓝图初绘、战略调整与锐意改革、创新模式与跨越发展、资源优化与协同共享、清洁生产与绿色发展之阶段。

如今如何把世界一流企业经营管理与世界一流企业文化建设深度融合起来，使价值理念与管理制度有效衔接，让企业文化"软"实力变为企业"硬"竞争力，都是神东亟待解决的问题。

唯有创新变革，方可形成新方略，取得新成就。

探索推进企业文化与中心工作进一步深度融合新方式。神东在企业文化与党的建设、安全生产、科技创新、经营管理、人才培养等方面已取得明显的成效，但仍需在党员队伍培养发展、思想政治工作、党建特色品牌方面与企业价值主张、宣贯传播、文化发展进一步融合，企业文化建设与神东安全生产、经营管理、生活服务、专业化服务、人才培养等实现"点、线、面"的融合，企业文化通过动态匹配审计、关联清单实现时变时新、协同关联。

积极探索安全文化与神东企业文化协同发展新模式。随着企业数字化智能化进程的不断加快，神东的生产与经营也在不断创新发展。未来矿山的发展趋势，是基于工业互联网平台的数字经济与能源经济的融合发展之路，实现技术、组织、模式的全面创新。随之而来的神东安全文化建设，也将会以智能化安全风险智能感知、智能分析、智能预警、智能提醒、智慧决策为根本，把员工从复杂危险的作业环境中解放出来，与新媒体时代的文化信息传播特征合力构建起新型安全文化。

形成神东企业文化落地新方法。经过多年的发展，神东形成了"654"企业文化建设模式：健全"组织领导体系、工作制度体系、宣贯队伍体系、设备设施体系、灌输渠道体系、考核评价体系"6个工作体系，发挥"制度规范、领导推动、典型示范、员工践行、舆论渲染"5种力量，从"理念渗透、制度梳理、行为规范、形象展示"4个层面，系统运作，重点突破，实现企业核心价值理念"内化于心、固化于制、外化于行、显化于形"。2019年，神东在实践的基础上，形成创领文化"双维度"践行模式。正是由于这些落地方法，神东企业文化作用得到了充分发挥。下一步，神东文化落地新方法要在"感知、标准、考核、评价、激励"上下功夫，走出"借鉴—创新—实践—修正—提升—再实践"的循环发展之路。

几代神东人，一段创业史。神东开发建设的历史，既是一部神东人锐意改革、团结进取、书写煤炭工业奇迹的创新创造史，也是一部神东文化从自发、自觉、自主，逐渐走向文化自信的成长壮大史，更是一部国有企业坚持党的领导、加强党的建设、主动担当作为的矢志奋斗史。今天的神东，凝结着全体神东人的心血和智慧；明天的神东，将在中国现代化全面推进中华民族伟大复兴的时代使命中再创新的辉煌。

编者
2023年7月

目　录

第1章　新时代企业文化建设新要求 ·· 1

1.1　立足新发展阶段 ··· 2
 1.1.1　勇做能源革命排头兵 ·· 2
 1.1.2　争当落实双碳目标主力军 ····································· 4
 1.1.3　打造世界一流能源企业 ······································ 10

1.2　全面激活发展新动能 ·· 12
 1.2.1　不断创新安全管理新范式 ··································· 12
 1.2.2　加快推进数字智能化建设 ··································· 15
 1.2.3　形成绿色低碳循环发展新模式 ······························ 17
 1.2.4　持续深化体制机制系统变革 ································· 19

1.3　迈向高质量发展新征程 ··· 22
 1.3.1　保障能源安全稳定供应 ······································ 22
 1.3.2　推动矿区共建协同发展 ······································ 24
 1.3.3　构筑高质量发展新格局 ······································ 26

第2章　企业文化传承与发展 ··· 29

2.1　艰苦奋斗塑成企业文化 ··· 30
 2.1.1　战略演变驱动境界提升 ······································ 30
 2.1.2　艰苦环境催生精神追求 ······································ 37
 2.1.3　跨越发展铸就价值体系 ······································ 46

2.2　高效建设推进文化发展 ··· 49
 2.2.1　系统推进企业文化建设 ······································ 49
 2.2.2　精准对接国能文化理念 ······································ 52
 2.2.3　创领文化引领企业发展 ······································ 55

2.2.4　持续优化文化践行路径 ……………………………… 56
　2.3　面向未来实现文化变革 ………………………………………… 59
　　2.3.1　实现企业文化与管理深度融合 ……………………… 59
　　2.3.2　面向时代需求的新型安全文化 ……………………… 60
　　2.3.3　构建企业文化高效落地新方法 ……………………… 61
　　2.3.4　打造世界一流企业文化软实力 ……………………… 63

第3章　文化认知认同与共识 …………………………………………… 68
　3.1　知晓入脑与文化认知 …………………………………………… 69
　　3.1.1　坚定文化自信 ……………………………………… 69
　　3.1.2　立体式企业文化大传播 ……………………………… 70
　　3.1.3　建立企业文化管控体系 ……………………………… 74
　　3.1.4　建章立制确保文化宣贯 ……………………………… 76
　3.2　示范激励与文化认同 …………………………………………… 77
　　3.2.1　各级领导做好榜样示范 ……………………………… 77
　　3.2.2　持续推进先进班组建设 ……………………………… 78
　　3.2.3　树立英雄模范典型 …………………………………… 83
　3.3　凝心聚力与文化共识 …………………………………………… 87
　　3.3.1　融入日常生活凝聚形象力 …………………………… 87
　　3.3.2　讲好故事增强文化吸引力 …………………………… 89
　　3.3.3　创新传播形式赋予感染力 …………………………… 91
　　3.3.4　谱写文化作品提升生命力 …………………………… 93
　　3.3.5　强化使命担当聚合发展力 …………………………… 95

第4章　企业文化融合发展 ……………………………………………… 100
　4.1　党建引领企业文化相融共促 …………………………………… 101
　　4.1.1　培育党员队伍实现文化价值 ………………………… 101
　　4.1.2　做实思政工作宣贯文化理念 ………………………… 104
　　4.1.3　精神文明与党的建设共发展 ………………………… 108
　　4.1.4　开创党建品牌引领文化创新 ………………………… 110
　4.2　经营管理与企业文化深度融合 ………………………………… 113
　　4.2.1　企业文化增强公司治理能力 ………………………… 114

4.2.2	企业文化助力公司战略落地	115
4.2.3	企业文化提升行动执行效率	117
4.2.4	企业文化助推公司职能管理	118
4.2.5	企业文化汇聚专业化运营合力	120

4.3 企业制度与企业文化匹配协同 ………………………… 121
    4.3.1 开展企业文化与企业制度匹配审计 …………… 121
    4.3.2 构建企业文化与制度关联清单 …………………… 122
    4.3.3 企业文化与管理制度匹配对人才的优化策略 … 125

4.4 人才塑造与企业文化人文共济 ………………………… 128
    4.4.1 形成企业文化对人才的虹吸效应 ………………… 128
    4.4.2 巩固公平竞争确保文化认同 ……………………… 129
    4.4.3 建设人才全生命周期成长机制 …………………… 131
    4.4.4 点燃员工创新热情激发文化活力 ………………… 133
    4.4.5 吸引人才扎根积聚文化能量 ……………………… 135

第5章 安全文化建设 …………………………………………… 137

5.1 构建本质安全管理体系 ………………………………… 138
    5.1.1 构建生产本质安全管理体系 ……………………… 138
    5.1.2 构建经济本质安全管理体系 ……………………… 141
    5.1.3 构建政治本质安全管理体系 ……………………… 142

5.2 文化驱动安全管理能力提升 …………………………… 142
    5.2.1 先进安全理念驱动安全升级 ……………………… 143
    5.2.2 强化安全基础筑牢安全底线 ……………………… 144
    5.2.3 形成"大监督"安全管理格局 …………………… 146

5.3 安全文化发展探索之路 ………………………………… 148
    5.3.1 安全文化在发展中孕育 …………………………… 148
    5.3.2 安全文化在建设中壮大 …………………………… 150
    5.3.3 安全文化在宣贯中深植落地 ……………………… 152
    5.3.4 安全文化在体系建设中融入管理 ………………… 154

5.4 新时期安全文化建设 …………………………………… 156
    5.4.1 准确把握安全文化建设导向 ……………………… 156

  5.4.2 持续提升安全文化建设水准 ················ 158
  5.4.3 系统梳理安全文化要素 ···················· 162
  5.4.4 创新安全文化建设新举措 ················ 163

第6章 企业文化落地新路径 ···················· 166
 6.1 形成企业文化感知氛围 ························ 167
  6.1.1 建立系统化内部传播新渠道 ············ 167
  6.1.2 探索多样化对外传播新途径 ············ 171
 6.2 塑造企业文化标准典范 ························ 173
  6.2.1 标准化助推企业融合发展 ················ 174
  6.2.2 行为文化促进企业协调统一 ············ 175
  6.2.3 安全素能确保企业平稳运行 ············ 178
 6.3 健全企业文化评价体系 ························ 180
  6.3.1 实施员工企业文化自我评价 ············ 180
  6.3.2 完善企业文化诊断测评机制 ············ 182
 6.4 优化企业文化考核制度 ························ 184
  6.4.1 企业价值观融入人才选用标准 ········ 184
  6.4.2 企业文化纳入党建责任制考核 ········ 186
  6.4.3 员工行为考核与企业文化落地 ········ 187
 6.5 发挥企业文化激励作用 ························ 190
  6.5.1 企业文化榜样激励强化感召力 ········ 191
  6.5.2 企业文化环境激励增进凝聚力 ········ 194
  6.5.3 员工成长发展激励集聚向心力 ········ 196

第7章 企业文化软实力 ···························· 199
 7.1 理念引领力 ·· 200
  7.1.1 打造党建引领下的一流企业文化软实力 ······ 200
  7.1.2 通过数字化提升企业核心竞争力 ···· 202
  7.1.3 积极推进能源革命形成新型产业体系 ········ 204
  7.1.4 聚合世界资源打造共创生态 ············ 207
 7.2 企业自信力 ·· 209
  7.2.1 营造企业内部全沉浸式幸福氛围 ···· 209

  7.2.2 代表中国煤炭工业最先进生产力 ········· 213
  7.2.3 驱动煤炭全行业命运共同体构建 ········· 215
 7.3 行动自觉力 ································· 218
  7.3.1 核心价值观与行为决策融合 ············· 218
  7.3.2 企业文化与企业风险管控 ··············· 220
  7.3.3 企业文化与绩效考核体系 ··············· 222
  7.3.4 企业文化与激励机制体系 ··············· 224
  7.3.5 企业文化与社会责任追求 ··············· 226
 7.4 变革驱动力 ································· 229
  7.4.1 企业文化激活企业科技创新 ············· 229
  7.4.2 文化理念引领企业管理变革 ············· 231
  7.4.3 文化驱动企业市场经营变革 ············· 233
 7.5 传播聚合力 ································· 235
  7.5.1 打造世界一流文化传播体系 ············· 235
  7.5.2 建设世界一流科技成果示范企业 ········· 238
  7.5.3 汇聚世界一流人才扎根企业 ············· 241
  7.5.4 融通世界一流资源聚能发展 ············· 244

参考文献 ······································· 246
后　记 ··· 248

第 1 章 新时代企业文化建设新要求

以文化人，更能凝结心灵；以艺通心，更易沟通世界。

——习近平

本章摘要

习近平总书记在党的十九大报告中指出，我国经济已由高速增长阶段转向高质量发展阶段。这一阶段从某种意义上对应的是马克思所说的"人的自由全面发展"，是挣脱物的束缚，更加接近人的本质的发展，更多地要求注重偏向精神的体验，不仅满足于物质需要，也凸显了文化的重要性。在"十四五"新征程上，神东立足于能源革命与"双碳"背景，遵循"企业因文化而生，因文化而兴，因文化而远"的理念，以新动能催生经营、管理的创新与进步，聚焦世界一流企业建设目标，构建高质量发展道路上的企业文化体系，推进智能化建设，有力保障能源供应并推动企业发展。

新时代开启新征程，新征程召唤新作为。新时代，中国的能源发展为经济社会持续健康发展提供有力支撑，也为应对全球气候变化、维护世界能源安全、促进世界经济增长做出积极贡献。当前，煤炭仍然是中国的主体能源，神东作为国家能源集团的骨干煤炭生产企业，在新时代为中国能源安全不断做出新贡献，也为中国煤炭行业转型发展实施大作为。在通往"十四五"和"2035"的新征程上，聚焦高质量发展、激活发展新动能是神东新时代的主旋律。围绕主旋律，神东企业文化理应擘画新方略、谱写新篇章。

1.1 立足新发展阶段

在能源革命和"双碳"背景下,神东企业文化建设面临新的要求。在变革与创新的时代洪流中,神东深谙时代浪潮的重要意义,充分把握历史机遇,用高效的管理、创新的技术和卓越的服务为未来发展奠定坚实的基础。在追求卓越的新征程上,神东不忘初心、牢记使命,以智慧和胆识勇做能源革命排头兵,争当落实"双碳"目标主力军,持续打造世界一流企业。

1.1.1 勇做能源革命排头兵

能源是经济社会发展的基础和动力,是文明的基石,对国家繁荣富强、人民生活改善和社会长治久安起到至关重要的作用。党的十八大以来,面对国际国内错综复杂的形势,以习近平同志为核心的党中央高瞻远瞩、审时度势,创造性地提出了"四个革命、一个合作"能源安全新战略,为新时代能源行业高质量发展指明了方向,开辟了道路。立足新发展阶段,要推动能源消费革命,抑制不合理能源消费;要推动能源供给革命,建立多元供应体系;要推动能源技术革命,带动产业升级;要推动能源体制革命,打通能源发展快车道;要全方位加强国际合作,以确保开放条件下的能源安全。能源革命是战略问题,作为我国主体能源的煤炭更要革命,革命的目标就是要实现煤炭全产业链的清洁、高效和可持续。

能源要革命,但绝不是"革"煤炭的"命",而是"革"传统组织、生产、运营和利用方式的"命",以此实现煤炭清洁低碳高效利用和近零生态环境影响。国家能源集团作为全球最大的煤炭生产公司、火力发电公司、风力发电公司和煤制油、煤化工公司,拥有独特的煤电化运一体全产业链优势,既有"大体量",又有"大担当",在能源革命中以"大作为"奋力谱写"大发展"的新篇章责无旁贷。

在促进清洁能源发展方面,国家能源集团积极推动包括风能、太阳能、水能等可再生能源的开发和利用。集团在国内外拥有大规模的新能源项目,通过加大投资力度,扩大清洁能源发电规模。在提升电力系统智能化水平方面，集团致力于推进电力系统的智能化升级，通过采用先进的电力调度、控制和监测技术，提高电力系统的效率和稳定性，推动电力系统向智能、高效、可靠的方向发展。在加强能源技术创新方面，集团不断增加对能源技术创新的投入，大力研发和应用先进的能源技术，积极探索出新能源、能源储存、能源管理等领域的新技术、新方法，并推广应用到实际生产和运营中。在实施绿色发展战略方面，集团将绿色发展作为重要战略，以减少环境污染和碳排放为己任，积极推动煤炭清洁高效利用和绿色发电技术的应用。

作为国家能源集团下属的骨干煤炭生产企业，神东长期以来以国际化视野对标全球领先企业，以改革创新推进企业在"专业化、市场化、智能化"方面持续升级变革，不断迭代，并始终与国家能源集团目标、战略、宗旨、使命保持高度一致、一脉相承。截至目前，神东拥有大型现代化安全高效矿井13个，总产能1.74亿吨，采掘机械化率100%，资源回采率80%以上，主要指标达到世界领先水平。近40年来，神东积极采用国内外先进技术和设备，打造了千万吨矿井群的"神东模式"，成为煤炭行业安全、高效、绿色、智能生产的典范和国家能源安全战略的践行者。

高质量发展是我国能源革命的基本内涵。能源革命本质上是能源的转型，是对传统能源的"破解"，是对原有成型的能源形态的"重构"，逐步实现由资源依赖向技术依赖的转移，构建起清洁低碳安全高效的能源体系。中国煤炭工业协会发布的《煤炭工业"十四五"高质量发展指导意见》明确提出：推进煤炭清洁高效利用，推动煤炭产业技术升级、产品升级、质量升级、管理升级，促进煤炭上下游产业协同、煤炭与多能源品种协同发展，培育新模式、发展新业态、提升新动能，培育一批具有全球竞争力的世界一流大型能源企业，推动矿区的生产生活环境持续改善，提升矿区职工的获得感和幸福感，建设现代化煤炭经济体系，促进煤炭工业高质量发展，为国民经济平稳快速发展提供安全稳定的能源保障。

能源革命体现在能源生产消费的各领域、各环节、全过程。截至2022年年底，神东13个矿井通过了地方政府智能化验收，建成25个智能综采工作面、34个智能掘进工作面、6个智能化造煤厂，井下固定岗位实现了无人值守，应用了五大类、153台机器人。神东从2020年开始建设生产运营协同调度系统，将企业的运营管理模式从"单一专业化分析"向"集团全面汇总预测"转变，推动企业管理和运营向数字化、智能化方向演进。在科技创新方面，神东加速实现核心技术国产化与关键装备的自动化，为科学技术创新推动我国煤炭行业的能源革命转型发展做出了积极贡献。

经营哲学是企业文化的核心要素之一。能源革命对神东的影响不仅体现在生产经营的各个环节，更为重要的是，它将重塑企业发展哲学的内涵。国家能源集团企业文化核心价值理念体系包括公司目标、战略、宗旨、使命、核心价值观、企业精神以及品牌广告和标识等，其中核心价值观是"绿色发展 追求卓越"，这正是能源革命赋予神东的高质量发展哲学。一切"革命"的具体举措，最终还是要在广大员工的岗位工作中得以落地。

2022年，神东与华为煤矿军团达成合作，旨在立足工业互联网，攻克煤矿智能化深层次难题，打造亿吨级智能化矿井群的"超级工程"，引领煤炭行业数字化转型，将人从复杂、危险、繁重的劳动环境中解放出来，进一步提高矿工的尊严感、获得感、幸福感和安全感，真正实现"智慧生产、智慧安全、智慧经营、智慧环保"，推动煤炭行业可持续和高质量发展。尊重员工等同于尊重煤矿工作这一神圣的职业，能够让员工热爱煤炭行业、扎根神东热土、挥汗神东舞台，就是神东绿色发展和追求卓越的价值体现。因此，企业文化建设与能源革命推进相辅相成。能源革命催生新的经营理念，新的经营理念引领企业创新发展，进而助推神东在高质量发展的道路上砥砺奋进、笃行致远。

1.1.2　争当落实双碳目标主力军

生态文明建设是关系中华民族永续发展的千年大计，也是"五位一体"总体布局的重要内容。2021年，中央经济工作会议提出，实现"碳达峰""碳中和"是推动高质量发展的内在要求。中央财经委员会第九次会议将碳达峰与碳中和纳入生态文明建设整体布局，进一步明确了构建清洁低碳安全高效能源体系的任务要求,能源绿色低碳发展是生态文明建设的应有之义和必然要求。

尽管当前煤炭占比已经到达了峰值平台区,预计到2029年年底,煤炭在一次能源中占比将降至50%以下,与之相对应的非化石能源占比将持续提升。但是,在面临由"数量型"主体向"灵活型"主体转型、由"单一化"利用向"多元化"利用转变、由"浅绿色"发展向"深绿色"发展、由"粗放"向"精益"管理演进、由"业务流程"向"数据驱动"发展模式转化等多种特征的情况下,煤炭仍然是我国新时代的主体能源。

研究表明,煤炭开发利用过程中产生的碳排放是中国碳排放的主要来源,约占全国碳排放总量的60%~70%。就煤炭开发和利用的过程而言,煤炭利用过程的碳排放量占比近90%,而煤炭开发过程的碳排放量占比约10%。煤炭开发过程的碳排放总量虽然不多,但其中甲烷排放量占能源活动甲烷总排放量的80%以上,约占中国甲烷总排放量的1/3。虽然目前的碳排放量占比较高,但煤炭仍具备在全行业以及全产业链上实现清洁、高效、可持续开发利用的能力。根据中国工程院院士、中国工程院原副院长谢克昌的观点,实现清洁高效利用的煤炭就可以被视为清洁能源。

我国煤炭工业整体上已经改变了过去落后的形象,其生产安全、采煤工艺和装备效率均达到了发达国家水平,以神东为代表的部分企业甚至达到了世界先进水平。在清洁利用方面,我国采用超低排放技术,使燃煤电厂、工业锅炉的烟尘、二氧化硫、氮氧化物等主要污染物的排放浓度低于天然气电厂的国标浓度,居民用散烧煤也有望通过分级提质等洁净煤技术彻底解决。在清洁转化方面,国家能源集团率先组织实施的现代煤制油和煤化工项目,解决了燃油品质升级和高端化工原材料等问题,极大提升了我国能源自主保障能力。在煤炭行业数字化转型方面,将在煤矿地测、采煤、掘进、开拓、机电、运输、通风、排水等环节实现信息化和智能化,实现以数据驱动煤炭生产。数字技术将为我国煤炭智能化生产、专业化服务、定制化营销、集群化建设、绿色化发展和煤炭经济高质量发展提供有力支撑。

神东年产煤炭1.74亿吨，供应全国23个省市自治区。如此大的体量让神东成为国家煤炭保供的主力军，更是榆林和鄂尔多斯两地不可或缺的保供中坚力量。我国能源转型要立足于"以煤为主"的能源资源禀赋现实，推动煤炭安全绿色开采和煤电清洁高效发展。神东以习近平生态文明思想为指引，坚持"打造生态矿区、建设绿色矿山、生产清洁煤炭"目标，掀起了新一轮生态保护项目建设的热潮。当前，神东正积极探索煤炭生产与资源环境协调发展的实现路径，系统构建生态产业化、产业生态化的治理模式，初步建成了上湾、布尔台以及哈拉沟实践创新基地3个系列示范项目。

布尔台实践创新基地

布尔台实践创新基地是指布尔台区域采煤沉陷区，是典型的荒漠沉陷区，涵盖布尔台煤矿、寸草塔煤矿和寸草塔二矿，面积219平方公里，是神东矿区最大的集中连片采煤区。基地包括6万亩生态林基地、4万亩生态经济林和50个"绿水青山就是金山银山"实践创新基地。

站在基地观景平台极目远眺，一片片排列有序的光伏板让原本空旷、寂寥的采煤沉陷区生机勃勃，一排排苜蓿、金叶榆随风飘摇，目光所及之处绿意盎然。与之同步开展的还有西部典型生态脆弱区煤矿生态承载力、生物多样性等技术研究与工程示范。布尔台实践创新基地建成了零碳示范矿井，成为神东绿色低碳发展的示范样板。盛夏时节，从布尔台沉陷区高处极目远眺，绵延的绿与蓝天在地平线处相接，细碎的花朵在成排的光伏板下摇曳，俨然一幅美好生态画卷。

神东积极贯彻落实"黄河流域生态保护和高质量发展"重大国家战略，加快"神东先行示范区"创建，把践行重大国家战略的文章写在黄河"几"字弯大地上，为神东这幅生态画卷落下浓墨重彩的一笔，在践行"绿水青山就是金山银山"的路上，神东人步履不停。"

近 40 年来，神东在生态环境治理技术方面不断取得新突破，在"先保护后开采、以开发促治理、以治理保开发"的生态保护体系指导下，从"三期三圈"发展到"山水林田湖草沙"，持续完善生态治理保护体系。神东借助新技术在生态保护方面的应用，不断推进绿色矿山建设、矿井水净化利用、经济林营造、土地复垦、地表水保护、原生态植被恢复和荒漠化系统治理，取得了显著的生态治理效果，建成了以"生态矿区、绿色矿井、清洁煤炭"为特征的新型绿色煤炭基地，走出了一条煤炭企业产业生态化、生态产业化协同推进的新道路，为黄河流域大型煤炭基地全面系统推进生态环境保护和生态产业发展提供了有价值的参考。

在绿色矿山建设方面，突出科技创新作用。自神东矿区开发建设以来，不断通过创新技术和优化开采工艺流程，全面降低了采选过程对生态环境的负面影响。神东曾先后因地制宜推广了充填开采、保水开采、煤与瓦斯共采等绿色开采技术，把贯彻实施创新驱动发展战略作为催生发展新动能的重要抓手，聚焦新一轮科技革命和产业变革方向，以互联网、大数据、人工智能与煤炭绿色开采相结合的方式，推动智能绿色开采技术与煤炭产业深度融合，引领行业矿井绿色发展水平不断向前。洗选中心以科技赋能，动员全体员工参与节能减排工作，积极简化优化系统，采取新技术、新手段，取得了显著的节能降耗成效。2022 年，为了进一步加强"能耗双控"，洗选中心以推进设备优化升级、能源高效利用、降低选煤能耗为导向，结合 13 座选煤厂现状，制定了《洗选中心能耗双控专项实施方案》。神东寸草塔煤矿根据生产接续情况及时对井下电机驱动的胶带机进行调整，降低能耗，节约电费支出。神东哈拉沟煤矿 2018 年荣获陕西省"矿山地质环境治理示范区"荣誉称号，2020 年荣获"国家水土保持生态文明工程"荣誉称号，同时还获得了自然资源部"国家级绿色矿山"荣誉称号。

在矿井水方面，注重资源化利用和环境保护。矿井水作为一种具有行业特点的废水，处理不当将成为一种污染物；反之，经过妥善处理后的矿井水则会成为宝贵的水资源，变害为利。在水资源极其匮乏的毛乌素沙漠边缘，如何实现矿井水的资源化利用成为摆在神东人面前亟待解决的一道难题。在不断尝试和努力下，神东通过三级处理、三类循环、三种利用的"三个三"废水处理与利用模式，变"水害"为"水利"，很好地解决了矿井水的处理和利用难题。如今，神东各矿井均配套建设了井下采空区过滤净化系统，实现了井下废水过滤净化，重复利用于井下生产、喷淋、喷雾降尘，从源头上对井下废水进行合理利用。同时，选煤厂建设的煤泥水闭路循环系统实现了废水循环利用。在地面建成覆盖全矿区的污水处理厂，实现了污水100%处理，处理后的水作为矿区生产、生活和生态用水，深度水处理厂补充满足了矿区居民生活用水的需求。

在经济林方面，推动产业化发展。神东充分利用采煤沉陷区发展沙棘经济林等产业推动生态产业化发展，让矿区的老百姓端上生态经济的"金饭碗"。神东已初步建成了集科研、科普、生产、示范为一体，"三林四园"的万亩生态示范基地，在以沙棘为种植重点的基础上，全面开展了长柄扁桃、欧李、饲料桑等经济林的试验、示范和推广。神东在采煤沉陷区已栽植沙棘100平方公里、500多万株，预计可实现产值近亿元，成功探索出一条"采矿—复垦—生态产业化经营"的发展路径，实现生态、经济、社会三大效益的协调统一，促进政府、企业、居民三方共赢。

矸石填沟壑，水渠变良田。一直以来，矸石排放是煤炭企业生产过程中无法避免的难题。在矸石外排方面，神东对地面洗选过程中产生的剩余煤矸石全部用于土地复垦和造地利用，通过边排边治、分层覆土、推平碾压等技术手段，将天然沟壑填平，使矸石场变成了绿地和良田，真正实现了还地于民。在保护好浅层地下水的同时，神东结合地面水土保持整地和小流域综合治理技术，相互结合、上下呼应、相辅相成，形成了独具特色的技术方案。

适地适树，植物种群稳增。矿区开发之初，生态环境脆弱。为了丰富当地植物种群，神东人通过对土壤进行人工施肥以增加土壤的肥力，并坚持"适地适树"的原则，在每年的春、秋两季开展大规模植树造林活动，灌木、乔木、针叶林等乡土树种和各种耐旱树种成为种植的首选。鉴于干旱少雨的气候特点，神东利用上、下覆膜抗旱法，提高造林的成活率、保存率和生长量。经过多年的治理保护与修复，神东矿区的植物种群由原来的16种增加到现在的近100种，微生物和动物种群也大幅增加，矿区植被覆盖度由3%~11%增长到了64%以上。

挡沙固沙，昔日荒漠变绿洲。神东建设初期，矿区外围是流动和半流动沙丘，且沙丘每年会以2~5米的速度前移，严重影响矿区生产和生活安全。固沙、治沙成为神东人亟待解决的问题。经过无数次的试验，神东人掌握并推广了水瓶造林法、带状沙障造林法和直接造林法。目前，神东矿区已经完全实现从"沙进人退"到"绿进沙退"的历史性转变，昔日的荒漠正在转变为绿色发展的"金山银山"。

当前，"双碳"已经纳入生态文明建设整体布局，成为加快生态文明建设和实现高质量发展的重要抓手。对于煤炭企业而言，生态文明建设不仅是一种绿色发展理念，也是一场涉及生产方式、生活方式、思维方式和价值观念的绿色革命性变革，更是一场发展观的深刻革命。"采煤不见煤、蓝天白云飞"等新的理念正在重塑传统煤炭企业在生产经营等各个层面的发展模式。传承有利于生态文明建设的优秀传统文化，挖掘已有生态文明建设成就的文化内涵，构建与生态文明相适应的"新生态文化"，实现生态文明"物质与精神"的同步发展，正是企业文化建设的新使命与新境界。在一系列系统治理的推动下，神东矿区的生态不仅没有因为大规模开发造成环境破坏，原有的脆弱生态环境还得到了改善。

中国煤炭工业协会在2022年发布的《煤炭行业社会责任蓝皮书（2022）》与《煤炭行业社会责任指南》中强调，煤炭企业必须转变观念，树立新发展理念。神东在煤炭开发中实现了经济发展，经济发展又回馈了生态治理和区域社会，二者互动形成了良性循环，为后续实现生态增值奠定了良好基础，也为矿区未来发展及区域经济转型提供了有力保障。在新征程上，"双碳"是重要时间节点，也是发展模式转型的关键里程碑。丰富和发展企业文化价值理念的内涵，进而改变神东在各个层面的价值创造模式，突出"生态"和"尊重"的价值导向,企业便可以用"自然之道"构建起"山水林田湖草沙"命运共同体。

神东未来将继续深入贯彻落实习近平生态文明思想,统筹推进稳增长与绿色低碳转型,主动适应能耗双控向碳排放总量和强度"双控"转变,不断推进企业绿色发展,争当落实"双碳"目标的主力军,加快创建世界一流企业。

1.1.3 打造世界一流能源企业

世界一流企业是中国式现代化的重要载体,加快建设世界一流企业是推进中国式现代化的应有之义。企业强则产业强、国家强,企业兴则产业兴、国家兴。以中国式现代化全面推进中华民族伟大复兴,需要一大批在中国共产党领导下、能够体现国家实力和国际竞争力、引领行业产业和全球科技发展的世界一流企业作为支撑。

党的十八大以来,以习近平同志为核心的党中央对能源行业、国资央企作出一系列重大部署。2017年10月,习近平总书记在党的十九大报告中指出,"培育具有全球竞争力的世界一流企业";2020年10月,党的十九届五中全会通过的《建议》指出,"加快建设世界一流企业";2022年3月2日,中央全面深化改革委员会第二十四次会议审议通过《关于加快建设世界一流企业的指导意见》,2022年10月,党的二十大报告中再次指出,"加快建设世界一流企业"。

争创一流一直是神东孜孜追求的目标。早在2011年,神东就确定了"提高四化五型发展水平,建设世界一流煤炭企业"发展战略。与之配套的是,在2012年,神东从"硬、软"两个层面提出了"世界一流"的评价指标。"硬"指标指必须在安全、技术、经营方面创一流,"软"指标则要求在员工队伍、幸福指数、企业文化、品牌形象等方面创一流。2020年6月30日,《国企改革三年行动方案(2020—2022年)》出台后,在国家能源集团党组的正确领导下,神东坚持以习近平新时代中国特色社会主义思想为指导,坚决落实党中央、国务院重大决策部署,坚决落实集团"可衡量、可考核、可检验、要办事"的要求,推动改革三年行动不断走深走实,以良好的改革成效推动企业高质量发展,加快建设世界一流企业,进一步凸显出国有企业的示范带动效应。

按照国务院国资委《关于印发中央企业创建世界一流示范企业名单的通知》（国资发改革〔2018〕130号）、《国家能源集团创建世界一流示范企业推进方案》（国家能源党〔2019〕180号）、《煤炭板块创建世界一流示范企业专项推进方案》（综合发煤炭〔2020〕18号）、《国家能源集团加快创建世界一流企业实施方案（2022年—2025年）》（国家能源党〔2022〕115号）等文件要求，神东党委下发了《神东煤炭集团创建世界一流示范企业行动方案》，着力打造世界一流示范企业。神东深入落实国家能源集团"一个目标、三型五化、七个一流"发展战略，在技术创新引进、管理体系优化提升、人才培养激励、品牌建设和市场拓展、可持续发展与社会责任等全方位、多领域采取了一系列独具神东特色的策略与举措。

2022年3月，习近平总书记在主持召开中央全面深化改革委员会第二十四次会议时强调，要加快建设一批产品卓越、品牌卓著、创新领先、治理现代的世界一流企业。2023年4月，神东下发《神东煤炭加快建设世界一流企业行动方案（2023—2025）》，明确要准确把握党中央、国务院国资委的工作要求，增强责任感、使命感，在建设世界一流企业中发挥排头兵作用。

世界一流企业必须有世界一流企业文化的支撑。文化作为企业的DNA，贯穿企业发展的精神、灵魂和血脉。培育与世界一流企业匹配的企业文化，不仅是企业提升管理效能，增强凝聚力和核心竞争力的战略举措，更是发展先进社会主义文化，践行社会主义核心价值观的根本要求。

第一，世界一流企业需要具备高度的文化自信。习近平总书记在党的十九大报告中指出，文化兴国运兴，文化强民族强。没有高度的文化自信，没有文化的繁荣兴盛，就没有中华民族伟大复兴。要坚持中国特色社会主义文化发展道路，激发全民族文化创新创造活力，建设社会主义文化强国。文化自信是更基本、更深沉、更持久的力量，这种持久力更强、更加深沉的自信，能由内而外形成强大的凝聚力和号召力。培育世界一流企业文化是企业作为国家经济发展细胞的职责和使命，是加强社会主义意识形态建设的思想根基，为企业发展固本培元，为民族复兴提供精神支撑。

第二，世界一流企业需要拥有勇于争先的气魄。世界一流企业不仅体现在产品与规模上的一流，在资源配置中占有主导地位，还要勇于创先争先，在行业发展中具有引领作用，拥有话语权和影响力。致力于打造有梦想有情怀的企业、引领时代潮流的企业、制度治理型的企业、值得党和人民信赖的企业、服务人民造福社会的企业、遵纪守法风清气正的企业、保障国家能源安全提供能源普惠的绿色低碳企业等，应是神东未来的发展方向。

第三，世界一流企业必须坚持党的领导。坚持党的全面领导，加强党的建设，是国有企业的"根"和"魂"，是我国国有企业的独特政治优势。培育世界一流企业，必须坚持以习近平新时代中国特色社会主义思想为指导，持续强化党组织领导作用，将思想政治工作融入企业治理，加强企业文化建设，全方位打造卓越文化软实力，加强人文关怀和心理疏导，推动实现企业与员工共同发展。

1.2 全面激活发展新动能

作为中国煤炭工业的领军者，神东深知只有保证传统优势和与时俱进，才能始终站在行业制高点。全面激活发展新动能，如同为神东注入了源源不断的活力和创新的灵感。这不仅是一种积极勇敢的姿态，更表现出神东面对变革与挑战的坚定决心，这既是国有企业肩负的责任使然，也是神东实现高质量跨越式发展的必然要求。

1.2.1 不断创新安全管理新范式

新动能是指具有创新特征、领先特征的新技术、新产业、新业态、新模式等。煤炭生产大多数是地下作业，经常受到水、火、瓦斯、煤尘、顶板塌落等灾害的威胁，时时刻刻要同不安全因素做斗争。这一特点决定了煤炭生产的高风险性。因此，坚持安全生产底线，全力确保安全生产成为煤炭企业高质量发展的重中之重。

生命无价，安全至上。安全作为煤矿生产经营中永恒的主题，各个系统、各个层次以及各个要素的安全因素相互融合，汇聚成神东安全文化发展的核心推动力。神东在生产中时刻把安全放在首位，广大干部员工充分认识到矿井安全管理的主要风险，深入推进风险分级管控和隐患排查治理，按照辨识出的重大风险清单，动态修订管理措施，做好风险管控。各级管理者以"严管就是厚爱"的态度，强化员工不安全行为管控，并对其进行分层分类管理，堵塞安全管理漏洞，优化提升安全技术保障能力，持续提升安全管理水平。此外，神东还深入推广岗位标准作业流程，确保专业达标、动态达标、岗位达标，并建立了基层单位矿处级领导干部参加班前会和不安全行为查处周通报机制。

> **"升井后，看见宿舍楼灯火通明，我心里总是无比踏实欣慰"**
>
> "如果发生安全事故，痛苦的不仅是个人，还有自己的家庭和亲人。抓安全，就要有人'唱黑脸'！"寸草塔二矿杜韦是出了名的铁面无私。自参加工作以来，他已经在综采队工作了13年。他思想素质过硬、业务技能全面、工作认真负责，多次被评为寸草塔二矿"安全先进工作者"。
>
> 在综采队的各个工作现场，"老杜来了"绝对是极具威慑力的四个字。听到这四个字，员工会把风险预控措施再看一遍，再落实工作时要用到的安全工器具是否过了检验日期，生怕哪个地方有疏忽，被这个有名"黑脸包公"的"火眼金睛"看出来。
>
> 杜韦在一次井下工作面进行巡查时，发现支架检修工赵飞在更换抬底管时，两只脚同时放在推拉杆和抬底油缸的正下方。见此情况，杜韦连忙跑过去将赵飞拉了上来，并严肃训斥他，"你这属于典型的习惯性违章作业，支架推拉杆上严禁站人"。下班升井后，杜韦将赵飞叫到办公室，将"三违"的严重性又细说了一遍，赵飞不停地向杜韦说好话，希望违章行为不要录入"三违"系统。杜韦说："记'三违'不可怕，损失点钱也无所谓，我是帮助你长记性，这次不处罚你，你下次依然还会

再犯。"被杜韦约谈后,赵飞表示已经意识到自己的错误,愿意改过。

"安全管理工作是一项能把'严管'和'厚爱'完美结合的事业",说到自己的工作,杜韦语气温和,但目光坚定。"我所有的严格,都是为了让安全生产中的悲剧不发生。每个员工都安全,是我最大的心愿!"

除了科技保安、管理保安外,文化保安也是煤矿安全发展的关键一环。安全生产不是靠一句口号、几条标语就能够实现,而是要将煤矿安全文化的理念贯彻到生产经营的全过程,灌输到每一位员工的潜意识中。一旦在实践过程中升华、扩散、渗透,成为企业的安全文化,将发挥"锚固效应",对员工行为产生一种巨大的规范力和凝聚力,成为人们的行为准则和维护安全的根基,安全管理也会因此取得事半功倍的效果。这正是煤炭企业安全文化建设的作用所在。经过多年的安全管理创新,神东构建了以"责任落实、现场控制、信息反馈、责任追究"为主要内容的安全风险预控管理体系,探索形成了"135"安全工作法,即以安全风险预控为主线抓顶层设计,以安全风险分级管控、事故隐患排查治理和行为安全管控为重点抓现场管理,以理念引领、责任落实、科技保安、绩效考核和信息化建设为举措抓安全基础管理。以上举措有效地遏制了重大事故的发生;神东安全管理水平不断提升。截至2022年年底,神东百万吨死亡率0.005,是全国煤炭企业百万吨死亡率的1/10,哈拉沟煤矿、榆家梁煤矿、石圪台煤矿等7个矿井连续安全生产周期均超过10年,公司13矿14井均获得"国家特级安全高效矿井"荣誉称号。

在加强安全管理的过程中,神东着力从思想引领、阵地建设、管理融入、习惯养成等多角度全方位积极推进安全文化建设。一是安全理念创新,提出"煤矿可以做到不死人""瓦斯超限就是事故""生命至上、安全为天""无人则安""零事故生产",安全理念一直引领安全管理实践和神东人的行为转化。二是员工安全认知工具创新。例如，物联网感知与煤矿安全监测相结合的模式对于完善煤矿安全管理体系具有重要意义。煤矿将物联网感知技术与传统安全管理模式相结合，能够提升数据安全的可信度与数据处理的高效性，不仅有效简化安全管理人员工作量，不断提高其工作效率，又能保证数据更高的准确性。三是安全意识和行为模式创新。在充分研究人的不安全行为产生原因、个体行为与组织行为关系、安全行为激励理论和效能理论的基础上，运用人性假设、事故致因和学习型组织等理论，将先进安全管理理念渗透进企业生产发展的各个环节，坚持走结合矿井实际、立足本质安全、构建特色体系的神东安全文化保安、兴安之路。

1.2.2　加快推进数字智能化建设

2023年2月27日，中共中央、国务院印发了《数字中国建设整体布局规划》。数字化作为国家核心竞争力，对中华民族伟大复兴具有重要意义。建设数字中国是数字时代推进中国式现代化的重要引擎，是构筑国家竞争新优势的有力支撑。党的十八大以来，以习近平同志为核心的党中央系统谋划、统筹推进数字中国建设，取得了显著成就。我国煤炭行业把握数字化、网络化、智能化发展的历史性机遇，大力推动新一代信息技术与煤炭工业各领域的深度融合，积极推进企业数字化转型和煤矿智能化建设，并取得了实质性进展。为贯彻落实党中央、国务院的决策部署，国家能源集团编制了煤矿智能化"十四五"规划，发布《煤矿智能化建设指南》，构建了3层5类200余项标准体系，深入推进传统产业与信息化技术深度融合，为高质量发展提供新动能。

2011年5月，神东启动数字矿山关键技术研究及示范项目，建成数字矿山锦界示范工程，以安全高效协同作业为目标，通过生产控制系统把煤矿多个独立信息系统进行集成融合，在调度室实现了井下远程集中监测控制、报警联动、专业调度，提高了安全生产管理水平；2012年8月，神东启动实施区域中央集中自动化控制系统项目，建成了全国首个亿吨级矿区中央生产控制指挥中心，实现了对五矿六井所有系统的集中控制、关联分析、故障诊断与决策管理的生产指挥，控制范围达621.8平方公里（图1-1）；实现矿图一体化协同管理，建立了井下万兆生产控制环网，统一矿山机电设备通信接口和协议标准；2014年，神东建立了基于智能控制的集控平台和基于大数据的故障诊断的专家决策中心，等等。神东智能化建设正在持续提升。

图1-1 神东区域生产控制指挥中心

2020年，神东矿区开始实施智能矿山示范工程建设，包括综采、掘进、主运输、辅助运输、供电、供排水、通信与网络、大数据、移动巡检、机器人十大类。结合煤炭行业现状，开发适配神东矿区井下场景的工业控制平台，目前已经建成4个智能化洗煤厂，固定岗位实现无人值守，应用153台机器人，智能矿山项目稳步推进。截至2022年，神东共有采煤机器人23台，掘进类机器人5种29台，运输类机器人3种6台，安全防控类机器人11种90台，救援类机器人1种5台。在矿工随身携带的设备方面，神东应用了基于智能穿戴理念的5G智能矿灯，具备移动语音等多种功能，为矿井内的工作协调、智能化调度做足准备。在基础网络环节，神东建成了全球采矿行业规模最大的企业级5G专网，13个矿井全部实现5G技术应用，上湾煤矿更是成功试点了"5G+电动车+无人驾驶"的综合应用。神东还与中国电信、中国联通、华为和中兴通讯等国内外知名企业合作，搭建了基于5G网络的"两网一云一底座五平台N应用"。

数据作为数字经济最核心、最具价值的生产要素，正在成长为经济增长的新动能。神东依托华为芯片、矿鸿操作系统、网络设备、云计算、AI算法模型等全套核心技术，努力实现数字化转型。以矿工的数字化转型为例，只需收集矿工的姓名、面部信息、外形尺寸、声音、温度、体温、心跳等一系列数据，就能够在计算处理后在系统中构建出一个数字化的"人"。到2025年，神东下辖的所有煤矿均将建成智能化矿井，掘进工作面实现智能化，井下取消固定岗位工，依托5G网络，建成智能感知、智能决策、自动执行的煤矿智能化体系，实现井下各系统的智能化决策和自动化协同运行。

在数字经济下，神东要打造与之相匹配的数字文化。首先，开发神东数字化愿景，加强宣贯，持续沟通。打造数字化文化需要擘画清晰的数字化愿景，明确通过数字化转型想要让神东成为一个什么样的智慧企业。第二，培养全体员工的数字思维和意识，特别是各级领导干部的数字思维和意识。要充分认识信息化、数字化的重要性，在工作和生活中熟悉和应用数字资源。同时，坚持系统学习，既要放开眼界去学习和研究数字技术和信息化的特征、功能和作用，也要学习数字时代信息保护、网络安全等知识，不断提高利用"数字"技术解决神东生产经营实际问题的能力和应对网络安全事件的应急处突能力。第三，充分利用数字技术推动企业文化建设。数字技术应用能够更好地将企业内部的员工连接在一起，而且促使他们统一参与到企业文化建设中。例如，通过建立线上平台，收集员工对企业文化建设的反馈意见，整合各种有助于提升员工认知意识的素材资源。这些素材经过二次加工后精准推送给具体的员工，使他们能够以更直观、更准确的方式接触企业文化。在这个过程中，员工不断接受耳濡目染的熏陶，企业文化也由此成为他们日常工作生活中不可或缺的一部分。

1.2.3 形成绿色低碳循环发展新模式

一直以来，神东坚持不懈保护和建设生态环境，探索形成了独具神东特色的绿色低碳循环发展模式，忠实践行央企使命担当。从一片荒芜到绿色煤都，倾注了世世代代神东人的心血。神东始终坚持绿色开采，坚持开发与治理并重，不断创新治理技术与模式，推进煤炭全生命周期、全产业链的清洁化。2021年，国务院《关于加快建立健全绿色低碳循环发展经济体系的指导意见》明确提出，我国要建立健全绿色低碳循环发展经济体系，促进经济社会发展全面绿色转型。同年9月，习近平总书记在陕西榆林考察时强调，煤炭作为我国主体能源，要按照绿色低碳的发展方向，对标实现碳达峰、碳中和目标任务，推进煤炭消费转型升级和高端化、多元化、低碳化发展。绿色低碳循环发展经济体系就是要全方位、全过程推行绿色规划、绿色设计、绿色投资、绿色建设、绿色生产、绿色流通、绿色生活、绿色消费。对于神东而言，绿色低碳循环发展不仅是落实重大国家战略和习近平总书记重要指示精神应肩负的责任担当，更是面向未来的一种新战略，有利于重塑自身的竞争优势，更重要在于重塑神东自身的商业模式。

在坚持"科学推进、因地制宜"原则的基础上，神东围绕煤炭清洁安全高效开发利用全生命周期，重点从矿容矿貌、绿色安全高效开采、节能降耗、减排与综合利用等六个方面推进绿色矿山建设。第一，创建低碳生活示范，全面完善低碳生活设施；第二，创建零碳生产示范，大力实施沉陷区、排矸场、建筑屋顶分布式光伏发电和储能项目，大力实施生物质、太阳能、地热能供热项目，力争实现生产环节零碳排放；第三，创建负碳生态示范，全面开展生态绿化，大力营造井田范围碳汇林和异地碳汇林，大力提升植被与土壤碳汇能力，全面中和生活、瓦斯排放和生产活动产生的碳排放量。

为了更好地协同发展，神东还将推进煤矿"塌陷区（排矸场）生态治理+光伏发电+生态农业+矿井水利用+其他"的开发利用模式，提高煤矿资源价值创造能力。为应对"双碳"目标的考验，神东以采煤沉陷区（排矸场）开发建设光伏发电示范项目为抓手，将优化新能源（光伏）供电发展作为总体思路。根据"矿井必须确保供电安全、必须确保24小时供电"的硬性要求，神东保证在光伏发电项目系统设计时必须按照光伏发电系统并网系统设计，由电网支撑电压，当光伏能量不足时自动由电网补给不足的能量，集中式、分布式相结合，先期主要在自有矿井采煤沉陷区发展光伏。截至 2023 年 6 月底，神东 8 个分布式光伏发电项目有序推进，其中哈拉沟分布式光伏项目成功并网发电，李家畔生态园小区、信息中心分布式光伏项目具备并网发电条件。

通过不断地实践探索，神东成功走出了生态脆弱区域面临的生态保护与大规模资源开发之间的困境，创新形成了"五采五治"生态生产协同模式、"三期三圈"生态环境防治模式、"三级三用三循环"矿井水保护模式等煤炭企业绿色发展的"神东模式"。生态环境保护与煤炭工业的高质量协同发展为中国煤炭行业树立起了一个"高碳产业低碳发展"的成功典范。

多年来，神东绿色发展硕果累累，先后荣获省部级以上荣誉 100 余项。其中，神东 2006 年获中国环保领域最高奖项——"第三届中华环境奖"，2017 年获国家"社会责任绿色环保奖"，2018 年获国家"能源绿色成就奖"和"社会责任特别贡献奖"，2019 年获第十二届中国企业"社会责任峰会绿色环保奖"，2020 年获煤炭工业协会"节能减排奖"和水利部颁发的"水土保持生态文明工程"称号，2021 年获中国社会责任百人论坛"责任金牛奖"和"绿色环保奖"，等等。

1.2.4 持续深化体制机制系统变革

体制机制改革既能最大限度地释放企业自身发展动能，也能保障其他动能的有效运作，是企业全面形成新动能组合的最大推动力。

在企业治理方面，神东实现了公司及所属全资、控股 11 个法人单位的"党建工作进章程"。在推动董事会规范设立及有效运作方面，神东积极推进董事会建设，完善决策事项清单，进一步厘清党委会、董事会、经理层的权责边界，稳步推进三项制度改革。神东 2021 年、2022 年连续两年在国家能源集团党建工作责任制考核中荣获"A"级。神东每半年度实施一次全公司范围内的党建责任制考核，党建工作责任制考核评价分值实行百分制，由公司党委委员评价、党建业务评价、基层党员干部群众代表评价和组织绩效评价四部分组成，分值权重分别为 30%、50%、10%、10%。将组织绩效考核结果纳入党建工作责任制考核，兑现党建考核专项奖，并将考评结果与被考核单位班子和领导人员综合考核评价挂钩，切实把党建工作责任传导至每一名党员领导干部。倒逼各级管理人员管业务必须抓党建，强党建也要重业务。

在科技创新方面，不断完善科技人才机制，搭建健康成长平台。一直以来，神东通过建立人才评价发现机制，改进人才选拔任用机制，完善人才激励保障机制等手段，以提升安全管理水平为核心，打造复合型安全管理团队；以实现科技兴安战略为目标，建设创新型科技人才队伍；以提高安全操作技能为关键，铸造一流高技能型人才，打造引领神东生产技术攀登珠峰之巅的大国工匠，把品德高、素质好、潜力大的优秀人才，充实进企业发展和建设中，永葆神东发展活力。多年来，神东坚持完善创新体系，发挥劳动模范、技能大师示范引领和骨干带头作用，探索设立劳模创新、技能大师创新、党员创新等工作室，打造科技创新"智囊库"，激发全体员工的创新潜能和创造活力，不断提高企业核心竞争力。与之配套的是，神东用制度杠杆撬动创新机制，研究出台了《科技创新管理办法》《知识产权管理办法》《科技创新应用成果评奖制度》《推广应用管理办法》《"五小"成果管理办法》等，每年通过交流会、"金点子"献策活动、成果展示等多种形式宣传创新成果，引导各基层单位推广应用，不断提高科技创新对安全生产的支撑作用和贡献度。

在内部生产运营方面，持续优化风险预警机制。一方面，建立产能过剩预警机制。神东构建出协调煤炭产能的信息收集体系，与相关经济产业部门进行沟通和合作，以调查宏观因素和微观因素对产能的影响，及时对数据进行处理和分析，发布预测报告，建立高效的产业信息分享机制，为提前进行产能预警做好准备工作，对资源库存进行调整。另一方面，完善财务风险预警机制，保障神东健康平稳发展。神东在提升企业核心盈利水平的同时，减少资产负债比重，增加利润积累，对财务状况进行优化与改善。通过分析外部经济、融资等环境，对实际的变化与发展趋势进行预测与分析，结合环境的变化情况，对财务发展战略规划进行调整，确保负债水平的合理性，优化内部资本结构，有效降低财务风险的发生概率，以完善自身财务数据为基础，做好财务指标的监督把控工作。神东始终以定性与定量相结合的分析方式为主，及时洞察企业蕴藏的财务风险，保障自身财务活动的合理性与可行性。

在员工薪酬考核机制方面，最大限度释放员工的潜能和积极性。神东全面实施定额量化管理改革，形成公司、矿处、区队、班组四级定额标准24万余项。同时，基本形成围绕岗位价值和业绩贡献的薪酬弹性分配体系，生产单位员工收入浮动比例基本达到100%，劳动生产效率有效提升。神东把职业发展通道和职级体系改革当作企业改革三年行动的标志性工作，当作"三项制度改革"的重要载体，成立职级体系改革及套改领导小组，制定了员工职业发展通道及职级体系改革方案，科学设置管理序列、专业技术序列、技能操作序列各通道职级，并明确三大序列职级划分标准及对应关系。2021年7月，公司完成了新职级的重新聘任和薪酬套档工作。

立足"十四五"发展，神东以职级体系改革为基础，持续推进深化三项制度改革，制定人才发展规划，打通人才全方位晋升通道。将职级体系改革与市场化选人用人、任期制和契约化管理、差异化薪酬、市场化退出机制统筹联动、协同推进，逐步建立人员能进能出、职务能上能下、待遇能高能低的"三能"用人机制，保持干部人才队伍"一池活水"。神东通过发挥考核的指挥棒作用，确立了求真务实的导向，严格执行真抓实干的规范，使得"真干与假干不同、干多与干少不同、干好与干坏不同"。

体制机制改革创新永远在路上。2022年12月，中央经济工作会议对国有企业提出了新的要求。2023年，站在新的起点上，新一轮深化国企改革行动蓄势待发。神东作为大型国有企业，肩负着体制机制改革示范的使命。神东必须以更宽广的眼界、更坚定的意志和更强大的决心，持续深化企业体制机制改革。同时，神东致力于实现国有资本和国有企业的强化、优化和发展，还要营造出更加宽容、理解和保护企业家的机制和文化氛围，坚决破除深层次的体制机制障碍。激发并释放出神东活力，为高质量发展保驾护航。

1.3 迈向高质量发展新征程

高质量发展是全面建设社会主义现代化国家的首要任务。没有坚实的物质技术基础，就不可能全面建成社会主义现代化国家。在党中央、国务院的正确领导下，在一代代煤炭人的接续奋斗下，我国煤炭工业发展实现了从起步、腾飞到跨越的巨变，取得了举世瞩目的成就：清洁低碳、安全高效、绿色智能、协同发展，等等。多点发力下的不断革新，是神东充分发挥煤炭兜底保障作用的直接体现，更是迈向高质量发展新征程的必由之路。

1.3.1 保障能源安全稳定供应

神东的高质量发展，是神东基于全面总结近40年发展的重大成就和历史经验做出的战略性决策，体现了神东人顺势而为，在创新驱动、绿色发展中开新局的自信和勇气。神东的高质量发展，是神东全面贯彻习近平新时代中国特色社会主义思想，实现"安全、高效、绿色、低碳、智能"高质量发展的时代选择；是贯彻国家能源集团"一个目标、三型五化、七个一流"企业发展战略的重要抓手；是继续扛稳煤炭行业科技发展的旗帜，实现煤炭工业文明的政治担当和历史责任；是神东人在面临新一轮科技革命与市场竞争时，面向未来，改革创新，实干奉献，再立潮头的又一次自我革命；是神东"软实力"和"硬实力"倍增的发展。

神东高质量发展不是简单的规模和效益再扩大，而是要求神东必须具有谋大局、开新局的广阔眼界，在更高、更宽广的平台上，实现神东大发展、大作为，展现神东担当，贡献神东力量。

"十四五"时期，随着我国能源生产力逐渐向优势资源地高度集中，能源供需不匹配的格局将进一步显现。如果不加以系统协调，在用能高峰季节，能源资源匮乏且负荷需求高的地区极有可能出现缺煤缺电等问题，影响经济社会的发展和企业正常运行。在此时期，煤炭、石油、天然气仍是我国的主体能源，其中石油、天然气由于对外依存度较高而存在安全风险。同时，由于风电和光伏发电的不稳定性和电力网络性特征，有别于传统能源安全的风险，且更具有不确定性和隐蔽性。风险的多样性，使得我国能源安全面临较大挑战。

作为中国煤炭工业先进生产力的代表，神东自开发建设以来，围绕煤炭生产主责主业，坚持精干高效的运营模式，精细组织生产，加强市场研判与产运销衔接，狠抓外运的日兑现、周调整与月均衡，为促进国民经济发展提供了重要的物质基础和能源支撑。

每年的节庆期间，神东都坚决将国家能源安全作为根本底线，扛稳能源保供政治责任，全力保障煤炭安全稳定供应。2022年，神东坚决贯彻国家煤炭保供要求，将"稳健、协同、赋能、提质"的工作导向贯穿生产运营全过程，统筹疫情防控、安全生产和能源保供，圆满完成了党的二十大、全国两会、"两奥"等重大活动和迎峰度夏、迎峰度冬等重要时段的煤炭保供任务（图1-2）。商品煤年累计完成1.89亿吨，保供压舱石作用凸显，神东交出了一份令党放心、令社会满意的神东能源安全保供答卷。

图1-2 神东精心保障2023年"两会"期间能源供应

坚定主责主业方向，保障国家能源安全是国家能源集团的使命，而增强煤炭的供应能力，是神东做强主责主业的基础。神东深刻认识当前能源保供的紧迫性，发挥好煤炭供应压舱石的作用，以一体化、数字化确保公司综合实力提升，全力推进重大项目建设，助力经济社会发展；以系统、全局、创新的眼光，优化开拓布局，简化生产系统，创新生产技术，提高资源开采利用率，最大程度发挥了煤炭行业的兜底保障作用。神东统筹安全与发展，坚持"两个至上"，健全安全风险分级管控和隐患排查治理双重预防机制，狠抓不安全行为管控，全面加强安全执行力建设，提升安全管理水平，以新安全格局保障新发展格局。

1.3.2 推动矿区共建协同发展

神东地处的晋陕蒙三省区交界处是我国资源集中开发区、生态环境敏感脆弱区，也是国家生态安全和能源安全的战略交汇点。神东作为国有企业，承担着推动矿区转型和促进区域发展的重任。开发建设近40年来，神东一直在探索中前行，以多种方式反哺社会，为地方经济注入了强劲的神东力量。

从扶贫帮困、抢险抗洪，到应急救援、捐资助学，在急难险重面前，在国家精准扶贫攻坚战的集结号中，神东始终走在前列，积极主动履行社会责任，探索构建"互惠互利、共存共荣"的新型地企关系。这不仅积极带动了矿区所在地的经济增长，促进了地方经济社会可持续发展，也助力了神东提升品牌价值和声誉，树立起良好的企业形象，增强了企业利益相关者的参与感和认同感，达到企业、经济、环境和社会四个层面的协同发展。

多年来，神东坚持贯彻习近平总书记关于脱贫攻坚的重要指示精神，认真落实国家能源集团党组关于扶贫工作的决策部署，切实扛起落实扶贫工作的主体责任，坚持"六个精准""四个不摘"原则，扎实推进定点帮扶，圆满完成多项扶贫任务。同时，神东充分利用自身优势，在产业、生态、民生、教育等方面不断推动扶贫工作取得实质性进展，帮助地方政府坚决如期打赢脱贫攻坚战。

智能种植让米脂小米增产增收

山好水好，米脂米好。小米是榆林米脂的一种特产，在我国有长达5000多年的种植历史。2021年9月13日，习近平总书记在陕西省米脂县考察时走进田间，察看谷子、糜子、玉米长势，托起沉甸甸的谷穗，亲切地和乡亲们拉家常，说米脂的小米好，熬粥上面漂一层油，总是喝不够。

然而，曾几何时，"早上汤，中午糠，晚上碗里照月亮"是村里老一辈人吃不饱饭的记忆。

按照国家能源集团定点帮扶工作部署，神东积极发挥定点帮扶单位的作用，在米脂县王沙沟村投资建设了智能水肥一体化及谷子良种繁育基地，帮助地方探索现代旱作节水农业新模式，引领建成百万亩"北纬38度米脂小米适生种植基地带"，并通过良种繁育、品牌推广，辐射带动县城特色优势杂粮产业提质增效，奠定米脂县乡村振兴的产业基础。

站在米脂县王沙沟村智能水肥一体化及谷子良种繁育基地，放眼望去，一行行管网错落有致地铺开，对于当地老乡来说，在这片希望的田野上，他们的日子越过越红火。

"今年7亩谷子卖了一万元，有了国家能源集团投建的智能'黑科技'帮助咱们浇水、施肥，明年要再多种一些。"提起今年的谷子收成，王沙沟村村民王和秋喜笑颜开地说。

"原来一亩产320公斤，现在新基地建设起来一亩能增产到400公斤，每亩可为村集体多创收200余元。"一旁的村支部副书记王永岗补充说。

当前，该项目已经建成，投用后，该示范基地可实现智能化、精准化、高效化的目标，谷子亩均产量可提高20%、节水30%、节肥30%、节工75%，亩节本增效1500元以上，届时将引领全县现代农业绿色高质高效发展。

2017年4月19日凌晨4时40分，陕西省神木县大柳塔镇板定梁塔煤矿井下发生透水事故，当班下井7人，1人安全升井，其余6人被困井下，下落不明。经过77小时昼夜奋战，6名遇险矿工安全升井。神东派出救援队深度参与了本次救援,创造了堪称透水事故零死亡的救援奇迹,保障了人民群众生命财产安全,积极履行了社会责任,彰显了央企的责任与担当。

在建设世界一流能源企业的征程上,神东坚持"发展成果共享、企地融合发展"策略。2023年,神东积极践行国家能源集团"六个担当"新理念,主动扛起"担当经济标兵"使命职责,在保障安全的前提下高产高效、自源头上降本增效、于细微处提质增效、从开放中挖潜增效,以更充沛的经济活力创造更大的经济效益。神东坚持"产学研用"科技创新模式,发挥以神东为主导的创新联合体和开放共享的合作技术平台作用,构建"智能化生产、数字化运营、平台化发展、生态化协作、强链协同"发展新格局,激发创新创造活力,通过创新引领行业和区域全面发展进步,为推动地方经济发展赋能。

在高质量发展的新征程上,神东紧抓新时代工业的创新机遇,解决煤炭行业转型发展的重要难题,不断提升自身的竞争力和影响力,引领煤炭行业持续发展。在现代能源产业合作领域,神东不断拓宽发展战略,深化对接晋陕蒙三省区"十四五"规划和发展战略,推动神东全方位的高质量发展,构建出一个"企地和谐,共建共赢"的新格局。

1.3.3 构筑高质量发展新格局

神东事业发展只有进行时,没有完成时。高质量发展是新时代孕育的新机遇,是神东稳步向前的必然选择。神东高质量的发展,是要实现企业安全高效、绿色智能、清洁低碳、多能互补的接力发展,又是要满足员工群众对幸福健康、和谐美满、生活富足的美好向往,更是要践行高价值创造和高品质生活的时代使命。因此,神东人要继往开来,充分发扬"艰苦奋斗、开拓务实、争创一流"的神东精神,站在前人的肩膀上跳起摸高,奋力开启高质量发展新征程。

高质量发展,要构筑企业发展大愿景。现在,神东每年可为社会供应3650万吨的绿色化工用煤,占全国化工用煤量的10.1%;每年为社会供应650万吨的优质高炉喷吹烟煤,占全国喷吹烟煤用量的16.3%。在企业数字化和智能化、乡村振兴、能源革命、生态文明治理、碳达峰与碳中和、一流企业建设中，神东都要勇立潮头、锐意进取、不断超越，不断刷新一项又一项纪录，再次创造一个又一个中国乃至世界煤炭工业的奇迹，再次以非凡的业绩演绎中国煤炭人的不懈追求，再次书写神东发展的传奇。

高质量发展，要构筑文化自觉大体系。《功勋》单元剧《能文能武李延年》，通过影视剧的方式，讲述了70多年前赴朝志愿军47团3营7连的指导员李延年与他的战友们依靠强大的凝聚力，胜利夺取346.6高地并在敌人疯狂反扑下成功坚守该高地的历史。凝聚力成为以少胜多、以弱胜强的关键因素。神东自成立以来，已经形成了强大的凝聚力，但是从文化自发到文化自觉是一个持续的过程。自适应组织是相对于机械式组织而言的，是一种高级的组织形式。在自适应组织里，员工能按照既定的流程、标准和考核要求自发地进行工作，遇到两难决策情景，能自动按组织价值观进行决策并被认可，进而充分发挥员工的主动性。要将神东打造为自适应组织，就需要各单位在文化牵引、党建、标准、制度等方面深度协同，构建起凝聚建功新征程磅礴力量的文化管理体系。

高质量发展，要构筑文化自信大态势。文化自信是一个民族、一个国家以及一个政党对自身文化价值的充分肯定和积极践行，并对其文化的生命力持有的坚定信心。当前，神东正处于发展的关键时期，充分发挥文化自信与神东企业精神作用，对凝聚和团结员工力量具有重要意义。自信来源于自强，神东的发展就是一个自我强大的过程。在党的领导下，历经"七五"至今的七个五年规划，神东人一路创新，风雨兼程，企业发展活力不断迸发，发展优势不断厚植，已经成为中国煤炭工业先进生产力的代表、煤炭行业高质量发展的风向标。神东近40年的发展史，就是一部在党的坚强领导下，矢志不渝、大胆实践、勇于探索的创业史、改革史，更是一部凝练神东人"艰苦奋斗、开拓务实、争创一流"的实干品质的厚重精神史。当前，我国发展进入战略机遇和风险挑战并存、不确定难预料因素增多的关键时期，各种"黑天鹅""灰犀牛"事件随时可能发生。面对风高浪急甚至惊涛骇浪的重大考验，面对能源结构转型的诸多不确定性因素，面对能源市场的深层波动，神东更应构筑自身文化自信。实现用"硬"科技创新驱动高质量发展，充分发挥物的作用；用"软"文化管理驱动员工贡献激情、斗志和拼劲，充分发挥人的作用。

高质量发展，要构筑文化竞争大实力。拿破仑曾说过，这个世界上存在着两种力量，分别是利剑和思想。从长远来看，利剑往往会败于思想之下。因为思想对于每个人的成长都至关重要。对于一个国家而言亦是如此，思想的强化可以引领出更优秀、更自信的国家整体文化。一个拥有十四亿多人口的国家整体迈入现代化，这将是人类历史上前所未有的壮举，具有巨大的世界意义；中国式现代化破解了人类社会发展的诸多难题，给世界各国特别是广大发展中国家带来重要的启示。神东要走煤炭产业中国式现代化发展之路，以转型升级激发企业活力，跳出资源型企业发展周期律，将主要依赖资源等要素投入转变为主要依靠科技创新、管理创新、组织创新、模式创新等为驱动力的发展模式。未来，神东要主动加压，担当能源基石，充分发挥能源保供"稳定器"作用；担当转型主力，在践行"绿色低碳发展"中做出示范；担当经济标兵，在推动国家经济和地方经济社会发展中贡献神东力量；担当创新先锋，在服务行业转型升级中做出神东贡献；担当改革中坚，全面建设世界一流企业；担当党建示范，坚定不移推进全面从严治党，构筑高质量发展新格局。从提高安全系统保障能力，提高效率，加大系统性技术、工艺革新力度等方面下功夫，把创新思维落实在生产现场，做实保障安全、降低成本、提高效率的大文章。要突破传统的技术模式、管理模式和制度框架，不断寻求新的技术、管理、组织变革。要追求更高的价值目标，推动质量变革、效率变革、动力变革。

第 2 章　企业文化传承与发展

求木之长者，必固其根本；欲流之远者，必浚其泉源。

——魏徵

本章摘要

党的十八大以来，以习近平同志为核心的党中央多次强调要完善中国特色现代企业制度，弘扬企业家精神，加快建设世界一流企业，这为企业文化的培育和发展提供了强大动力。中华优秀传统文化是企业文化的根源，通过挖掘和借鉴传统文化中的精髓，企业可以构建具有独特魅力和核心价值的优秀企业文化。中华传统文化对神东企业文化有着深入骨髓的影响力，神东"艰苦奋斗、开拓务实、争创一流"的精神品质由各时期建设者凝聚而成，正是中华民族传统文化的时代体现。

在当前加快构建"双循环"新发展格局的背景下，神东深入推进企业文化建设，面向未来实现文化变革，培育了更具时代感，更有针对性，更能凝聚共识、产生共鸣、提振干事精气神的神东文化，打造世界一流的企业文化软实力，更好地凝心聚力，构筑起新时期神东人弘扬文化、团结奋进、高质量发展的共有精神家园。

"艰苦奋斗、开拓务实、争创一流"的神东精神是在社会主义建设和改革开放的时代进程中，是在继承和发扬中华优秀传统文化和革命文化的基础上，对神东近40年的开发实践经验进行的文化沉淀与精神升华，是神东在煤炭行业取得巨大成功的力量源泉和精神动力，它是各时期建设者、一代代神东人接续凝聚而成的，代代传承，历久弥新。守正方能创新，神东企业文化要在继承中创新、在创新中发展。新征程上，神东企业文化内涵应更具时代感，更有针对性，更能凝聚共识，更能激发共鸣，提振广大干部职工的干事和创业热情，构筑起新时期神东人团结奋进、更能砥砺前行的共有精神家园。

2.1 艰苦奋斗塑成企业文化

文化源于历史，历史蕴含文化。历史记载着神东艰苦奋斗的创业历程，积淀着神东独特的文化基因，也激励着神东人坚定走向未来。神府东胜煤田开发之初，建设者面对艰苦的自然条件和充满各种煤矿灾害的复杂环境时毫不退缩，大力传承和弘扬艰苦奋斗的企业精神，勇于接受各种艰难险阻的挑战和考验。以"千磨万击还坚劲，任尔东西南北风"的执着和毅力，矢志不渝地在神东这片热土上挥洒汗水、建功立业。在神东早期的开发过程中，发扬"特别能吃苦、特别能战斗、特别能奉献"的可贵品质，孕育了"艰苦奋斗、开拓务实、争创一流"的神东精神。这种精神不仅仅是神东精神的源头和根基，也成为矿区物质文明和精神文明建设的核心，鼓舞激励着每一个神东人，引领着神东人迈向更高更远的目标。

2.1.1 战略演变驱动境界提升

战略决定成败，文化牵引行远。根据麦肯锡7S模型，企业组织包括结构、制度、风格、员工、技能、战略、共同的价值观七要素，战略、结构和制度被认为是企业成功的"硬件"，风格、员工、技能和共同的价值观被认为是企业成功经营的"软件"。七要素紧密相关，表明企业战略和企业文化具有很强的关联性。

企业的竞争优势不仅来自于地位，更源于能力，其中一种重要的能力就是企业文化，而解释文化的过程通常会显示出一些新的战略举动。众多研究表明，文化是战略选择和制度安排的具体体现。企业文化也并非一成不变，而是伴随企业的不断发展适时优化。战略规划决定文化趋势，文化脊梁支撑起战略大厦。战略必须与文化高度契合，才能顺利实施、有效推进，否则不是战略失调，就是文化虚脱。企业经营更需要战略以外的胸怀和格局，这种胸怀和格局即企业境界，只能由企业文化造就。

战略是企业根据行业发展阶段，对自身发展方向和资源使用的一种系统谋划，其本质是在目标、环境、资源之间达成一种动态平衡。企业是由人构成的组织，是运动和变化的，也具有相应的"类人"特质。当然，这种特质主要是由企业领导者的风格、企业在重大事件和节点所表现出的凝聚力、员工所呈现出的精神面貌等造就的。战略对于这些特质的塑造非常重要，战略是"诗和远方"，这就需要企业领导者既要有宏大的目标和明确的方向，又要敢于突破既有认知视角，行雷厉风行之举。

企业的发展壮大既需要强大的前瞻力、敏锐的洞察力，更需要战略以外的胸怀和格局。胸怀和格局小的企业，不过像转瞬即逝的流星；而拥有大格局的企业，方能行稳致远。企业领导者在推进战略实施的过程中，胸怀和格局不断调整、提升的过程就是企业境界的形成过程。

华为公司发布的《任总在荣耀送别会上的讲话》鼓励荣耀"超越华为，甚至打倒华为"，就能够看出华为的胸怀和格局。美国对华为的单方面制裁已经过去了四年，在这四年中，华为历经无数坎坷磨难，但是始终没有倒下。公司上下相信"华为的天终究会彻底亮起来"，这就是华为的境界。事实上，企业的境界正是企业文化的本源，没有什么比境界更能凝聚人心。

神东近40年的发展，不仅是企业自身的进步，更是中国煤炭工业40年发展的缩影，它折射出中国煤炭人的境界。早在国家实施西部大开发战略之前，在中国北方万里长城与九曲黄河交会之处，有一支由知识精英和产业工人组成的队伍，在这片不毛之地，开天辟地、锐意进取，创造了一个又一个奇迹。近40年来，神东发展战略相继经历了煤田开发建设初期、战略调整期、跨越发展期、大神东建设时期、建设世界一流示范煤炭生产企业五个阶段（图2-1）。

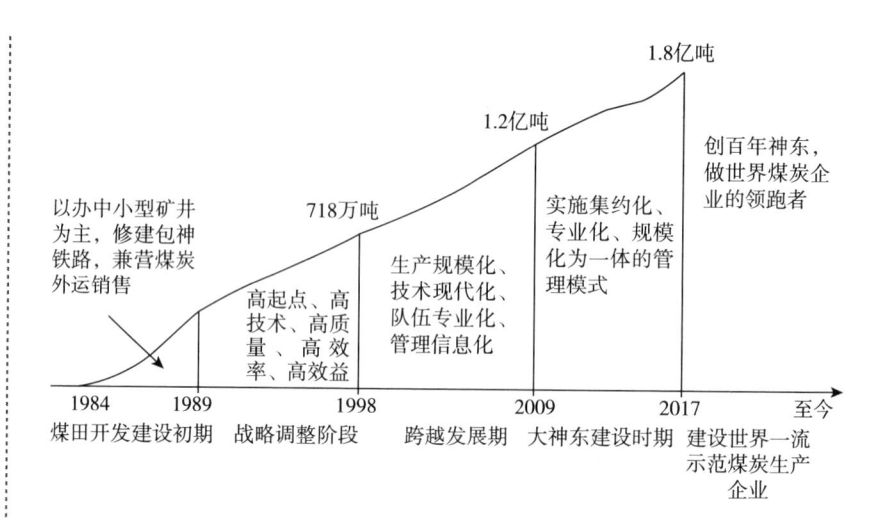

图2-1 神东发展战略历程

煤田开发建设初期（1984—1989年），承载着国家能源战略西移历史重任之境界。1984年，在党和国家领导人及各级领导的共同关怀下，经过大规模勘探，神府东胜煤田成立了中国精煤公司筹备处，在陕西榆林和内蒙古伊克昭盟分别设立了中国精煤公司榆林、伊盟分公司。1985年5月，华能精煤公司正式挂牌。1986年，矿区建设正式启动，并列为国家"七五"期间重点项目。当时，按照"国家修路，群众办矿，国家、集体、个人一起上"的方针，以"先土后洋，先小后大，先易后难，由近到远，由浅入深"为指导思想，以办中小型矿井为主，修建包神铁路，兼管煤炭外运销售。1987年，大柳塔煤矿破土动工，标志着神东矿区正式进入开发建设阶段。1989年伊始，随着国家能源战略基地西移及发展需要，矿区建设转向"统一规划、集中建设大中型机械化矿井为主"，积极采用国内外先进技术和设备，探索新的建矿模式。活鸡兔煤矿一次性设计年产500万吨，定员270人，为全国首例。神府矿区和东胜矿区分别达到年产360万吨和540万吨煤炭的规模，基本形成了新型现代化矿区轮廓。

"特别能吃苦，特别能战斗，特别能奉献"是早期开发建设者们整体呈现的可贵品质，也是神东开发建设初期建设者们身上散发的人格光芒，孕育了"艰苦奋斗、开拓务实、争创一流"的精神雏形。早期的开发建设者们以积极的态度面对困难和挑战，勇于承担责任，不怕吃苦，奋力拼搏，并将这种艰苦奋斗的精神融入血脉中。这种文化氛围激发了员工的潜能，促使他们拼搏进取，追求卓越。

战略调整阶段（1990—1998年），建设具有世界先进水平的高产高效矿区之境界。进入20世纪90年代，神东学习借鉴国内外先进办矿经验，确立了高起点、高技术、高质量、高效率、高效益的"五高"建设方针，并对矿区总体规划进行调整，矿井建设走上大型综合机械化的发展道路。20世纪90年代初期，神府东胜煤田受到国家的高度重视，党和国家领导人多次前来参观考察并做出重要指示："开发神府东胜煤田应当树立采用先进技术建设的指导思想，不搞人海战术的方法，要用现代化的机械设备，要统筹规划、加强协作，加快神府东胜煤田的建设。"神东矿区总体设计陆续进行了大幅度调整。

从1992年至1998年，神东煤田的开发经营方针进一步确立。矿井建设逐步转向以建设大型机械化矿井为主的思路，矿区的整体布局、发展规划发生了重大转变和历史性突破。煤矿及辅助配套工程陆续建设完成，包神和神朔两条运煤专线投入使用。矿区三期年产6000万吨煤炭的总体设计已经由国家计划委员会批准，大柳塔、补连塔煤矿相继投产，与之配套的专线铁路、电厂、港口、船运船队等项目也由国务院初步审定。自此，华能精煤公司的"煤电路港"一体化建设、"产运销"一条龙经营的格局初步形成。1995年8月，神华集团公司成立，完成了体制上的历史变革。1998年，跨省区的神府、东胜两大公司整合，从这一年起，神东煤炭产量平均每年以千万吨速度递增。在这个时期，神东矿区按照"五高"建设方针，逐步探索出了优良地质条件与先进开采工艺相结合的高产高效建设道路，突出"精干高效"的办矿理念，为企业跨越式发展争取到了优势。

在此期间，神东通过引进先进科技和世界一流先进设备，持续推动企业的生产效率和安全管理水平的提升，促进了企业的创新和技术进步。这进一步强化了公司的创新意识和对技术进步的追求，神东企业文化中的"追求卓越、争创一流"等核心价值理念也得到了体现和加强。

跨越发展期（1999—2008年），向现代化煤炭生产建设进军之境

界。1998年8月20日，神华集团站在长远发展的高度，审时度势，按照"精干高效"的原则和现代企业制度的要求，对原神府精煤公司和东胜精煤公司的人员、资产、资源进行了全方位的整合，成立了神华神府东胜煤炭有限责任公司。通过整合，优化了人力资源结构，改善了内部产业结构，理顺了内部市场经济关系，减少了管理机构和重复建设，真正做到了精干高效。这次改革对神东矿区的发展产生了深远的影响，使神东从体制和机制上适应了生产力的发展，促进了结构调整和优化升级，为神东的快速发展奠定了基础。

经过持续多年的创新，神东集成全球先进的管理模式和技术成果，大胆跳出了传统煤矿的建矿思路。在此期间，神东建立了"高产、高效、安全、环保、高回采率"的科学采矿体系；达到了亿吨生产能力；破解了安全与高效、采矿与环保两对难题；实现了煤炭行业从劳动密集型企业向技术密集型企业的转变、由高危行业到本质安全型企业的转变、由环境污染型到清洁型的转变；形成了生产规模化、技术现代化、队伍专业化、管理信息化的"四化"模式，确立了"本质安全型、质量效益型、科技创新型、资源节约型、和谐发展型"的"五型"企业发展目标，成为煤炭产业技术升级的见证和煤炭产业自主创新的示范。

神东在这一时期确定的"四化五型"发展战略，不仅对强化安全管理、提升产品质量和生产效率、促进科技创新、倡导资源节约和环保方面发挥了重要作用，更对员工的价值观和行为准则产生了深远影响。此外，神东还凝炼形成了"安全、高效、创新、和谐"的共同价值观、企业文化体系和"神东煤、神东矿、神东人"三个品牌形象。独具特色的企业文化为神东的快速健康发展提供了强大的文化支撑。神东以其所坚持的核心价值观，致力于成为业内安全、质量、科技、资源节约、和谐发展的典型和模范。

榆家梁煤矿创造中国煤炭建井新模式

原榆家梁煤矿是神木县政府的一个地方小煤矿，设计生产能力为21万吨。由于资金的短缺和粗放经营，始终没能达产。为适应国际煤炭市场的需要，扩大出口煤占有率，根据榆家梁井田特有的煤质，神东于1999年12月租赁经营了榆家梁煤矿。

建设一个矿井，通常需要5年。前期工作涉及科研、设计、开拓等，矿井建设周期很长，而且从试产期到达产期还需3年，七八年时间才能建起一个矿井。但是，时任神东领导提出："榆家梁煤矿的建设，不仅仅是一个产量递增、煤矿建设新模式的问题。更主要的是，它的建成能缓解神华集团出口煤不足的压力，关系到神华集团在国外的声誉，关系到神华的发展，榆家梁煤矿必须按期投产"，并要求"2000年年末必须交工"。

但是，榆家梁煤矿用了多长时间？租赁后，仅用了8个多月的时间，完成了800万吨规模矿井的土建、矿建工程。从开工之日算起，一共用了9个月18天便建成了榆家梁煤矿。在此期间，大家"没白天没黑夜"，挑灯夜战，天天如此。特别是最后安装工作紧张进行的日子里，从井下工作面到地面装车站全线都是员工坚守奋斗的身影。当时正值寒冬时节，安装设备的施工人员在露天地里，顶着凛冽的大风安装设备、进行调试。经过不懈的努力，榆家梁煤矿保质保量地完成了全部安装工程，并于2001年1月18日顺利投产，榆家梁煤矿创造了"投资少、见效快、自我积累、滚动发展"的中国煤炭建井新模式。

大神东建设时期（2009—2017年），走出了煤田开发新路子之境界。2009年5月20日，神华集团深入学习实践贯彻落实科学发展观，按照"科学发展、再造神华，五年实现经济总量翻番"的发展战略，将原神东煤炭分公司、金烽分公司、万利分公司、神东煤炭公司四公司整合成为全新的神东煤炭集团有限责任公司，进一步实现了矿区资源的优化配置。神东的成立，为神东矿区的发展提供了新的历史机遇，标志着神东事业迈进一个新的历史时期。2010年，矿区产能实现了2亿吨跨越。2011年，公司原煤、商品煤产量双双突破2亿吨，建成国内首个2亿吨级煤炭生产基地。

为有效克服传统煤矿管理人员繁杂、机构设置冗余、安全管理难度大等弊端，神东实施集约化、专业化、规模化为一体的管理模式。煤矿负责井下生产，专业化单位负责开拓准备、矿务工程、搬家倒面、洗选加工和产品分装、设备配套、后勤服务等工作，集中人才和资源优势，提高设备与员工工作效率。艰苦奋斗、改革创新，神东一步步突破传统观念，成为我国煤炭行业的样板和榜样，而大柳塔煤矿更是先后创造出无数个国内外纪录。

党的十八大以来，生态文明建设被纳入中国特色社会主义"五位一体"总体布局，一幅绿水青山、江山如画的生态文明建设美好图景正在神州大地铺展。伴随着煤炭的开采，神东在陕北黄土高原与鄂尔多斯盆地始终坚持开发与治理并重，不遗余力为大地"添新裳、披绿衣"，走出了一条主动型绿色发展之路。站在新的历史起点上，神东确立了"创百年神东，做世界煤炭企业的领跑者"的共同愿景和"四化五型大神东"的发展战略，通过打造文化软实力，提升企业硬实力，推动神东又好又快向前发展。

建设世界一流示范煤炭生产企业（2018年至今），引领世界煤炭企业高质量发展之境界。在党的十九大报告首次提出"培育具有全球竞争力的世界一流企业"后，神东提出了在党建、模式、效益、创新、队伍五个方面要继续领跑中国煤炭工业。一项项含金量极高的科技创新成果，正在推动神东成为我国新时代煤炭行业的领跑者。2020年，神东作为国家能源集团煤炭产业主力军，正式拉开创建世界一流示范煤炭生产企业的帷幕。按照集团公司顶层设计，从打造三型企业典范、实现高质量发展，争做五化发展领军、形成新发展格局，创建七个一流、实现高位引领发展三方面谋划了贯彻国家能源集团总体战略自身实施路径，从创新、引领和价值三个维度建立评价指标体系，持续引领煤炭工业高质量发展。

在创建世界一流示范企业的时代背景下，神东在现有成就的基础上，持续加强企业文化建设，探索提升世界一流企业文化软实力的建设方案与实践路径，为神东实现创建世界一流企业的目标提供精神动力与价值保障。

伴随企业外部环境的变化和神东自身的发展，战略演变是神东适应市场变化的必然选择。在战略演变的过程中，神东需要不断提升自身的境界，包括领导力、组织能力、团队协作。这种境界的提升将会对神东的企业文化建设产生深远影响，推动企业价值观和理念的更新、员工的行为方式和态度的转变等，并进一步激发神东人无限的潜力和创新能力。

2.1.2 艰苦环境催生精神追求

美国著名的管理学者托马斯·彼得曾说过："一个伟大的组织能够长期地生存下来，最主要的条件并非结构、形式和管理技能，而是我们称之为信念的那种精神力量以及信念对组织全体成员所具有的感召力。"企业精神是员工对企业的特征、地位和形象的理解及认识，它渗透在企业的具体行为中，并使企业形成一套独特的思维方式、工作态度、经营作风、行为模式，形成一个企业的传统习惯，使企业员工对本企业的生产、发展、命运和未来抱有理想和希望，是企业生存和发展的必然要求。

电视剧《亮剑》中，李云龙曾说："一句话，狭路相逢勇者胜，亮剑精神就是我们这支军队的军魂！剑锋所指，所向披靡！"这体现出一种勇气和魄力。自创建伊始，神东的创业者和建设者就保持谦虚、谨慎、不骄、不躁的作风。面对恶劣的自然环境和生产生活条件，他们传承延安精神及与之一脉相承的煤矿工人"特别能战斗"精神、大庆铁人精神和石圪节（煤矿）精神，坚持自力更生、艰苦奋斗，坚持有条件要干、没有条件创造条件也要干，坚持埋头苦干、勤俭办企、开拓创新、顽强拼搏，形成了"艰苦奋斗、开拓务实、争创一流"的神东精神。这种精神是对中国共产党优良传统的传承，凝结着改革开放形成的发展共识，它对员工具有巨大的凝聚作用。这种精神由内而外透露出来的一种气质，渗透进煤炭生产与经营活动的每一个环节中。由点到线，由线到面，流淌在每个神东人的血液之中。

"艰苦奋斗"是神东人的共同特点，充分体现了神东人勇于挑战自我的实干精神和追求卓越的坚定决心。一顶帐篷、一把铁锹、一间房、一条路……一代又一代神东人在艰苦奋斗中开拓创新，在荒漠中白手起家。1987年6月,韩城矿务局选派由矿长樊治国等72名管理、技术、工人骨干组成先遣军,响应党组织的号召,千里北上支援神府煤田开发。途经榆林时,其中的34人留在神府分公司机关,其余的38人作为先遣队,在樊治国等领导干部的带领下,继续北上大柳塔建设煤矿,人们赞誉他们为"38军"(图2-2)。往后的一年时间里,陆续又有129位干部员工先后北上,投身大柳塔煤矿建设,成为与"38军"并称的"129师"。

图2-2 首批支援神府煤田开发建设的38人到达大柳塔镇

"大柳塔很落后,没有几户人家,就有几个小煤窑,主要用于群众做饭、取暖,交通不发达,没有铁路、公路,煤炭价格还没运费高。"老一辈神东人回忆道,"从神木县城到大柳塔,从早上到晚上,不顺利还到不了。好长一段需穿河过,没有桥,河里发水汽车也会被冲走。当时大家住农民的简易窑洞,没有取暖设施,没有医院,没有办公场所,啥都没有。"

"啥都没有",这简单的四个字道出了当时陕北的封闭贫穷。"风沙、冰雹等自然天气司空见惯,没有青菜,有时甚至没有粮食,人机缺水的情况时有发生。真的是进入矿区难、吃住难、筹集资金难、防御洪水灾害难、征地拆迁也难。"然而,开发建设者也从未因困难而止步。没有道路,修出一条;没有房屋,搭起帐篷;没有食材,野菜充饥……

"38军"成员当初从榆林到大柳塔,只能横跨沙漠,一路上车轮无数次陷入沙窝停滞不前。大家下车齐声高唱雄壮的《没有共产党就没有新中国》鼓舞斗志、抖擞精神，然后继续坚定地推车向前，宛若他们后来推动神东事业发展一般，目标专一而单纯、行动执着而坚定。如同歌词里唱到的"没有共产党就没有新中国"那样，一批批如"38军"一般的建设者，个人和历史的选择在西部大开发的浪潮中，就这样紧紧契合在一起。

大柳塔煤矿作为首批开建的重点矿井项目，在建矿伊始，生活和生产条件都十分艰苦，但是大家充分发挥不怕苦不怕累的精神，让大柳塔煤矿尽早开工。1989年，当时只有25岁的谢安奇作为一名普通矿工进入大柳塔煤矿。"大柳塔煤矿1987年开始修建，我是1989年进的矿，印象特别深刻的是，当时的大柳塔整体说是人烟稀少，只有一条黄土铺成的通车道路，周围可以说什么设施都没有，只有一家面馆可以给我们这些矿工改善一下伙食。"谢安奇说起了自己刚到矿上时的情景。那段时间，干部和职工群众在工作分工上没有差别，矿长上去抱电钻，副矿长当起炊事员，科长开吊车，副科长干装卸工。谢安奇回忆到："开矿全靠炮掘，用脚车推，我在矿底待得最长的一次是三十多个小时，当时浑身全部湿透，没有食物，渴了就在矿底撩点脚下的水喝。"

图2-3 大柳塔煤矿建矿初期党支部的组织生活会

神东精神杰出的践行者

当时,神东各方投资等工作没有到位,而当地每年寒冬降临早,交通不便、物资匮乏,生存条件极差,如果不在11月份冬季来临之前做好必要准备,38人要么困守当地,要么暂时撤退回内地,等来年三四月开春之后再作打算。暂时寄居在附近林场的矿长樊治国等人,觉得不能坐等,得靠共产党的老"法宝",像大庆铁人一样,"有条件要干,没有条件创造条件也要干"。在党组织的领导下,38名创业者中的24名共产党员,更是发挥身先士卒的先锋模范作用。

樊治国亲自开着吉普车跑神木建行苦口婆心申请到200万元贷款,一方面安排征地30亩,自己动手3个月盖起3000平方米临时房;一方面安排主副井必须掘进50米,以便冬季地面封冻后井里可以继续施工。由于塞北冬季来临早,施工现场很快就进入天寒地冻期。

因气温太低,樊治国在一次坐车外出时,车辆中途熄火,他在车头前帮司机摇发动机时,摇把脱手反弹将他的左手臂打骨折。为了争取时间,他坚决不去医院治疗,强忍着疼痛找来两块木板,把骨折的地方简单固定后继续赶路。回到矿建工地后,见不能抱电钻打眼,就吊着一只手臂开吊车,或到附近河里破冰挑水做饭。当地一位老乡为他的精神所感动,将自家仅有的10颗鸡蛋送到樊治国面前:"你这股子劲头,让我想起了红军的'长征精神'!"

1987年12月初,大柳塔煤矿井巷工程已掘进了500米深。时任华能精煤公司副总经理的刘向阳到现场考察矿井建设情况时,被"38军"的精神深深感动,连夜亲拟电文发往北京总部,要求速为大柳塔煤矿拨500万元基建款。后来,樊治国他们将500万元中的200万元用于归还银行的200万元贷款,其余的300万元作为后续建矿资金。

大柳塔煤矿最初的设计建设模式几经变化，开始时按照传统煤矿年产30万吨井型考虑，几个月后改成了60万吨，又过几个月改成120万吨，并于1987年9月正式开建。1990年1月，大柳塔煤矿又进一步按照600万吨年产规模实施改扩建，并分为平硐、斜井两期工程，一次设计、分期建设。1996年1月，矿井一期360万吨工程建成投产。就这样，特别能吃苦、特别能战斗、特别能奉献，成了神东早期创业者的最好写照。

不得不承认，煤矿生产生活相比其他行业更为艰苦。但是，就是在神东，以"38军"及号称"129师"的早期创业者铸造的艰苦奋斗精神，始终在几代神东人中赓续传承、弘扬光大。

刘万峰，现任补连塔煤矿掘锚六队党支部书记（准备二队副书记），40多岁的他，是个标准的"煤二代"。1993年，刘万峰高中毕业。作为煤矿工人的父亲征求他的意见，"考虑去煤矿当学徒吗？"没想到，刘万峰满口答应，"想去学电工。"就此，他与机电检修结下了深厚的缘分。来到神东20年，刘万峰用"幸运、感恩、幸福"描述自己的生活和工作状态。他常怀感恩之心，将老一辈神东人"特别能吃苦、特别能战斗、特别能奉献"的精神火种内化于心、外化于行地敬畏着、践行着。"我特别庆幸当年自己做了正确的选择，来到神东，成为神东人。在这里，我得到了锻炼，吸收了营养，是幸运的，也是幸福的。"在上湾煤矿连采二队当副队长、队长的那些日子里，刘万峰有一个在别人看来的"怪习惯"——步行检查。他每周至少对掘进的巷道步行检查两次，一次来回就要走10公里，这个"怪习惯"一坚持就是10年，从未间断。为此，刘万峰又有了一个绰号——"神行太保"。

神东精神的传承

2020年11月，百名杰出员工颁奖典礼暨神东企业精神报告会如期举行。从1989年就参与到大柳塔煤矿开发建设工作中的史三民获得了百名杰出员工突出贡献奖。"我亲历了大柳塔煤矿从打眼放炮年代，到现在智能矿井建设的飞跃，今天的颁奖典

> 礼让人不由地回忆起过去开发建设时的艰难岁月,现在的辉煌真的是大家在一片荒漠中战天斗地,艰苦奋斗出来的。"
>
> 刘凯元也在分会场观看了颁奖典礼,听着何永久、邬建雄、王旭峰这些熟悉的人物故事,他自觉目标更清晰了,动力也更强劲了。"老一辈的煤海先锋们艰苦奋斗,为公司现代化矿井建设奠定了扎实基础。现在,我们采用中厚煤层自动化开采技术生产,自动化水平能达到85%以上。未来,智能矿山建设是必然的发展方向,作为新时代矿工,一定要继承好神东精神,做好智能矿山建设工作,完成这个时代的矿工使命!"
>
> 刘凯元大学毕业来到神东,入职以来,越在关键时刻,他越能清晰地感受到身边老员工身上艰苦奋斗、敢闯敢拼、无私奉献的工作精神与态度,自己深受鼓舞与激励。"神东精神就是指引我们青年员工前进的精神财富,我们有责任学习好、实践好、传承好神东精神,踏踏实实在一线做好自己的工作,发挥出自己的价值。"
>
> 回顾神东的发展史,神东人从不会因为工作环境的改善而丢弃艰苦奋斗的传统,因为艰苦奋斗是神东人执着追求的精神力量,也是激励神东人战胜困难的动力源泉。

艰苦奋斗的精神并非只体现在创业初期或条件差的时候,而是永远在路上。坚持艰苦奋斗的政治本色,是要永远保持一种生活准则、一种工作作风、一种精神状态、一种价值理念。无论在过去还是未来,神东人都应戒骄戒躁,克服贪图安逸、追求享受、不思进取的倾向,发扬艰苦奋斗的精神,深耕自己的岗位,不断追求进步和提高。

弘扬艰苦奋斗精神需要在实践行动中体现。榆家梁煤矿从一开始就秉承"勤俭办矿"的理念,从井下到地面,从区队到机关,大到机械设备,小到办公用品,都制定了详细的、具有可操作性的管理办法,严格杜绝"跑""冒""滴""漏"。还在物资采购上出台了一系列管理规定,采取货比多家、协商、竞价等形式;在节能降耗上实施避峰用电管理，完善了油料管理制度，加大了回收复用、修旧利废、压缩非生产性支出等方面的力度，这些措施的实施使全矿的经营管理有了新的突破。"空谈误企，求实兴矿"。神东人始终以务实的态度想问题、办事情、干工作，既遵循客观规律，有所发明，又脚踏实地，有所创造。

坚持奋斗，勤勉终生的神东人

"工作就像一辆不断行驶的车，只要我还有一份力量都会努力拉车，绝不会停止脚步。"这是维修中心二厂员工王龙的诚挚话语。

"煤机就是我身体的一部分，是我的胳膊和手，回采好每一刀煤，保证工程质量和煤质，为公司创造更大的效益就是我的初心和使命。"这是补连塔煤矿综采三队煤机司机张智强的动人之言。他在综采煤机司机岗位上一干就是8年，经历了公司四个八米大采高工作面回采作业和数次急难险重任务处理，还曾荣获公司第六届职工职业技能比赛采煤机司机组二等奖，无愧为采煤的行家里手。

"做骆驼，不好吗，我本就平凡，也甘于平凡，只要兢兢业业，保证综采一队高产高效的强劲势头，带领兄弟们保证好安全，就是我的夙愿。"这是补连塔煤矿综采一队员工张永红的肺腑之言。作为一名在公司综采一线坚持20余年的老综采，作为一名有着十年"兵头将尾"工作经验的老班长，他以出色的机电检修技术和管理经验保证了"综采铁军"安全生产煤炭超过亿吨，为矿、公司及周边地区输送大量管理型、技术型和操作型人才，堪为典范。

将勤勉精神发挥到极致的，还有在技改攻关上专心致志、为安全生产保驾护航的武晓东。他以优异的工作表现当选为2019年度公司"劳动模范"。面对荣誉，他这样说道："我只是多做了一点工作，我觉得作为一名党员，就是一面旗帜。习近平总书记在十九大报告中提出要弘扬'工匠精神'，证明国家重视一线的劳动者。"在平凡的岗位上，武晓东努力践行着一名党员、一个普通工人的社会担当，坚定勤勉之心，坚持勤勉做事。

从艰苦奋斗中孕育出的神东精神，是一种源自内心的力量和动力，它代表着对梦想的执着追求，对成功的坚定信念。神东煤田的开发进程，正是传统煤炭产业的发展、演变、创新的历程，与中国改革开放同步，同宏观政策、市场变化、社会生活息息相关。神东发展的每一个关键时刻，都是神东人审时度势，从实际出发，坚持实事求是、勇于开拓、不断创新的结果。

开拓务实体现了神东人不断超越创新的精神，更诠释了神东人始终注重实效、追求精益求精、坚持实事求是的原则。经过多年的建设、发展和积淀，神东多项技术经济指标已经达到世界先进或领先水平，具备了建设具有全球竞争力的世界一流企业的良好基础。一路走来，神东凭借"会当凌绝顶，一览众山小"的决心，达到中国煤炭行业的顶峰。

争创一流充分体现了神东人勇于挑战自我、永争第一的实干境界。早在20世纪90年代，神东就提出"争创一流"的价值追求。在那时，"争创一流"就是追求高标准、严要求，争创国内外同行业先进水平。"争创一流"如同一份军令状，饱含着全体员工对工作的热爱，也体现出他们对未来的期许。秉持"争创一流"信念，神东人一步一步使煤田开发建设走上了跨越式发展道路。如今在创建世界一流示范企业的新的使命任务下，"争创一流"的引领作用历久弥新，其含义更加具体，也日趋丰富。

近40年砥砺前行、艰苦卓绝的奋斗历程，是神东人弘扬"艰苦奋斗、开拓务实、争创一流"精神的具体实践。神东精神是神东所具有的态度和境界，是神东人独特品格和优秀作风的集中体现。艰苦奋斗，是神东文化的源头，是神东的优良传统。无论时代如何变、生活工作条件如何变，神东人特别能吃苦、特别能战斗、特别能奉献的精神永远不变，永远保持知难而进、百折不挠、克勤克俭、励精图治的精神，一代接一代不断发扬光大。开拓务实，是神东人始终秉承的可贵品质。敢为人先并非异想天开，而是科学的实践。要以务实的态度想问题、办事情、干工作，既遵循客观规律，有所发明，又脚踏实地，有所创造，不断开创神东事业的新局面。争创一流是一种价值追求，体现了神东人勇于挑战自我、追求卓越的实干境界。一流是卓越的基础，卓越是一流的升华。神东力争在企业规模、产品、技术、管理、人才等方面达到国际一流水准，要以一流管理、一流技术、一流服务、一流效益为目标，不懈追逐"高碳能源、低碳发展"的梦想，将发展绿色矿业、建设绿色矿山、实现绿色生产作为企业转型发展的重大战略，使企业始终站在行业前沿。站在新的历史阶段，神东人将继续以艰苦奋斗为力量之源，以开拓务实的作风实现高质量发展、高价值创造、高品质生活，深化改革创新，在争创一流中开新局，奋力拼搏迈上现代煤炭企业高质量发展的新征程。

现在的神东，水美城亦美。如今，行走在乌兰木伦河两岸，感受到的不仅是无边的美景，还有老百姓的幸福与喜乐。但是，随着国企改革进入后半程深水区，滞后的任务大都是难啃的硬骨头。习近平总书记在党的十八大以来的系列重要讲话和党的二十大报告中，系统列举出了中国特色社会主义建设面临的各种困境。在新时代，煤炭行业在资源勘探与地质保障、智能化建设、废弃资源利用、环境污染的负外部性、粉尘防控与职业安全、清洁高效利用、煤与共伴生资源协调开发及煤炭人才储备八大方面面临严峻挑战。而且，在碳达峰与碳中和背景下，煤炭行业面临系统性挑战。

煤炭是基础性能源，我国煤炭产业规模未来依然很大，变革综合体现为发展模式变革，实现真正意义上的煤炭精益供应是关键。一方面，供给侧供应的煤炭与客户需求相匹配，确保在需要的时间、按需要的数量送到指定的地点；另一方面，煤炭供应还要与新能源供应相匹配，共同保障能源安全，市场资源配置更趋合理和高效。在此背景下，神东精神的"艰苦奋斗"要赋予"敢于自我革命、绿色低碳"的新内涵；"开拓务实"要赋予"全流程精益、价值创造优化"的新内涵；"争创一流"要赋予"引领行业、做世界煤炭企业示范"的新内涵。这些新的精神追求必将为神东注入全新动能。

在近40年发展的道路上，神东精神为神东指引方向，激发勇气和韧性。它鼓舞着神东不断超越自我，不断拓展边界。这种追求不仅体现在工作中，更贯穿于每一位神东人生活的方方面面。它在神东人的行动中展现出来，使得神东人能够战胜困难、攀登高峰。在艰苦奋斗中孕育的神东精神，让神东人在追求梦想的道路上更加坚韧不拔，勇往直前。它是神东人成长和发展的动力，也铸就了神东特有的企业文化。

2.1.3 跨越发展铸就价值体系

企业价值观攸关企业行为，告诉员工"企业应该坚持什么""企业做什么是对的""遇到两难时应该如何决策"，是企业全体员工一致认同的关于企业意义的终极判断。煤炭企业的特殊性决定了其价值观在整体上与其他企业存在差异。煤炭生产属于较为危险的地下工作，包括掘进、回采、井下运输、通风、排水、井巷、设备维修、筛选加工、其他生产过程等，生产环节纷繁，劳动强度大，劳动组织复杂，是多工种、多工序的连续性作业和多环节的综合性作业。

安全，是煤矿生产的永恒主题。20世纪90年代，中国煤炭工业每百万吨原煤死亡率始终大于4。这是一个触目惊心的数字，意味着一个年产百万吨的中型煤矿，每年生产都要付出四至五人生命的代价。安全是煤矿的天字号工程，神东坚持把安全生产作为企业的生命线，坚持以人为本、生命至上，持续深化生产安全、经济安全、政治安全三大安全管理体系建设，完善以风险预控管理体系为主的安全生产长效机制。安全源于责任，安全源于行动。守护安全是每位神东人的责任，责任重于泰山，重在落实。神东人时刻牢记安全，把责任扛在肩上，敬畏自然，敬畏安全，珍爱生命，杜绝三违，实现长治久安。

高效，是市场取胜的必然选择。煤炭生产效率直接决定了行业整体发展质量。全员工效反映了煤矿生产效率的高低，既是衡量技术、管理等水平的重要指标，也决定着矿井的生产成本和盈利水平。改革开放以来，我国煤炭工业生产方式已经实现跨越式发展，由曾经的手工作业和半机械化为主转变为如今的机械化、自动化、信息化、智能化生产。但放眼世界，美国、澳大利亚煤炭行业全员工效分别为40吨/工和42.7吨/工，中国煤矿开采的全员工效只有8.2吨/工，仅为世界先进水平的1/5左右，而从业人数高达1286人/百万吨，是世界先进水平的17倍之多。自成立以来，神东根据矿区特定地质与煤层赋存的开采技术条件，不断进行浅埋深、薄基岩、安全高效开采关键技术，超大采高综采技术，井下水资源综合利用技术，矿井信息化、数字化、智能化技术等新型实用技术的研究与应用。始终坚持自主创新，建设独具神东特色、国际领先的技术体系，优化以"四化五型、世界一流"为特征的神东模式，推动生产效率的快速提升。同时，以市场为导向，推进核心技术创新与机制优化，聚焦效率直接发力，实现产品高质量、工作高效率、生产高效益。

创新，是持续发展的不竭动力。 创新是引领发展的第一动力。面对与世界先进水平多环节、多层面的巨大差距和国内外机械化、智能化的发展趋势，我国300多万煤炭人亟待创新求变、攻坚克难，补上"关键设备靠进口"等现实短板，改变规模至上等传统思维，深化"去产能"等政策措施，向科技要效益、向管理要效益、向改革要效益，尽早尽快真正实现行业的高质量发展。5.5米，6.3米，7米，8米，8.8米……长期以来，神东始终引领一次采全高开采技术的研发与使用，液压支架不断创造新纪录，也不断刷新了神东创新的高度。神东始终将创新作为发展的引擎，积极开展关键技术领域攻关，加大科技成果转化，提高集成创新和自主创新能力，始终保持行业领域的技术领先优势，引领清洁煤炭技术发展方向。

协调，是行稳致远的重要法宝。 面对经济新常态，神东追求发展效能的最大化和最优化。在处理好当前与长远、局部与整体、内部与外部、硬实力与软实力关系的同时，神东注重规模速度、安全生产与效率效益协调发展，企业内部各单位之间、企业与社会、地方、员工、市场间互动协调，以及企业与自然、资源与环境的协调发展，统筹兼顾。依托现代信息技术畅通员工诉求，实现企业管理双向循环，全面提升企业内生动力。现在的大柳塔，俨然成为了煤海上的"塞罕坝"。

智能，是高质量发展的关键动能。 数据作为数字经济最核心、最具价值的要素，正在成长为经济增长的新动能。围绕着面向未来的精准开采理念，即以工业互联网架构为基础的智能煤矿体系，全力构建煤炭工业互联网生态体系、架构体系，能够支撑能源体系的数字化转型。目前，神东已建成了数字矿山锦界示范工程和亿吨级区域煤矿集中控制系统；试点了连采自动化技术，初步实现了远程控制行走、远程装煤、自动化割煤；对21类机器人进行了技术攻关和现场应用；井下变电所、水泵房实现了无人值守；推广应用了防爆电动无轨胶轮车；在建成井上下万兆生产控制专网的基础上，逐步开始规范设备数据协议与接口标准，对矿井各子系统进行了优化整合，自主设计并建立了神东生产数据仓库，填补了行业空白，提高了矿井信息互联、数据共享、智能联动和业务管理的协同效益；编制了《智能综采工作面建设标准》《智能化选煤厂建设技术规范》《神东煤炭集团智能矿山建设实施方案》，指导神东智能矿山建设有序推进。在神东，采矿真正由"体力活"变成了"技术活"，正在向"智能活"演变。当前，神东正在探索煤矿少人化生产组织模式，以更高站位、更大力度、更实举措推动煤矿智能化建设，为提高煤炭行业可持续发展能力，走数字经济与能源经济融合发展之路提供神东经验，为煤炭行业高质量发展做出更大贡献。

生态，是打造神东现代产业体系的核心。神东不仅是煤炭生产者，更是以煤基产业为主体的现代化能源体系构建者。在能源革命与"双碳"目标的驱动下，神东不仅重视生态环境的保护与恢复，更注重生态效益，始终致力于打造以煤炭为主，集新能源、生产服务等多种产业为一体的能源体系。培育生态文化既能提升神东"软实力"，向外界讲好神东故事，又能向行业提供"神东方案"，创造现代化煤炭产业共同体，擘画中国煤炭发展蓝图。

跨越发展引领未来战略选择，神东在路径选择上将持续以安全为基石，以高效为关键，以创新为动力，以协调为保证，以智能为手段，以生态为必要条件，注重经济效益、社会效益和环境效益的有机统一，建立起一套完备的可持续发展价值体系，助推神东在建设世界一流企业新征程上行稳致远。

2.2 高效建设推进文化发展

文化是企业发展的灵魂，它塑造了企业的价值观和行为准则，在这个以创新为驱动力的时代，企业的成功与否不再仅仅取决于物质资源的丰富程度，更重要的是文化的引领和推动。神东在高效建设推进文化发展的过程中，见证了一场深刻的变革，以一种积极向上的文化氛围作为推动力量，深深植根于企业各个角落，在持续的努力和探索下取得了令人瞩目的成就。神东高效的文化发展既为了企业的繁荣，也为了塑造一种积极的社会影响力，成为行业的典范和榜样，向煤炭行业展示出一种全新的企业文化风貌。

2.2.1 系统推进企业文化建设

文化的形成是一个漫长的过程，精神和价值观在不同阶段经过实践检验后慢慢沉淀的过程至关重要。一旦企业内部的文化元素被固定下来，它们就会在企业内营造出一种具有意义感、可预测感和安全感的文化氛围。但是，企业的员工是流动的，老员工早已被"文而化之"，新员工却可能存在"抵制变革"的情况，因为新员工在接受一些新理念前不得不摒弃一些原有的思想观念。根据实验社会心理学先驱库尔特·勒温的企业变革"三阶段模型"，员工对文化的习得主要包括三个阶段：首先，解冻，创造学习的动力；第二，学习新概念、对旧概念的新诠释及新的评价标准；第三，重新冻结，内化新的概念、意义和标准。当驱动力大于"抵制变革"力时，文化的习得便由此开始。在此过程中，推动驱动力大于"抵制变革"力的关键因素之一就是企业文化建设。

神东企业文化的形成，始于 1984 年甚至更早的神东矿区开发酝酿筹划阶段早期。纵观神东发展历程，先后经历了煤田开发建设初期、战略调整阶段、跨越发展期、大神东建设时期与建设世界一流示范煤炭生产企业五个阶段。每一个阶段都沉淀了弥足珍贵的管理智慧、工作作风、精神风貌，记录着神东艰苦奋斗的风雨历程，体现了神东独特的文化基因。

在神东开发起步阶段，文化建设处于自发状态，早期的神东建设者们发扬煤矿工人"特别能吃苦、特别能战斗、特别能奉献"的可贵品质，孕育了"艰苦奋斗"的精神雏形，是神东人拼搏奋斗的初始动力。神府东胜煤田开发之初，建设者面对自然条件艰苦、各种煤矿灾害并存的复杂环境，大力弘扬艰苦奋斗的精神，吃苦耐劳、坚韧不拔。1989年4月，东胜分公司首次将东胜矿区的企业精神概括为"开拓、协力、奉献"六个字，并分别进行了阐述："开拓"，即开辟、创业，也是创造、创新，不仅要靠艰苦奋斗的实干精神，还要靠科学态度和聪明智慧；"协力"，就是团结协作、共同努力，要像爱护自己的眼睛那样，爱护上下左右的团结；"奉献"，就是艰苦创业、勇挑重担，公而忘私、国而忘家。"开拓、协力、奉献"的企业精神，是对包括煤矿开拓者、创业者在内的煤田开发建设初期艰苦创业精神的概括。

1990年6月28日，江泽民、李鹏等中央领导同志为山西石圪节煤矿题词，号召全国学习石圪节精神，全国煤炭行业再一次掀起学习石圪节精神的热潮。1991年5月，华能精煤公司召开第二次党委全会、纪委全会，做出了《关于学习石圪节精神的决定》。是第一次较为系统地提出了华能精煤公司"开拓务实，争创一流"的企业精神内容，为煤田开发建设树立思想文化旗帜，这也是"艰苦奋斗、开拓务实、争创一流"企业精神的源头和根基，是矿区物质文明和精神文明建设的灵魂。同时，对其含义做出诠释，"开拓"，就是解放思想，勇于改革，勇攀高峰；"务实"，就是扎扎实实，埋头苦干，说实话、鼓实劲、干实事；"争创一流"，就是高标准，严要求，争创国内外行业先进水平。要求发扬艰苦奋斗、勤俭办企的精神，依靠科技进步，奋战十年，争创一流，把神府东胜煤田建成"矿电路港"一体化，"产运销"一条龙，高起点、高技术、高质量、高效率、高效益，独具特色的国内一流现代化能源基地，以及"基本建设创一流，生产经营创一流，安全生产创一流，企业管理创一流，物质文化创一流，精神文明建设创一流"的模范矿区战略规划、战略目标和战略方针。

这是神府东胜煤田开发建设史上，首次针对企业精神做出的文字概念表述。它成为后来神东"艰苦奋斗、开拓务实、争创一流"

企业精神的雏形，并与围绕战略目标提出的"七个一流"等战略规划、战略目标和战略方针，共同构成神东企业精神的源头。1996年2月，神华集团第一届董事会第二次会议和1996年工作会先后在北京鸿翔大厦召开。时任中共中央政治局常委、国务院总理李鹏应神华集团题写企业精神的请求，亲笔题写了"艰苦奋斗，开拓务实，争创一流"十二个大字，并由时任中共中央政治局委员、国务院副总理邹家华带到会场。这体现出了中央领导对神东企业精神的高度认可与肯定。

神东正式在公司层面建设企业文化从2003年开始。2006年，神东成立企业文化部。同年11月，按照《神华集团企业文化建设实施纲要》要求，启动企业文化诊断提升项目，深刻总结神东在发展实践中凝聚并凸显出的文化品质和内涵。以继承和创新为方针，经过全公司上下反复酝酿和讨论，最终整合、提炼成神东企业文化理念体系。经过"2006年企业文化推进年、2007年发展年、2008年提升年"三个主题年建设活动，神东企业文化建设得以快速推进，先后出台《神东煤炭公司企业文化手册》《神东煤炭集团企业文化建设实施纲要》等企业文化建设指导性文件，整合、提炼形成神东企业文化理念体系。

2009年，神东煤炭集团整合成立，神东按照集团发展战略要求，组织开展文化诊断提升和文化融合项目研究，提出"创百年神东，做世界煤炭企业的领跑者"的共同愿景，确立了"提高四化五型发展水平，建设世界一流煤炭企业"发展战略，与"建设世界一流煤炭企业"战略目标相配套。2012年，神东从"硬、软"两个方面提出了"世界一流"的评价指标。"硬"指标即必须在安全、技术、经营方面创一流，"软"指标就是要在员工队伍、幸福指数、企业文化、品牌形象等方面创一流。2016年，神东针对煤炭行业面临的发展新形势，适时开展了企业文化自我诊断及问题分析，在传承神东优秀历史文化积淀的基础上，着眼企业未来发展，提出"安全、高效、创新、协调"的核心价值观，确立了"创·领"的神东文化核心定位，以内在的价值创造力引领行业健康发展。2018年，"创领"文化践行项目启动，神东提炼形成了"创领"文化双维度践行模式等系列成果。

从煤田开发初期神东人"特别能吃苦、特别能战斗、特别能奉献"的可贵品质到如今创新创造、领先领跑的"创领"文化践行，近四十年励精图治，系统推进企业文化建设不仅助力神东在安全、生产、技术、经济等多方面创造出了举世瞩目的成就，更在鄂尔多斯盆地绘制出一幅"金山银山"与"碧水蓝天"相得益彰的唯美画卷。面对经济新常态，神东唯有继续以企业文化作为适应环境变化与市场竞争的指路明灯和制胜法宝，方能在推动煤炭工业绿色转型升级、国家经济社会发展与美丽中国建设中贡献更大力量。

2.2.2 精准对接国能文化理念

习近平总书记多次强调，要构建以国内大循环为主体、国内国际双循环相互促进的新发展格局，为中国经济中长期发展做出重大战略部署。

国家能源集团深刻把握"为什么要构建新发展格局""构建什么样的新发展格局""如何助力构建新发展格局"三个命题，加快推进"一个目标、三型五化、七个一流"发展战略，2018年12月，集团党组下发《国家能源投资集团有限责任公司企业文化建设三年规划（2019—2021）》，积极推进企业文化融合与建设，以统一为基础、以一流为导向，促进文化融合，强化文化驱动。按照规划，2021年建成并正式发布了与具有全球竞争力的世界一流能源集团高度一致的企业文化体系。

国家能源集团企业文化核心价值理念包括公司目标、战略、宗旨、使命、核心价值观、企业精神以及品牌广告、标识。瞄准"创建具有全球竞争力的实际一流示范企业"公司目标，实施"1357"公司战略，确立"为社会赋能，为经济助力"的公司宗旨，担负"能源供应压舱石，能源革命排头兵"的公司使命，树立"绿色发展，追求卓越"的核心价值观，弘扬"实干、奉献、创新、争先"的企业精神（图2-4）。

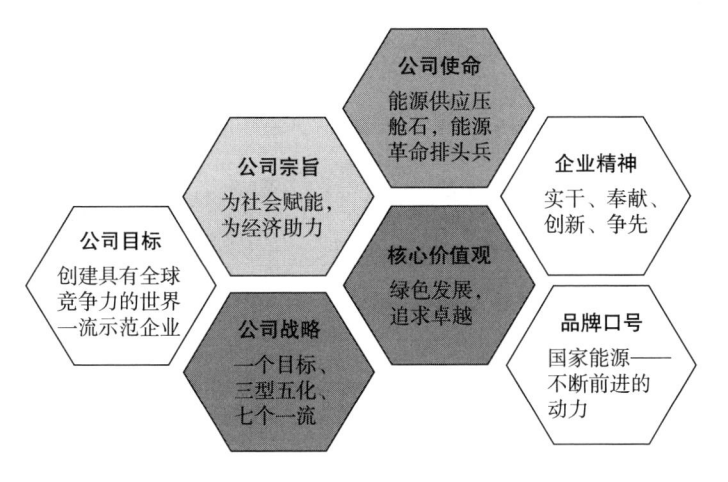

图 2-4 国家能源集团企业文化价值理念体系

作为集团的骨干煤炭生产企业，神东按照集团统一部署，切实担负起创建世界一流企业的使命任务，助力集团建设成为具有全球竞争力的世界一流能源集团，为打造创新型、引领型、价值型企业，推进清洁化、一体化、精细化、智慧化、国际化发展，实现安全一流、质量一流、效益一流、技术一流、人才一流、品牌一流、党建一流贡献力量。

特别是在文化建设方面，神东坚持企业文化与集团一脉相承、深度融合。如图 2-5 所示，在对接集团文化建设思路和 RISE 品牌战略[1]要求时，神东始终坚持和加强党的领导，深入贯彻集团"1357"发展战略[2]，积极响应"社会主义是干出来的"伟大号召，践行集团"为社会赋能，为经济助力"的企业宗旨，担负起"能源供应压舱石，能源革命排头兵"的企业使命。在自身实践中，神东始终坚持传承弘扬"艰苦奋斗、开拓务实、争创一流"的神东精神，树立"安全、高

---

[1] 国家能源集团 RISE 品牌战略于 2022 年 2 月 25 日在北京举办的以"创享共富美好生活"为主题的品牌战略发布会上首次提出。RISE 单词的本义是崛起、增强、提升，同时也是 RISE 品牌战略中四个英文单词的首字母组合，R、I、S、E 分别代表 Revolutionary（改革创新）、Integrative（一体化）、Sustainable（可持续）、Equal（平等共享）。

[2] "1357"发展战略即"一个目标、三型五化、七个一流"：一个目标是指建设具有全球竞争力的世界一流能源集团；三型五化是指打造创新型、引领型、价值型企业，推进清洁化、一体化、精细化、智慧化、国际化发展；七个一流是指实现安全一流、质量一流、效益一流、技术一流、人才一流、品牌一流和党建一流。

效、创新、协调"的核心价值观,努力建设具有全球竞争力的世界一流企业。

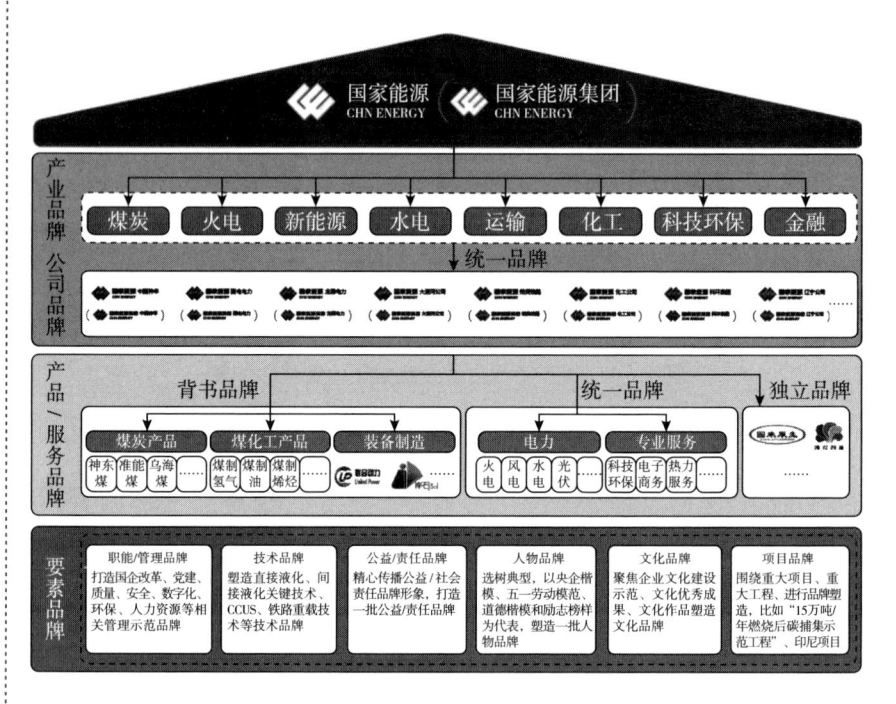

图 2-5　国家能源集团 RISE 品牌战略结构

神东通过加强企业文化建设,深入推进一流品牌创建工作,着力培育具有时代特色、富有竞争力和创新力的神东文化软实力。对内凝心聚力,塑造共同价值取向,凝聚激发企业力量,为员工提供精神指引;对外树立企业形象,强化企业品牌,彰显企业力量,引领企业持续健康发展。

在今后的发展中,神东将继续与集团在企业文化上保持高度一致。将集团的战略目标转化为具体行动计划,按照集团的要求明确和落实方针,在规章制度、战略规划、推行项目重点等方面推进,确保各项政策和要求得以全面贯彻;与集团保持紧密的沟通和协作,建立起有效的沟通渠道,让各级员工能够与集团的相关部门和团队进行交流和对话,通过开展定期会议和交流活动,深化彼此之间的理解和合作;学习和借鉴集团在业务管理、技术创新、绿色发展等方面的先进做法；共同践行文化理念，强调安全、环保、协作和创新等价值观，为公司高质量发展奠定基础；鼓励各级员工参与集团与公司间的交流与合作项目，促进双方相互了解和经验分享，加强文化融合与合作的实践。通过不断丰富集团理念在神东的特色实践，秉承"一主多元，开放包容"的文化建设思路，不断增进全体神东人对集团理念的价值认同、思想认同和情感认同，不断筑牢全体国能人团结奋斗的共同思想基础。

2.2.3 创领文化引领企业发展

早在20世纪90年代末，神东就有意识地开展了企业文化建设，成为国内最早将企业文化理论应用于管理的企业之一。作为大型国有企业，神东自2003年启动企业文化建设以来，先后经历了四次文化诊断，于2016年第四次文化体系提升时，明确了神东企业文化的核心定位是"创"和"领"。

企业文化体系升级是在对神东现状进行全面评估和传承优秀历史文化积淀的基础上，对原有企业核心理念进行了系统梳理、完善与升级，提炼形成了独具特色的神东"创领"文化，并正式发布《神东创领文化手册》。手册明确了公司企业文化的核心定位是"创、领"："创"即创新、创造，"领"即领先、领跑。创新、创造是引擎，是灵魂；领先、领跑是路标，是航向。创新、创造是神东始终坚持的价值理念，领先、领跑体现了神东的地位和责任。

2017年国家能源集团成立后，提出了积极践行习近平新时代中国特色社会主义思想和下属公司融合对接集团母文化的统一要求与整体方向。神东在遵循"建立问题导向—形成问题解决机制—深入解决问题"思路下，按照规划要求，推动"创领"文化在神东各层级的深植落地。"创领"文化树立了神东的航标，为落实"五大"理念，做精"四化五型"，做优清洁低碳，做强世界领先，提供了纲领与遵循，持续发力引领企业健康发展。

"创领"文化采用"3+1+4+6"的架构，将核心理念、基本理念、行为准则融为一体，构成了神东企业文化的完整体系（图2-6）。"3+1"的核心理念是对神东核心管理思想的深层次解读，是对"我们为了什么""我们将去向哪里"及基本价值遵循和精神动力的系统回答。包含神东使命——奉献清洁煤炭，引领绿色发展；神东愿景——创百年神东，做世界煤炭企业的领跑者；神东核心价值观——安全、高效、创新、协调；神东精神——艰苦奋斗、开拓务实、争创一流。四个基本理念包含安全理念、环保理念、人才理念、创新理念，是在突出核心的基础上聚焦于延伸。6条员工行为守则是"创领"文化理念的具体化，是全体员工行为的"标尺"。

神东使命
神东使命定义了神东存在的独特价值，集中体现了所有神东人的共同责任

神东核心价值观
神东核心价值观是神东始终不渝坚持的核心原则

神东愿景
神东愿景明确了神东未来的方向，是神东人肩负使命努力实现的未来图景

神东精神
神东精神是神东所具有的态度和境界，是神东人独特品格和优秀作风的集中体现

图2-6 "创领"文化的核心内涵

"创领"文化理念体系形成后，神东下发了《神东创领文化手册》和《神东煤炭集团企业文化建设五年规划（2016—2020）》，明确企业文化建设五大指导思想与建设原则、四个工作目标与主要任务、四种关键措施、五项保障机制。同时，修订了《神东煤炭集团企业文化建设管理办法》，明确企业文化建设组织机构及工作职责，进一步完善考评系统，确保"创领"文化落地践行有机制、有保障、有措施、有考核、有反馈、有提升。

2.2.4 持续优化文化践行路径

企业文化建设是一项系统工程，它不仅是形象策划和CIS的传播，而且重在文化理念的转化、落地，实现企业全面、系统提升。神东始终将企业文化建设作为企业经营管理的重要组成部分，融入中心工作，纳入企业发展战略，渗透进企业管理实践的全过程。2018年，在第四次企业文化诊断的基础上，神东结合自身企业文化建设实际情况，总结提炼出了"创领"文化"双维度"践行模式（图2-7），即文化宣贯维度和文化管理维度双管齐下推动文化落地。

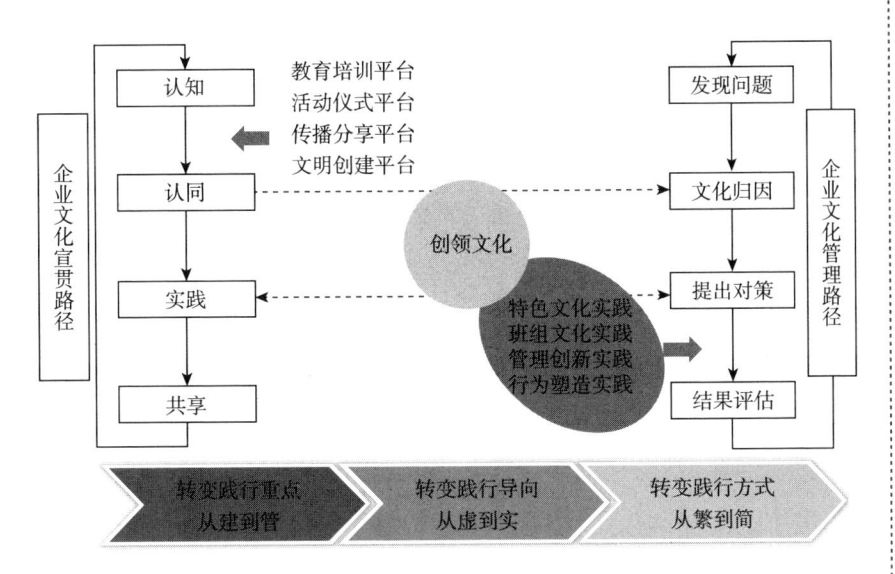

图2-7 神东"创领"文化"双维度"践行模型图

企业文化宣贯维度聚焦理念宣贯和价值认同，遵循"认知—认同—实践—共享"的文化认识规律，搭建教育培训、活动仪式、传播分享、文明创建四个平台，通过"从感性到理性，再从理性到实践"两次转化，实现企业文化宣贯的常态化，促进"创领"文化理念的深植。企业文化管理维度聚焦问题解决和管理提升，遵循"发现问题—文化归因—提出对策—结果评估"，通过特色文化实践、班组文化实践、管理创新实践、行为塑造实践四项措施，推动管理变革与升级。

企业文化宣贯维度，以"入脑、入心、入行、入境"为目标，坚持目标导向，积极搭建起公司、矿井、区队层面的教育平台，以宣教、新闻、研讨、会议、专题培训等方式，立体推进，深化理念的认知与认同；借助企业文化中心、矿级单位载体，搭建企业文化活动仪式平台，统筹开展道德讲堂、好人选树、大国工匠评选、神东好故事宣讲等丰富多彩、参与广泛的活动，激活员工能量；搭建传播推广平台，不断完善"创领"文化考核评价机制，总结、筛选践行过程中的优秀经验和故事案例，并通过新媒体、交流会、文化节等方式进行交流分享，加强横向、纵向联动，以点带面，带动企业文化建设水平的整体提升；搭建文明创建平台，公司借助文明单位、文明班组、文明员工等特有的精神文明创建载体，将神东精神显现化，促进神东精神的传承。

企业文化管理维度，坚持问题导向，从四个方面进行实践探索，真正做到以企业文化指导管理行为，以管理行为践行文化理念。一是开展特色文化实践，基层单位基于自身文化积淀、管理提升需要，开展特色子文化或专项子文化建设，形成本单位文化落地的有效做法；二是推进班组文化实践，根据班组建设所处的阶段与管理水平，采取试点先行、重点打造或全面推进等不同策略，激活基层团队活力，增强班组的凝聚力和向心力；三是探索管理创新实践，从企业改革、管理、创新、经营等环节中发现最根本、最典型、最重要、最普遍的问题，从文化角度探寻原因，制订系统性的解决方案，实现管理提升；四是深化行为塑造实践，依照神东责任、安全、效能、执行、成本、纪律六个方面的行为要求，对表找差，聚焦其中一至两个重点，制订行为转变的方案，进行系统提升，促进员工行为的转变。

为更好促使企业文化理念体系转化落地，2018年神东推动机构改革，成立企业文化中心，从体制机制上保障了企业文化理念体系的转化落地，更有利于企业文化平台搭建及践行路径建设，使文化建设与实践更具有针对性和实效性，提升文化产品和服务供给实效。

作为推动文化践行落地主责单位，企业文化中心关注企业发展战略和安全生产，聚焦员工群众对美好生活的向往，坚持以社会主义核心价值观引领文化建设，紧紧围绕"举旗帜、聚民心、育新人、兴文化、展形象"的使命任务，坚持"党建引领、文化聚力、共创共惠"的工作理念，致力于实现"精神引领、形象展示、文化交流、素养提升、会务服务、健康生活"六项功能，统筹实施"文化建设、文体活动、文化惠民、场馆运维"四大基础工程建设,积极搭建文化践行平台,拓宽文化践行路径,努力为矿区员工及群众提供精准有效的文化产品和文化服务,推动"创领"文化深植应用,为神东高质量发展提供文化支撑。

"创领"文化是神东历史积淀的传承,是走向未来的旗帜,更是永续发展的动力。在"创领"文化"双维度"践行模式指导下,神东各基层单位按照"一主多元"的原则,从实际出发,相继开展了包括安全文化、精益文化、创新文化、廉洁文化、服务文化等专项文化建设,重点培育班组文化建设等子文化。特色文化和子文化建设进一步丰富了神东"创领"文化的内涵,也拓展了神东"创领"文化的外延。

2.3　面向未来实现文化变革

文化变革是企业迈向未来的必由之路。在这个变革的舞台上,企业以勇气和决心超越固有的框架,为新的发展奠定坚实基础。这场文化变革不仅是为了应对市场需求和竞争挑战,塑造一种富有活力、创新力和适应力的企业文化,更是为了挖掘企业的灵魂,塑造一种更具有凝聚力的、影响员工的行为和价值观的企业文化。文化变革的过程充满挑战,需要引领未来的智慧和坚定,需要不断明确愿景和目标,引领企业朝着新的方向前进,形成一种共享责任的文化氛围。面向未来,神东将乘势而上,以更卓越的硬实力与软实力,积极打造世界一流企业的核心竞争力。

2.3.1　实现企业文化与管理深度融合

在现代企业管理中,企业文化已经成为企业的核心竞争力。如何加强企业文化建设,突出企业文化与管理深度融合越来越成为企业管理者非常关注的问题。管理的目的是提高效率,企业文化重在提升凝聚力。企业管理主要针对的是生产经营活动,通过计划、组织、领导、协调、控制以保证经营目标的实现。但是企业文化的形成和发展却难以完全通过管理的手段和方法实现。企业文化的要素包括企业环境、价值观、英雄人物、礼仪、仪式和文化网络等。企业文化一直存在于企业中，是融入在企业愿景中的，指导着企业的战略管理、人力资源管理、生产管理等。它以核心价值观为主线进行管理，并最终将企业的愿景和活动联系、集成起来，形成企业自身独有的个性和竞争优势。企业通过文化建设可以使管理更具活力。

当前，神东虽持续推动"双维度"践行模式，但文化与生产经营管理深度融合还有所欠缺，对经营管理工作贡献不足，不同程度上存在不能同向发力、知行脱节的"两张皮"现象。特别是在如何构建与国有企业改革发展相适应的企业文化工作模式方面，仍有待深入研究探索。一些单位的理念体系"落地"规划或步骤多数都集中在"宣贯"上，缺乏真正的"能力绩效"提升规划和措施，导致员工潜意识里认为企业文化与自己联系不够紧密。

因此，要实现企业文化和管理的深度融合，需要神东进一步明确文化内涵与经营管理的融合机理，构建出与之匹配的融合路径，并探索出全新的融合方法。构建神东文化匹配企业战略、人力资源、生产、经营、营销等管理路线、管理模块的具体路径，从神东最关键的问题着手，进行组织架构、人力资源、流程管理等各个关键环节的调整，强化动力，消弭阻力，纲举目张地带动组织的系统变革，探索出神东文化与企业管理的融合方法，实现组织变革、提升绩效，为未来发展奠定坚实的基础。

2.3.2 面向时代需求的新型安全文化

煤炭行业是受地质灾害影响最大的特殊行业之一。神东矿区横跨蒙晋陕三省区，不同矿井地质条件不尽相同。安全是煤炭企业的天字号工程，安全文化亦是神东企业文化的重要组成部分。因此，推进神东企业文化建设必须突出安全文化建设。通过安全文化无形的"软约束"，促进员工自我安全意识的形成，有效弥补制度和监管的不足，形成安全生产的长效机制，有利于取得安全生产效益和员工安全健康的双赢。

在神东，安全文化不是空喊口号，从建矿那一刻起，就已经渗透在每个生产环节、每位员工的工作和生活中，潜移默化、润物无声。多年来，神东把安全育人、安全塑人、安全铸人的理念贯穿于各个发展阶段，并逐渐形成了"生命至上、安全为天、无人则安、零事故生产"的企业安全文化理念，把文化的软实力转化成促进企业安全发展的硬实力。

党的十八大以来，神东坚定安全生产目标，严格落实安全生产责任，聚焦安全风险预控管理体系，突出风险分级管控、隐患排查治理和人员行为管控，强化安全监察机制改革、安全绩效考核、安全生产责任追究、安全生产标准化和安全信息化建设等措施，持续推进企业安全生产，安全文化进一步融入管理实践，迸发出强大的生命力和创造力。

安全文化建设必须与安全生产管理实践相结合。神东安全文化核心内涵是"执行"，核心思想是"强化风险预控"和"推行自主管理"。通过多位协同机制，形成协同效应，发挥硬约束作用。安全管理工作重心下移，关口前移，充分调动基层单位及员工个人的积极性和主动性，鼓励自我建设、自我管理。文化激发动能，发挥软约束作用，软硬结合，实现企业本质安全。

用文化之魂，铸安全之路。神东将深入学习贯彻习近平总书记关于安全生产的重要论述，坚定不移贯彻总体国家安全观，坚持安全发展和绿色低碳理念，采取一系列措施预防和应对安全环保风险，继续强化风险分级管控、隐患排查治理、应急保障能力和安全环保监管监察，不断培育适应新时代要求的新型安全文化，为加快建设世界一流企业提供坚强保障。

2.3.3 构建企业文化高效落地新方法

企业文化重在转化和落地，只有将企业价值理念融入企业生产运营管理的全过程，才能根植于企业发展的实践中，真正融入员工思想，使之内化于心、外化于行，做到知行合一，形成促进企业改革发展的强大合力（图2-8）。

多年来，神东在企业文化建设上积累了丰富的经验，取得了很好的效果。但是，在企业文化建设的落地上还与世界一流企业存在差距。企业文化落地重在"行"，文化落地的最高境界是文化自觉。将来，神东要在企业文化"双维度"践行的基础上，在文化感知、标准、考核、评价、激励上下功夫，走出"创新—实践—提升—再实践"的循环发展之路（图2-9）。

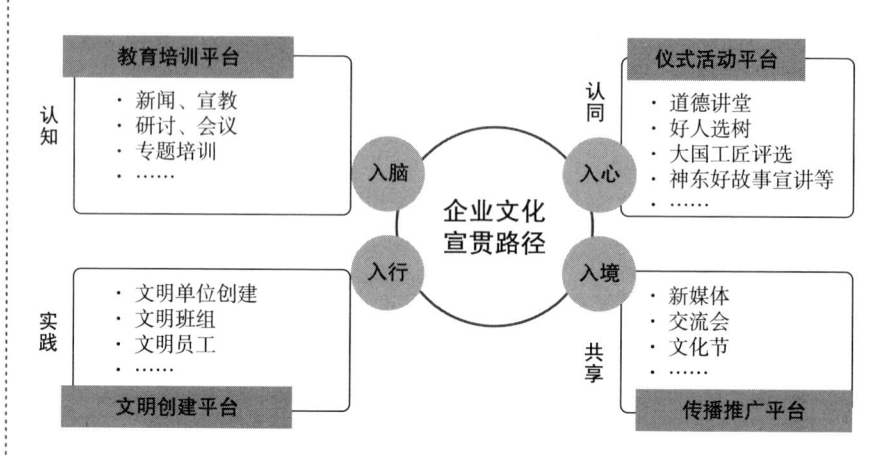

图2-8 神东企业文化宣贯路径

图2-9 神东文化落地新方法

形成企业文化感知氛围。一方面，应建立系统化的内部传播新渠道，通过分析传播过程的要素，构建全新的传播主体格局、策划传播内容、搭建传播载体、对接传播诉求、反馈传播效果。另一方面，应探索多样化的外部传播途径，利用理念识别系统、视觉识别系统、听觉识别系统和行为识别系统展示神东形象，不断扩大企业知名度和影响力。打通系统化的内部传播渠道，树立独特的外部形象联系，以良好的企业文化感知氛围助推文化落地。

塑造企业文化标准典范。首先，要以党的建设为引领，构建"党建+文化"标准模式，融合企业经营管理思想，促进标准典范在各个环节的深入践行。其次，要以行为文化促进企业协调统一，利用行为识别系统以及其他规范性文件政策对员工进行标准化管理，帮助员工深刻理解和感悟神东文化的魅力。最后，要以安全素能标准确保企业平稳运行，通过制定完善的安全素能标准，提高员工对于安全问题的主动性，塑造企业安全管理的制度文化。

健全企业文化评价体系。要实施以员工为导向的企业文化自我评价，通过科学有效的文化测评方法，设置企业文化评估表，提高企业文化与员工个人思想行为的匹配度。此外，还应不断完善企业文化诊断测评机制，在已经实施的文化诊断的基础上，再定期进行文化测评，了解每一阶段企业文化的实际落地情况。

优化企业文化考核制度。第一，应将企业价值观融入人才选用标准，打造素质评价模型，以共同的价值观作为人才发展的强大驱动力，更好地对人才的选用和晋升进行规范管理。第二，应将企业文化纳入党建责任制考核，调动党员干部对自身事业和企业发展的积极性和创造力，真正落实"党建引领企业发展"。第三，应注重员工行为考核，以合理的考核结果作为对其奖惩的标准，站在全局的角度把控企业文化落地情况。

发挥企业文化激励作用。应从树立榜样、创造环境以及员工发展三个方面发挥企业文化激励作用，不断强化文化的感召力、增进凝聚力、集聚向心力，激发员工的创新活力和对工作的积极性，呈现出同心共建、全面开花的良好局面。

构建企业文化高效落地新方法能够不断引发员工对神东更广泛、更深刻的情感共鸣和思想认同，真正做到对企业文化的认知、共信、实践和传播。在不断探索新路径的过程中，确保文化价值观真正起到引导行为、启发思考、产生结果和促进目标达成的作用。

2.3.4 打造世界一流企业文化软实力

20世纪80年代末，约瑟夫·奈提出了软实力（Soft Power）这一思想，并将其内涵界定为："通过吸引而非威胁或收买他人，获得我们所需的能力。它以我们的文化，我们的政治思想和我们的政策为基础。"硬实力是指看得见、摸得着的物质力量，于国家是经济力量、军事力量和科技力量，于企业是用以直接支持其市场行为的所有可量化的物质要素，包括企业的设备、厂房、资本、人力、产量、收入、利润等。

美国学者在研究日美之间的企业竞争力差别时发现，日本企业在20世纪60至70年代能够快速提升竞争力，关键在于日本企业不仅有美国企业所谓的"硬件"，还注重企业的"软件"建设。后来，他们又发现，优秀的美国企业同样具有硬件和软件，所谓的软件就可以理解为以价值观管理为核心的文化软实力。

硬实力让企业强大，软实力让企业伟大。企业硬实力是可以复制也可以交易的，如厂房、技术、资金都可以通过市场得到模仿和扩散。但是，价值观、精神、意志等可知不可见的东西是难以模仿的，具有独享、独占的优势。企业文化的根源是信仰，信仰是一个企业的精神内核，是支撑企业坚定走下去的动力源泉。哈佛商学院的两位教授约翰·科特和詹姆斯·赫斯克特在合著的《企业文化与经营业绩》一书中指出，企业文化（特别是当它的力量十分雄厚的时候）会产生极其强有力的经营业绩。无论是对企业的竞争对手，还是为本企业消费者提供服务，它都能促使企业采取快捷而协调的方式，也能引导掌握知识者在欢歌笑语中跨越经营的险滩。

企业文化建设的根本目标是形成企业软实力。2019年2月23日，习近平总书记在中央政治局第十三次集体学习时指出，核心价值观是文化软实力的灵魂、文化软实力建设的重点。这是决定文化性质和方向的最深层次要素。一个国家的文化软实力，从根本上说，取决于其核心价值观的生命力、凝聚力、感召力。

在企业生存的时间轨迹上，软实力是连接过去、现在和未来不可分割的无形纽带，并能够在未来为企业生存发展持续发挥整合作用的能力和习惯。文化软实力的形成取决于企业战略、发展定位、资源基础等因素，不同的企业其企业文化软实力也各有不同，往往依据其企业文化、管理制度、组织模式、领导能力和创新能力形成软实力的资源，将企业品牌和服务、社会责任和企业知名度三个方面作为软实力建设的资源基础。同时，由于软实力的核心作用是形成企业特有的资源整合模式，以实现良性规模化持续发展。按照资源的整合模式，企业文化软实力可以划分为六种类型，即先进标准型、系统集成型、核心业务型、品牌控制型、业务组合型和系统解决型。

神东在多年的发展实践中传承和践行神东精神，形成了自身独具特色的企业文化，沉淀了深厚的文化底蕴，为文化软实力的形成奠定了基础。基于此，神东企业文化软实力建设由企业文化引导，将文化作用于其他经营管理要素所产生的综合效应和企业软性竞争力，充分赋能其他经营管理要素不断聚合、协同、放大和持续增值。神东在文化软实力建设上采用多力聚合的形成模式，是理念引领力、文化自信力、行动自觉力、变革驱动力、品牌号召力聚合形成的合力。神东文化软实力围绕神东精神、神东价值观两大要素汇聚而成。在神东文化软实力下，理念引领推进文化自信、文化自信形成行动自觉、行动自觉铸造变革驱动、变革驱动产生传播聚合，五力协调联动、相互促进，由内而外、源源不断地为神东凝聚文化力量（图2-10）。

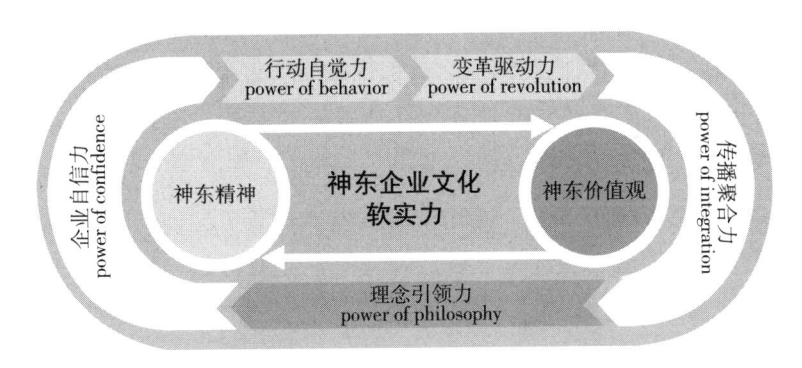

图2-10 神东文化软实力模型

理念引领力解决的是"先进性问题"。管理理念是企业管理的根本，是管理的出发点。经营企业永远要理念先行，行动和经营理念不分国界、不分企业、不分规模，它是普适的经营规律。企业家一旦掌握了原理就能把握问题的本质，将企业管理变得简单、高效。被誉为"经营之神"的日本企业家稻盛和夫提出，经营过程中，在考虑所谓战略或战术之前，首先要考虑经营的理念。神东已经明确要建设世界一流企业，该目标首先要看神东的经营管理理念是否具有世界一流企业的特性。

企业自信力解决的是"认知共信问题"。员工对企业文化的认知认同是企业文化发展过程中的重要部分。只有深入了解，才能引起共鸣，最终使全体员工在思想高度上产生对企业文化的认同共信。文化本身就是一种信仰，信仰的形成基本环节就是"接触—转化—冲突—内化—自悦"。神东文化自信就是要追求员工自悦（员工作为神东人就是最幸福的）、企业自悦（神东作为煤炭企业是最先进的）、产业自悦（神东煤炭事业使命是最神圣的）三位一体全面发展。

行动自觉力解决的是"行为的自适应问题"。行为自觉依赖于五大自动"连接"：一是核心价值观与行为决策无缝衔接（决定做什么），特别是遇到两难困境的时候，员工能根据企业价值观自行决策，决策结果应该得到企业的认可；二是企业文化与风险管理无缝衔接（采取何种方式方法恰当），员工和企业的行为首先要确保是合规合法的，并能管控好相应风险；三是员工行为和绩效考核是一致的（这种方式是企业考核规定的），员工做什么，企业考核什么；四是员工行为结果纳入企业激励机制体系（员工行为结果和企业薪酬奖励是挂钩的）；五是员工行为是和企业环境社会责任追求是一致的（员工行为是企业长期目标所追求的）。

变革驱动力解决的是"融合企业经营管理各个层面并激发创新动能问题"。文化通过经营管理要素展现使企业变得强大和可持续，其核心就是通过自身的发展、创新和变革奠定发展成为企业走向卓越的基石。伟大的创新为伟大的使命而生。在神东发展历程中，体现市场竞争的最高境界就是始终在变，但唯一不变的是变革、创新和持续改进。所以，神东文化软实力的重要体现就在于是否能驱动企业的创新发展。

传播聚合力解决的是"企业内外传播扩散效应问题"。企业发展能否汇集天下英才并使资源为企业所有，让世界先进的科学技术在神东率先转化，优秀的人才于神东汇集，尖端的设备在神东装配，这些是神东成为世界一流企业的关键指标，而这一切都要靠强大的感召力和品牌声誉。

打造世界一流企业文化软实力。要以理念引领企业发展的远见，在高质量发展时代，着重关注数字化、能源革命和商业生态等领域的理念变革，不断提升企业核心竞争力；以企业自信力营造幸福感氛围、推动先进生产力、驱动构建煤炭共同体；以行动自觉力融合核心价值观、风险管控体系、绩效考核制度以及激励奖惩机制，积极履行社会责任；以变革驱动力助推科技创新与经营管理变革，形成不断创新的文化模式；以传播聚合力使科技、人才与资源汇聚神东，实现全员参与、共同发展。

第3章　文化认知认同与共识

> 中华文明璀璨浩瀚，文化认同是最深层次的认同。
>
> ——习近平

本章摘要

文化之所以重要，是因为它力量强大、心照不宣并且常常以无意识力量的方式存在，同时也决定着我们的个体和群体行为、知觉方式、思维模式及价值观念。强化企业文化认同，能够使企业核心竞争力更强劲、更持久。神东在发展中一直将文化建设与文化认同紧密联系，从理论、历史以及实践三个维度出发，注重神东文化的科学性、传承性和稳定性，做到把握时代、彰显特色、体现引领、兼顾实用。在升级"创领"文化体系以来，神东着力打造既能促进安全生产，又能实现员工价值的文化践行载体。在实现文化认同的过程中，各基层单位中涌现出了一大批特色做法和典型经验。

企业文化建设首先是一个"自上而下"的"文而化之"的过程。文而化之要求文化认知、认同与共识。文化认知是知晓，理念和价值观需要通过有效传播手段达到"明白是什么"；文化认同是过程和经历，企业倡导的、宣扬的要与实际行为相符，有值得学习和模仿的典型人物与事迹，进而做到言行一致；文化共识是氛围，企业文化要成为全体员工共同的价值规范和行为准则，形成凝聚力，做到同心同德，实现"发自内心的接受"。"文而化之"不是一个线性的过程，也并非工程技术问题,而是一个有思想、有觉悟、有感情的正向建设过程。正是因为神东的企业文化建设走过了一条反复宣贯、着力浸润、实践示范、凝练升华相互交织的道路,才造就了如今的神东文化。

3.1 知晓入脑与文化认知

对企业文化的认知是构建起强大凝聚力的首要步骤。认知,即全体员工对企业使命、价值观和行为准则的理解,更是对企业文化的感知。坚定文化自信,通过承接国家能源集团战略与传承神东精神,对文化理念进行延伸与拓展,实现全体员工对神东的思想认同、价值认同和情感认同。进行立体式文化大传播,在多个平台载体上实现对文化要素的有效传播,能够激发员工积极融入神东文化并推动其发展。建立企业文化管控体系,制定明确的制度体系为文化建设提供保障,让"无形"文化转换为"有形"制度,保障神东文化落地与持续发展。建章立制确保文化宣贯,以"入脑、入心、入行、入境"为目标,不断强化对神东文化的宣传与推广,激发员工对文化的参与感和共鸣感。

3.1.1 坚定文化自信

党的二十大报告中提出,全面建设社会主义现代化国家,必须坚持中国特色社会主义文化发展道路,增强文化自信。文化自信,是一个国家、一个民族发展中最基本、最深沉、最持久的力量。坚定文化自信,事关国运兴衰、事关文化安全、事关民族精神独立性。要坚定文化自信,就离不开对中华五千年历史的认知和作用。中华民族所创造出的一切辉煌历史成就,都显现出强大的文化自信。要坚定文化自信,就要增强对中华文化的认同,唯有如此,方能拥有无比强大的前进动力。

企业在坚定文化自信时,必须解决"真懂真信"的问题。真懂真信就是员工真正理解并真诚信任企业的文化和价值观,它有助于建立员工与企业共鸣的工作环境,提升员工的参与度和忠诚度。只有真懂真信,才能认知认同,才能转化为行动,指导员工的行为。要切实把文化理念贯穿于企业生产经营和员工工作生活的方方面面，将倡导的价值理念日常化、具体化、形象化、生活化，让每一位员工都能感受和领悟，使其内化为员工的精神追求，外化为自觉行动。

20世纪80年代，煤田开发建设初期，神东面对恶劣的自然环境、简陋的生活设施和艰苦的工作条件，从中小矿井起步，凝炼出了"奋战十年，争创一流，建设特大型现代化能源基地"的口号，积淀形成了"艰苦奋斗、开拓务实、争创一流"的神东企业精神，激励着一批批神东人艰苦创业。20世纪90年代初期，神东提出"高起点、高技术、高质量、高效率、高效益"的"五高"建设方针，逐步探索出了优良地质条件与先进开采工艺相结合的高产高效建设道路，突出"精干高效"的办矿理念，为规模化、跨越式发展争得了优势。1998年以后，公司坚持技术创新和管理创新，创建了以"生产规模化、技术现代化、队伍专业化、管理信息化"为特征的千万吨矿井群生产模式，成为煤炭产业技术系统集成和煤炭产业自主创新的示范。

2009年5月20日，神东煤炭集团公司整合成立，在原神东煤炭分公司安全高效集约化运营、金烽分公司的准军事化工作作风、万利分公司艰苦创业、神东煤炭公司四公司后勤专业化服务四种企业文化要素的基础上，总结形成了一系列文化成果，融合形成了新的企业文化理念体系。围绕神华集团五年发展战略，总结提出"提高四化五型发展水平，建设世界一流煤炭企业"的发展战略。2018年，神东在提炼和升华近40年企业文化实践的基础上，确定了"创领"文化核心定位。这不仅为神东在新征程上树立了航标，为做精"四化五型"、做优清洁低碳、做强世界领先、贯彻五大发展理念提供了纲领和遵循，更解决了员工"真懂真信"的问题，为神东坚定文化自信注入灵魂。

神东发展历程中的每一次跃进、每一次变革，都是一次文化的升华。只有坚定文化自信，文化的作用、精神的力量才会愈加凸显，文化的弘扬和繁荣才能更好地推进神东创建世界一流企业的进程。

3.1.2 立体式企业文化大传播

企业文化的关键在于"落地生根"，无法"落地"的文化就只是口号，只有倡导者的激情，却没有响应者的行动。因此，企业文化建设需要通过有效的方式传播，将理念转化为认知与行动，从而确保文化的"落地"。企业文化的传播是通过不同的工具和途径，将倡导的企业理念、核心价值观有针对性、有计划地呈现出来，并为企业内部认知、认同。通过有效地传播，企业文化才能真正对企业的发展起到促进作用，企业的理念和价值观才能真正融进企业的安全生产和经营管理中。

企业文化传播是对企业文化的全面内涵和组成要素进行的全方位推广，包括产品传播、人员传播和媒体传播。没有传播，企业文化很难延续、变化和发展。为了加快文化传播的步伐，神东紧紧围绕"举旗帜、聚民心、育新人、兴文化、展形象"的使命任务，运用专题网站、电视专题片、报纸、展厅、文化走廊、广场、宣传栏、宣传牌板、广播等传播手段和渠道，健全文化宣贯体系，在全公司营造浓郁的文化氛围。同时，公司积极打造内外宣传主阵地，通过入驻国内主流媒体传播平台，致力于打通社会媒体的资源渠道，形成对外传播合力，搭建立体式传播网络；围绕党的建设、科技创新和绿色发展主题，通过内容创新和传播创新，形成新的神东话语体系，用新闻作品为神东模式、神东精神注入新的时代内涵；系统总结梳理神东高质量发展的新做法、新经验，努力推动思想宣传工作融合创新思维，讲好神东故事、树好神东形象。

此外，自国家能源集团企业文化核心理念体系正式公布后，神东将其宣贯工作作为公司文化宣贯的一项重要任务，专门成立神东党建（企业文化）宣讲团。各单位通过组织主要负责人讲企业文化课、专题培训、中心组学习、班前会学习、新入企大学生培训、主题知识竞赛等方式宣贯集团文化核心理念，充分利用"报、刊、栏、网、台"等传统媒体以及新闻中心"十微两端"新媒体平台制作集团企业文化理念和 RISE 品牌战略系列宣传海报，将宣贯情况纳入公司半年度党建责任制考核。神东积极创新文化宣贯内容、方法和载体，不断提高集团理念传播速度和接触频度，增进公司广大员工对集团理念的思想认同、价值认同和情感认同。

充分发挥企业文化主题年作用。神东自2006年推出《神东煤炭集团企业文化建设实施纲要》后，连续通过2006年企业文化推进年、2007年企业文化发展年、2008年企业文化提升年三个主题年建设活动，在全公司掀起企业文化建设体系的宣贯推广展示热潮，几百里矿区从企业媒体电视节目、局域网、报纸到工业广场、办公楼乃至井下巷道、马路边，遍布企业文化识别体系的理念、口号、符号等板牌、标语、旗帜，企业文化理念基本达到家喻户晓、人人皆知的程度。同时，也吸引了各兄弟企业纷纷到神东参观取经。这一阶段，神东"四化"模式形成并得到广泛认可，公司企业文化建设工作得到快速推进。神东在前三个主题年活动的基础上，编制了《企业文化建设五年实施规划》，确定了"学习发展年、规范执行年、健康安全年、创新高效年、幸福和谐年"新的文化建设五年规划，让企业文化真正落地，并先后涌现出大柳塔煤矿、上湾煤矿、榆家梁煤矿、补连塔煤矿、设备维修中心等企业文化建设窗口典范单位。

打造功能齐全的"十微两端"新媒体矩阵。神东在媒体融合的大背景下，强化传统媒体建设，坚持与时俱进，拓展服务功能，推动传统报纸、网络、电视媒体与新媒体融合发展，打造出以"图说神东""神东煤炭之声""神东微视"为代表的，功能齐全的"十微两端"新媒体矩阵，文化神东微信公众号如图3-1所示。一是建立直播平台以及短视频平台，通过"煤海正发声""抖音""火山""快手"平台输出短视频。二是搭建神东信息网，围绕公司发展主题，每年推出多个专题网页和专栏。三是建立"文化神东"文化传播主阵地，该公众号以信息化手段为支撑，以整体形象展示和服务员工文体活动为宗旨，围绕神东员工群众文化和娱乐的需求，通过整合文化展示、会议服务、青年交友、电影放映、文体活动、器乐培训、图书借阅等功能，构建集文化宣贯、公共服务、文体服务等功能于一体的综合性传播平台。

图 3-1 文化神东微信公众号

定期组织开展文化学习交流活动。举办"领导干部学国学"走进神东大型活动，开展领导干部政德教育，组织了"讲述身边故事、传承神东精神"道德讲堂、道德模范巡讲、"讲好神东故事传承神东精神"主题读书活动。各矿处单位开展安全梦想账单、班组梦想秀、安全擂台大 PK、诚信积分体系、道德圆梦等系列行动，将员工道德实践教育和中国特色社会主义文化自信有机融合起来。同时将专题学习与中心组学习、"三会一课"与班组政治学习结合起来，保证神东企业文化的传播既有深入的理论讲解，还要有接地气的工作实践，与神东改革发展同步进行。一是建立支部阵地平台，开展每月"党日"活动，打造党员活动室，建好"共产党员示范岗"，党员与员工结对帮带，一同参观纪念馆和观看抗战影片，在回顾与展望中，坚定理想信念。二是建立青年建功平台，团委组织动员青年在神东建设、安全生产、优质服务、经营管理、科技创新等岗位建功，开展"双培养"活动，把党员培养成技术骨干、把技术骨干培养成党员。三是召开各种内部交流与研讨会。为了营造一个鼓励创新、支持创新的"创新创效"环境，神东根据自身实际，研究出台了《科技创新管理办法》《知识产权管理办法》《科技创新应用成果评奖以及推广应用管理办法》《"五小"成果管理办法》等。与此同时，神东每年将创新成果通过交流会、"金点子"献策、成果展示等不同的形式进行宣传，引导各基层单位进行推广，全面开展文化交流活动，推动企业文化落地与传播。

用品牌树形象，用形象促效益。 "神东煤"是被原中国工程院院长宋健赞誉为"城市环保救星"的低灰、低硫、低磷、中高发热量优质动力煤。神东通过加强煤质管理，持续改进，满足用户的个性化需求，使"神东煤"在国内外市场上赢得了用户的广泛信赖，既保持了良好的产品品牌形象，又扩大了企业的信誉影响。以"绿色环保、永葆诚信、用户至上"的品牌价值和"神东煤"产品品牌为创建品牌一流建设的核心内容，体现了神东党建引领的方向、安全生产的责任、价值创造的贡献、资源配置的能力和服务社会的担当。神东在打造"神东煤"品牌的同时，持续加强生态环保、文化惠民、志愿服务等服务品牌建设，吸引社会公众的关注，提升神东的企业价值，树立良好的企业形象。通过深入践行习近平总书记"绿水青山就是金山银山"的生态文明思想，坚持走资源开发与生态治理协同发展之路，加强矿区生态建设，塑造煤海"塞罕坝"新名片。

神东多平台多视角的文化传播通过春风化雨、润物无声式的平台载体建设，将员工对文化的认同转变为一个润物细无声的过程，让员工从心灵深处认同企业文化，为企业的基业长青提供生生不息的动力源泉。今后，神东将持续深入学习宣传企业文化理念，把神东精神寓于其中，讲好神东故事，让主流声音、核心价值观在神东更加响亮，推动神东文化传播工作开创新局面、迈上新台阶、再上新水平。

3.1.3 建立企业文化管控体系

企业的生命活力在于长期稳定的管控，企业文化建设与管理的实质是探索文化制度化与制度文化化的内在统一。以制度规范企业价值观，让理念全方位渗入经营管理中。当管理效果偏离预期时，企业文化能够起到及时纠偏的作用。同时，管理本身也可以成为企业文化的硬性保障，促进文化不断完善和提升。

企业文化是企业在长期发展过程中形成的共同认知，在充分尊重"人"的需求基础上，展现出全体员工的内在精神动力。企业管控是一种实践，其关键在于员工真正认可并执行各级管理制度。企业文化作为顶层管理，为经营管控提供最核心的精神驱动力，从价值观和战略的高度总结了企业管控之道，形成整体联动的格局。

如果说文化是企业的灵魂，那么管控体系就是文化的载体。文化的深植落地需要必要的制度来推动和保证，将无形的企业文化通过有形的制度载体固化下来，在有形的管理制度中渗透文化的内涵，实现企业文化与企业制度的高度统一，硬约束与文化导向互补。

建立科学规范的制度管理体系。把企业文化理念充分体现在各项管理制度、工作标准、考核评价中，寓于管理流程、资源配置、成本管控、薪酬管理、人才选聘、干部选用等各个领域、各个环节，用制度诠释企业宣扬和摒弃的"是什么、怎么做"的问题。如神东细化完善各层次、各岗位安全生产责任制，建立起"层层负责、人人有责、各负其责"的安全责任体系，实现"责任到线到点、无断点、无交叉、无盲区"，推动安全理念的落地，确保"指到、管到、做到"。神东制定下发全员绩效考评管理办法，将员工岗位行为准则的考核纳入绩效考评中，渗透生产经营管理的方方面面，做到入脑入心入行，从而提升文化自觉。

建立井然有序的文化管控模式。建设企业文化需要系统筹划、常抓不懈，需要顶层设计与基层探索双向循环。神东在"一主多元，开放包容"的文化格局下，确立了顶层设计、服务协调、运行实施三级管理重点。上一级重在布局，建机制、创模式、推典型，下一级重在实践，响应公司文化，深化特色文化，进行管理实践。同时加强服务协调，整合优化文化管理资源和服务资源，强化文化指导。只有建立高效有效的文化管控模式，才能确保企业文化体系不断完善、健康发展。

建立行之有效的文化建设工作机制。神东制订下发了《神东企业文化建设管理办法》《神东企业文化建设实施规划》等一系列制度，确保了企业文化建设的落实和推进。将企业文化建设纳入公司半年度党建考核和风险预控管理体系考核中，将考核结果与单位绩效、员工晋升有效结合，通过科学、系统、有效地考核评价，实现企业文化的持续改进和不断完善。

3.1.4　建章立制确保文化宣贯

作为企业文化建设的关键，宣贯工作的好坏直接影响文化建设工作的质量，宣贯的成败关系到文化是否能够内化于心、外化于行、固化于制和显化于物。优秀的文化宣贯工作，能够让企业管理制度和行为规范落地更为有效，激励员工提升自身的工作效率，更加自觉自愿敬业地为企业发展尽力。这种氛围的营造是企业内外和谐稳定的必要条件，也是企业战略发展的必要条件。

通过多年的经验积淀和系统地梳理总结，神东形成了特色鲜明的创领文化和"双维度"践行路径。"双维度"路径打破了传统单一的文化宣贯模式，将企业文化宣贯维度与企业文化管理维度并行。让企业文化宣贯维度聚焦理念宣贯和价值认同，遵循"认知—认同—实践—共享"的文化认识规律，搭建出教育培训、活动仪式、传播分享、文明创建四个平台，通过"从感性到理性、再从理性到实践"的两次转化，实现企业文化宣贯的常态化，促进文化理念的深植。

神东构建了"五位一体"的企业文化建设体系，在企业文化建设制度中，从组织领导、制度管理、宣贯路径、设施设备、载体手段等方面确保宣贯落地。健全组织领导体系，神东在公司层面成立以公司主要领导为组长的企业文化建设领导小组，在二级单位成立以行政负责人为组长的领导小组，形成了以领导带头建设，相关职能部门各司其职，员工全体参与，合力推进公司企业文化建设的工作格局；健全工作制度体系，先后出台了《神东企业文化建设实施纲要（2009—2013》和《关于加强企业文化建设宣贯实施的指导意见》等制度文件，保证了企业文化建设的系统性和规范性，实现企业核心价值理念的"内化于心、固化于制、外化于行、显化于形"；健全宣贯队伍体系，建立了公司、矿处、区队三级企业文化宣贯队伍，每年组织形式多样的培训，采用多种方式提升员工能力，为企业文化宣贯提供人员保障；健全设备设施体系，加大文化活动设施的投入，建设图书馆、智慧活动培训室、文化活动室等场所，为企业文化宣贯提供设施保障；健全载体平台体系，运用网站、电视专题片、展厅、广场、宣传栏、广播等传播手段，在全公司营造浓郁文化氛围。

3.2 示范激励与文化认同

认同，是全体员工对企业文化的情感认可，反映了员工与企业之间的共鸣和对共同价值观极高的契合度。神东各级管理者充分发挥示范带头作用，通过言传身教的方式激发员工对神东文化的认同感。推进先进班组建设，各个基层班组围绕安全生产与班组管理展开，共同助推神东文化有效落地。更重要的是，要通过开展各项主题实践活动，树立企业英雄模范典型，对其进行塑造与宣传，激发所有员工的工作热情和奋斗动力，推动企业整体向着共同的目标努力。

3.2.1 各级领导做好榜样示范

教者，效也。上为之，下效之。习近平总书记强调，不忘初心、牢记使命，领导机关和领导干部必须作表率、打头阵。领导干部作为有形的示范、无声的力量，以上率下，是最有力的动员，也是最有效的引领。在企业中，领导干部既要以身作则，又要真抓善抓，通过层层示范、层层带动，上级带下级、形成上行下效、整体联动的总体效应。突出抓好领导干部的关键作用，坚持示范引领，以身作则，率先垂范，发挥领导干部的"灯塔"效应，引领企业文化建设全面开展。通过领导干部的示范作用，激发员工的积极性和创造力，推动企业文化的融合与发展。

领导干部作为企业中的"关键少数"，在任何时候都应具备担当精神。在华为，干部的首要使命就是践行和传承公司文化与价值观。以价值观为核心，管理价值创造、价值评价和价值分配，带领团队持续为客户创造价值，实现公司商业成功和长期生存。在神东企业文化建设过程中，各级领导是企业文化建设的倡导者、领导者和践行者，始终发挥着主导作用。各级管理人员把分管工作作为落实公司价值理念的重要实践，在各项业务工作中体现神东文化，在工作开展过程中加深对公司价值理念的理解，提高贯彻落实的自觉性。

领导干部示范是最好的引领。以"38军"及"129师"早期矿区的开发建设为主体塑造的艰苦奋斗、开拓务实的神东精神，近40

年来一直在一代代神东人中源源传承、发扬光大。这座"大国重宝"就像锻炼打造人才的大熔炉,走出过多位专家型领导干部,他们从采掘一线的普通矿工或区队技术员起步,逐渐走向公司管理岗位,甚至走向长城内外、走向大江南北、走向全国。神东因此被赞为中国煤炭行业的"黄埔军校"。当年作为矿井巷道从岩石层改沿煤层布设技术变革的主导者之一、时任大柳塔煤矿总工程师的赵长海,近年作为矿井分布式"地下水库"等技术创新的主导者之一、时任大柳塔煤矿总工程师的陈苏社,都是其中的佼佼者。

群雁高飞头雁领,船载万斤靠舵人。领导干部要想发挥出榜样示范效应,必须时时处处、事事处处起到表率作用,身体力行树榜样,用行动引导广大员工,当好神东各级组织的"领头雁",发挥事半功倍的效果。只有领导干部放下架子、扑下身子,躬身实践,做出表率,员工才能主动参与到神东文化建设工作中;只有他们想在先、做在前,员工才有工作推进的方向;也只有他们抓得紧、抓得勤,员工才会有压力、有动力。

3.2.2 持续推进先进班组建设

文化牵引靠高层,文化推进在中层,文化落地在基层。班组是国有企业的基层组织单位,担负着企业的一线劳动生产任务,被视为企业的缩影。班组文化是企业文化的有机组成部分,是班组成员共同认定的思维方式和办事风格,是班组成员付诸实践的共同价值观体系。企业文化统领班组文化,班组文化的建设紧紧围绕企业文化开展,使企业文化以反映班组自身特点、适应班组运行规律的形式得以落实。班组文化支撑企业文化,班组员工在认同企业文化的基础上,积极参与、身体力行,建设具有特色的班组文化,助推企业文化的发展。

雷锋曾谈到:"一滴水只有放进大海里才永远不会干涸,一个人只有当他把自己和集体事业融合在一起时才最有力量。"班组是企业的细胞,是企业的一线,不仅生产任务目标要靠班组去完成,安全生产事故也多发生在班组。煤矿班组管理是基层管理的重要一环,企业先进的管理理念、科学的管理制度、合理的劳动组织、完善的安全措施,都要靠班组去贯彻落实。

神东在企业文化的建设与实践中，深谙"要把功夫下在基层，把重心下移到班组"之道，致力于班组文化建设。为了让企业文化成为全体干部员工的价值遵循和行为导向，神东各单位纷纷从班组这个最小的作业单元入手，以班组文化建设作为着力点和落脚点，打造各具特色的基层班组文化，全面激活基层班组和员工，增进其对神东企业文化的认同。

神东高度重视班组建设工作。2022年开年的第一个专题表彰会即为班组建设工作会暨2021年度班组建设先进表彰会，为推动班组建设工作再上新台阶把脉定向。公司持续提升班组建设水平，着力打造品牌特色，提升基础管理水平，班组的凝聚力、执行力和战斗力不断增强。先进班组建设将企业文化工作做实做细，渗透进班组这一神东最小的一级组织，在打通企业文化宣贯的"最后一公里"的同时，也切实增强了班组员工对企业文化的认识和认同。

"三自赋能、六措八法"焕发班组活力

班组文化是班组成员在长期工作实践中形成的共同价值观和行为规范，是凝聚班组成员的"桥梁"和"纽带"。优秀的企业文化依靠优秀的班组文化来筑牢根基，建设一流班组文化有助于推动企业文化建设在基层的落地，有助于解决企业生产安全问题、人才培养问题以及队伍凝聚力和战斗力提升等问题，在提高员工队伍素质、企业管理水平、企业经营效益等方面意义深远。

榆家梁煤矿以强化班组建设的创新力、执行力和聚合力为重点，采取"矿井搭台、基层唱戏"的思路，发挥班组作为班组建设实践创新的主体作用，通过关键少数法、品牌示范法、高效学习法、安全找茬法、正向积分法和平台展示法，为班组赋能，激活班组细胞，强健企业肌体，形成人人担责、人人参与、人人管理、人人成长的文化定向思维，为班组良性发展注入清泉活水。

> 矿井通过在多方面、多层面着手，为班组自主管理搭建平台，提供支持。通过培养和引导，基层区队、班组、员工自主工作意识明显提升，先后打造出数个明星班组和数名班组长，其中5名班组长被评为全国优秀班组长。2021年，第21届全国煤炭行业职工职业技能示范赛中，有三名员工分别获得金奖、银奖、铜奖，其中综采二队赵云飞荣获中国能源化学地质工会"大国工匠"称号，并获得2022年全国"五一"劳动奖章。为了更好地发挥榜样的力量，全矿员工开展了"向榜样致敬、向榜样学习"活动，推动了员工"提素质、强本领"的学习热潮。
>
> 公司通过树立正确的文化理念、推进员工思想教育、组织技术比武和开展班组活动等，统一了员工思想，树立了正确的价值观和价值导向，增强了班组的凝聚力和向心力。通过"文化赋能"，实现了从"要我工作"到"我要工作"的转变，各级管理人员的安全压力得到有效缓解，班组和员工执行力与工作效率显著提升，为矿井高效率、高质量完成各项目标、任务提供了有力的保障。
>
> 通过多年的探索与发展，榆家梁煤矿的班组建设工作成为国家能源集团和神东的标杆，班组建设工作成为矿井对外展示的一张"文化名片"，先后有新华社、工人日报、中国煤炭报、大秦网等多家媒体专题报道榆家梁煤矿班组建设工作。近年来，有100余批次内外单位组织的3000多人次到矿对标交流班组建设工作，成为榆家梁煤矿对外展示的一张靓丽名片。

神东以文化理念引领班组织建设，积极探索公司谋势搭平台，单位谋局搭舞台，班组重在实践唱主角，分类指导，自主管理，企业文化与班组建设相互促进，文化成果姹紫嫣红，争奇斗艳。榆家梁煤矿结合矿井实际，全力打造"三自赋能、六措八法"的班组文化建设模式，通过微电影创作活动，让班组一线员工自己当导演、编剧、摄像和演员，用矿里购置、奖励的DV拍摄自己或工友的鲜活故事，激励大家敬业爱企爱岗、奋发向上有为。补连塔煤矿创意"班组梦想秀""个人梦想秀"活动，以"金银铜班组评选"为平台，组织生产区队班组开展劳动竞赛，成就班组集体及个人梦想，"每月一评"评出优秀班组及成员，并给予不菲的奖励，满足班组及个人诸如就近一日游、摄影采风等有益的文化活动，大大活跃了班组文化建设。设备维修中心各工厂、车间等单位，借鉴图腾创意创新班组文化建设，以龙、虎、雁、鹰、牛、马等飞禽走兽为图腾，设计代表班组的班徽、班旗等，极具班组文化特色。哈拉沟煤矿以高标准、严要求的培养方式，努力打造大学生智能化采煤班班组品牌，坚持文化软实力与科技硬实力深度融合，确保班组保持旺盛的生命力。依托火种计划，全力打造人才高地，全力推进智能化建设，全力建设品牌班组，重点从班组管理及文化品牌塑造等方面，着力让大学生智能化采煤班成为引领新时代神东发展的名片，成为新时代煤炭产业工人的代表和缩影。上湾煤矿组建了三个大学生智能化班组，根据大学生的专业优势，第一时间为其安排合适的师父，一对一帮扶学习，定期组织思想政治教育和技术理论培训，积极开展"引进来、走出去"等活动提升大学生的理论水平和实践能力。补连塔煤矿作为全球第一大井工矿，依托高学历、高素质、高技术的青年大学生人才储备，成立了一个大学生智能化区队，八个大学生智能化班组，覆盖了综连采所有队伍，是公司成立大学生智能化班组最多的矿井。

"我一定会在煤矿干下去！"

2019年9月，王天博通过招聘进入神东哈拉沟煤矿并被分配到综采一队大学生智能化采煤班。

由于所学专业不对口，还是"小白"的王天博总会遇到一系列问题。为了让大学生们尽快成为技术骨干，综采一队实施人才培养"火种计划"，根据个人特点和专业，分别分配两名师父，帮助他们迅速成长。

不到半年时间，王天博从刚开始看不懂煤机图纸到现在可以电工和支架工双岗位任意调换。

由于队里实行三班轮岗制度，"晚上下井白天休息"的作息让王天博的生物钟一时调整不过来，"当时的我就像一颗气球，谁也不能惹我，惹到我就要爆炸，对前途也很迷茫，我甚至考虑要不回去考公务员算了。"

"你们之前拿笔杆子，现在拿锤子和扳手，不适应很正常，作为过来人这个过程我很清楚。"班长梁勇在感受到王天博的负面情绪时，主动到宿舍讲自己来煤矿的故事，并语重心长地给他建议。

"那段时间，班长尽可能把轻松的活儿安排给我，班里的大哥们也非常照顾我，休班让我先休，用过来人的经验安慰我，我渐渐觉得我们这一代人的发展前景挺光明，机会还是比较多的。"王天博说。

一次，工作面支架的起底油缸出现故障，支架不能正常起底，在拉架子的过程中，支架大脚不能抬起来，导致出现堆煤的情况，影响工作面安全生产标准化。

"一个起底油缸有81公斤，班长二话不说，一个人把油缸从机尾扛到故障点进行了更换。"王天博说。不仅如此，他注意到每次夜班交接班时，班长梁勇总是最后一个上车，把井下的生产情况跟早班的人交代明白，并且每次都要以工作面最好的状态交给下一个班。

这些王天博都看在眼里，记在心里，他也逐渐走出了自己的迷茫期。之后在生产过程中，工作面遇到一些小故障，王天博主动提出去处理。梁班长满意地说道："你小子精气神儿可是回来了，我这口水也算是没浪费。"

工作两年多的王天博在自己的努力下不光收获了知识技能，也成为"有房有车"族。"我一定会在煤矿干下去！我会一直往前走，今后还要在煤矿智能化方面实现我的人生价值。"王天博没有丝毫犹豫地说。

神东的班组建设坚持改革创新，不断完善班组建设的管理机制和保障措施，以安全、高效等目标提升班组成员的各项能力，推动神东整体稳步向前发展。

3.2.3 树立英雄模范典型

习近平总书记指出，伟大时代呼唤伟大精神，崇高事业需要榜样引领。一个有希望的民族不能没有英雄，一个有前途的国家不能没有先锋。英雄模范是时代的先锋和社会的楷模，他们的崇高精神生动具体地彰显了时代的核心价值。

在国家层面，中共中央宣传部集中组织宣传具有很强先进性、代表性、时代性和典型性的先进人物——"时代楷模"。他们是中国特色社会主义新发展阶段中对人们的思想和行为产生巨大影响的、值得人们学习、值得人们尊敬、值得人们传颂的人物。他们的事迹厚重感人，他们的道德情操高尚，他们的影响广泛深远。他们充分展现了"爱国、敬业、诚信、友善"的价值原则，将中华传统美德抒写在神州大地。

在企业层面，模范代表着生产经营等各项工作中涌现出的具有较高思想水平、业务技能，并取得突出工作业绩的先进人物及先进群体。他们是企业文化的开路先锋，将抽象的文化用自己的言行举止生动地呈现给广大干部员工，将先进的思想观念和行为规范在群体中普及。同时，他们更是企业的标识，是企业文化的人格化、具象化，代表着企业的价值观，表达出企业的目标，是企业为了宣传和贯彻企业文化为干部员工树立的可以效仿和学习的榜样。

英雄模范的选树能够对企业文化建设产生深远的影响。模范人物的出现会让员工认为自己也能够像他们一样取得成功，因为模范人物的存在是有温度且充满人文关怀的；英雄模范能够为员工树立绩效标准，为员工提供努力的标杆，让员工知晓达到什么样的标准即取得成功。用具体的、鲜活的人和事取代抽象的指标可以帮助企业对员工的要求变得愈加清晰可感；英雄模范会成为企业对外的象征，社会公众对企业的印象更多会受到与企业相关的事迹影响，这些故事更容易在社会中传播，也更具感染力，更为公众津津乐道。此时，模范人物的风格和品质便成为了企业文化对外宣传的利器，也为企业赋予了独特的魅力。

神东充分发挥典型人物的示范、引导、激励作用，用榜样的力量激励和鼓舞广大员工为公司发展做出新的贡献，用身边的故事宣扬神东文化理念，通过对先进模范代表人物进行塑造和宣传，达到了"树一个典型、影响一大片"的效果，营造出一种优秀的企业文化氛围。可亲、可敬、可学的先进典型能够带动更多神东人在榜样力量的鼓舞下，合力团结、固若磐石，坚守党和国家的号召，坚守初心和使命，奏响一曲充满激情的"当代煤矿工人进行曲"。

神东每年评选表彰"十大劳动模范""十大优秀领导干部"及各类优秀员工等，把代表神东精神的英雄模范人物先进事迹和感人故事传遍矿区内外。通过开展"劳模风采""神东先锋谱""寻找身边的好人"等多种主题活动，涌现出"现代矿工"冯晓斌、"巾帼女杰"顾秀花、"感动中国矿工"陈苏社等一大批英雄模范。这些劳动模范在不同领域发挥着自己的特长，他们是推动神东开创良性发展新局面的重要人才，他们不仅具有一流的技术水平，更拥有令人敬佩的品格。可以说，他们是神东精神的具象，他们秉承着"艰苦奋斗、开拓务实、争创一流"的神东精神，爱岗敬业、甘于奉献，在平凡的岗位上为煤炭事业贡献出非凡的力量。

煤矿安全的探路人武怀清。武怀清所在的钻探队是神东最早成立的一支队伍，承担着神东13座矿井的煤田地质钻探任务，获取煤层的深度、结构、探放水等数据，每年为矿井生产提供数据近万条，是煤矿安全生产名副其实的"探路先锋"。2019年，正值寒冬腊月，室外温度骤降至零下二十多度，武怀清的钻机在布尔台煤矿施工时，由于钻杆打到砾石层，钻机突然出现卡钻。情况危急，如果不能及时处理，就会损坏机台，引发重大事故。凭着多年的钻探经验，武怀清反复调整钻杆，刚开始无法撼动，时间已经过去了三个多小时，武怀清仍在刺骨的寒风中抢救设备，脸颊冻得通红，手套几乎能粘在钻杆上。当时有队员劝他放弃，可是武怀清依然继续坚持了两个小时，最终解除了机台卡钻危机，挽回了经济损失，避免了一起重大事故。

技术精湛的奋斗者顾秀花。中国共产党党员顾秀花,目前在神东设备维修中心培训基地负责焊接培训工作。她享受国务院特殊津贴,先后荣获全国"三八红旗手"、全国技术能手、大国工匠等国家级荣誉10项,巾帼建功标兵、感动中国矿工、百名杰出工匠等省部级及公司级荣誉60余项。手持焊枪,坚守一线,她用实际行动践行工匠精神。多年来,顾秀花共培养焊接人才1500多人次,其中23人取得高级技师、技师、高级工资格证书。2017年11月,知命之年的顾秀花参加中国工会"一带一路"上合组织国家职工技能大赛,获得金奖。2020年8月,顾秀花带队参加"中国梦·劳动美"内蒙古自治区煤炭行业职工职业焊工技能大赛获得第二、第七的好成绩。她的得意弟子王飞、纪晓鹏等人都曾先后获得中央企业技术能手等荣誉称号,并在各种比赛中斩获大奖。如今,顾秀花依然奔波在焊接一线,为做好人才培养、技能传承和技术攻关忙碌,为做实、做精、做强的工匠精神传承和技术创新工作而努力。

敬业奉献的实干者薛占军。全国劳动模范薛占军的战斗事迹就是神东人"咬定青山不放松,脚踏实地加油干"工作作风的真实写照,他的敬业精神更是在神东形成了模范之风。薛占军是一名在井下工作了三十多年的老矿工,自1990年参加工作后,他始终立足岗位,脚踏实地,开拓创新,敢于在关键问题上寻求突破,一心一意拼搏在一线生产岗位上,实抓实干,有效化解难题困境。2013年,在薛占军担任大柳塔煤矿连采三队队长期间,世界首套全断面高效快速掘进系统落户大柳塔煤矿,并由薛占军所带领的连采三队负责。新设备、新工艺面临着新问题、新麻烦,全新的设备、技术、配件等细节都不完善,新系统安装无迹可寻,员工对新设备不熟悉,各个设备间的配合也需要磨合适应,同时还必须确保安全方面万无一失,一系列的问题摆在薛占军面前,让他对接手世界首套全断面高效快速掘进系统有些犹豫。最终他依旧毅然决然地扛起了这份责任,以敢碰敢闯的担当迎难而上,以"干就干到最好"的决心,立志用这套全断面高效快速掘进系统创下新纪录。

在神东,还有无数神东人像他们一样,立足岗位、兢兢业业,苦干、实干、敢干，以只争朝夕的精神、改革创新的魄力和奋发竞进的状态，齐心协力、真抓实干，以一往无前的奋斗姿态为神东发展贡献着自己的力量。榜样的力量是无穷的，正是这些英雄模范，让神东精神得到了传承和弘扬。

神东人的"亮剑"精神

王旭峰，上湾煤矿机电副矿长。从2006年大学毕业到2011年走上管理岗位，他只用了5年时间。投身采煤一线，他搞检修，开煤机，积极创新工作思路和方法，团结带领全队员工，不断刷新公司采煤新高度，完成了一次又一次看似不可能完成的任务，交出一张张亮眼的成绩单。迄今为止，他面对的最大挑战，当属挑起世界首个8.8米超大采高智能综采工作面生产的重任。

接到任务通知的时候，王旭峰和队友们正在向中厚煤层柔模沿空留巷开采发起最后的冲锋，这是上湾煤矿首次使用这项开采工艺，也是公司首次进行非试验性沿空留巷开采。面对许多未知的挑战，王旭峰积极探索新工艺与现场实践的最佳结合，优化举措，成功开采了3个工作面，创下了日推进15米的行业纪录，完成国家专利2项，成功经验被列为全国煤炭行业重点推广项目。

2018年3月，8.8米超大采高智能综采工作面设备开始井下安装。队里开足马力，投入配合工作面安装与学习培训的工作中来。为了尽快实现人机匹配，大家经常连续工作十多个小时，升井后还要学习新设备、新工艺。一切从零开始，大家斗志昂扬，信心十足，用行动展示出迎接挑战的信心。

"世界首个具有完全自主知识产权的，国家能源集团神东上湾煤矿8.8米超大采高智能工作面日前产量突破1000万吨，这一超大采高采煤工作面填补了我国特厚煤层开采的技术空白。"2019年的农历大年初一，在央视新闻联播节目中，《世界首个

8.8米采煤工作面产量突破千万吨》的报道,是上湾煤矿综采一队为全国人民送上的新年贺礼。

作为这艘"煤海巨轮"的"掌舵者",王旭峰自知承担着世界首个8.8米超大采高智能综采工作面开采的重任。首次完全使用国产化设备和首次应用一次采全高回采工艺,不单单要产量效益,更要创造属于神东的8.8米超大采高智能综采工作面的标准样板。

3.3 凝心聚力与文化共识

共识,是指在企业内部形成的,关于对企业文化的共同理解和承诺,涉及所有员工的价值观和行为准则与企业的一致性。共识的建立首先要让文化融入日常生活,开展多项文化活动,积极塑造企业文化氛围,为神东文化凝聚形象力。二是要采用生动、丰富的故事情节激发员工对神东的情感共识,增强神东文化的吸引力。三是要通过创新文化的传播形式,提高受众群体与企业文化之间的互动性,形成良好的传播效果,赋予更强的文化感染力。四是要利用文化作品,歌颂神东发展、弘扬神东精神、丰富员工的精神家园,达到企业与员工共同谱写企业文化生命力篇章的目的。最后是要保障能源供给安全、促进地企协同发展,以使命驱动神东及其员工同社会共同前进,强化神东企业文化发展力。

3.3.1 融入日常生活凝聚形象力

企业生产经营过程不是机械和数据冰冷地堆砌叠加,而是作为一种拥有"共同信念"的系统存在。正是这种"共同信念"的存在,赋予了神东广大干部员工自身的气质和显著的特征,而这种气质与特征需要通过日常生活中丰富的活动等一系列载体表达出来。组织唯有频繁运用这些活动载体,才能够为员工带来共同感情,使员工和企业间形成一种无声却客观存在的深切认同。可以说,将企业文化通过活动载体融入员工生活是企业共有意义最形象的表达载体,能够最大程度感染员工并强化其对文化的认同。

神东做实文化走基层、公益培训等"线上+线下"文化供给服务，持续做实"蓝海豚游泳""蒲公英计划"等活动，"公益培训""公益微课""书香神东"等文化惠民服务品牌。2022年，神东推出"五个100"系列活动，活动深度参与人数达500人次，点击关注近35000人次。以"流动+露天"展映的方式，将红色电影送到矿厂、班组和边远站点，流动放映28场次，露天电影放映88余场次。结合"我为群众办实事"实践活动，推出8个场馆"培训日"文化惠民暖心清单，惠及员工5000多人次。开展运动达人挑战赛活动，受到广大员工群众的热情参与。神东广泛开展群众性文化活动，不断提升文化产品和文化服务的精准性和有效性，切实增强员工群众的幸福感和获得感。持续优化智慧场馆管理，提升人员密集性场所安全管理。深入打造煤海"乌兰牧骑"文化品牌，助力公司打造品牌形象卓越的世界一流煤炭企业。

神东公益培训"蒲公英计划"点缀欢乐暑假

2021年7月19日至21日，企业文化中心"文化惠民暖心清单·蒲公英计划"暑期少儿公益培训，在矿区家长和孩子们的期待中再次火热开班。

本次"蒲公英计划"有少儿游泳、少儿羽毛球、少儿乒乓球、少儿舞蹈、少儿葫芦丝五个项目，有蛙泳、中国舞、民族民间舞蹈、乒乓球及羽毛球基本技术、葫芦丝吹奏技巧等内容的学习，共15个班次，近300个孩子报名参加培训。

培训现场，孩子们跟着老师的教学节奏，认真地做着每一个动作。老师们根据前两次课的教学情况和参培学员的爱好以及所掌握的技能程度，及时优化和调整后期教授内容，保证培训效果。

"蒲公英计划"少儿公益培训是企业文化中心打造公益培训品牌、推动文化惠民工程的一项有力举措，也是每年夏天矿区家长和孩子们非常期待的一次常态化文化服务供给。今年，企业文化中心结合党史学习教育工作安排，聚焦员工群众的文化需求，再次推出了大家期待已久的少儿类公益培训，让文化种子撒满矿区，让孩子们的笑声溢满矿区的每一个夏天！

3.3.2 讲好故事增强文化吸引力

高尔基说过，人是文化的创造者，也是文化的宗旨。神东企业文化的建设离不开一代又一代神东人的努力。建矿至今，神东已经形成和积淀了鲜明而又深厚的文化底蕴，源源不断浮现出的模范典型与企业故事，为神东积蓄了得天独厚的模范典型资源，并逐渐转化为自成一格的文化现象，展示着神东非凡的精神面貌与优秀的企业文化。

神东文化是一代代神东人努力讲好神东故事的结果。"讲"是传承、是行动、是创新。神东开发建设以来，煤炭开采实现了从有轨到无轨、从4米到5米再到8.8米，井下沟通连通从与世隔绝到小灵通到5G手机，等等。一个个变化，一项项创新，一代代传承，一辈辈超越，打造出享誉海外的煤矿"亿吨航母"。在这个过程中，一大批优秀的神东专业型人才成长成才。他们中有开拓进取、敢于突破传统思维的创新者；有吃苦耐劳、特别能战斗的实干家；他们久久为功，在一片不毛之地上建设起煤海绿洲。

文化是抽象的表现形式，故事是展现文化的一种最佳载体，因为故事具有生动的情节和丰富的细节，能够以具体的形式展现文化的核心价值观、企业精神和发展理念。通过故事的叙述，员工可以更直观地了解和体验到企业的文化内涵，从而更好地认同和践行企业的价值观和行为准则。神东将公司从建设初期到如今的发展历程凝炼为独具特色的"神东故事"，再经过一代又一代的"神东人"传递，以故事增强文化吸引力与感召力，激发员工的情感共鸣，加深对企业的认知和归属感，帮助员工在工作中更加积极主动与投入，最终与企业"同呼吸，共命运"。

善于攻关的硬队长——呼绿雄

2021年9月8日下午3点,是呼绿雄的光荣时刻。作为煤炭行业的优秀共产党员代表,他亮相中共中央宣传部举行的"践行初心使命,贡献能源力量"中外记者见面会,接受来自海内外记者的访问。煤矿工人从幽深的地层深处走到明亮的闪光灯下,向全世界、全国人民展现新时代煤矿工人形象、介绍新时代智慧矿山发展建设,令人鼓舞,令人振奋,令人感动。煤炭生产,是能源供应的重要一环,事关国计民生;煤矿的发展变迁,矿工的辛勤付出,值得被更多的人了解和关注。

呼绿雄曾是大柳塔煤矿综采五队党支部书记、队长。2013年,大柳塔煤矿由于生产接续的需要,成立了一支由来自11个矿井的69人组成的"杂牌军"队伍,需要在7米大采高工作面挑战月均产量80多万吨的任务。由于当时员工整体素质参差不齐、思想难以统一等诸多因素,在刚开始的几个月经常出现设备故障突发、产量任务无法完成的情况。呼绿雄计划从每一个细节入手对难题逐个击破,坚定为每一个员工提供良好服务的理想信念。无论工作有多忙,他都始终坚持每天与大家谈心谈话,共同消弭工作中的隐患,连夜加班解决设备突发故障。

在呼绿雄的坚持下,不到3个月的时间,综采五队从五花八门的"杂牌军"到突破完成大柳塔煤矿首个大采高工作面110万吨的纪录,成为综采队伍中的主力军。跨过这样的难关,取得这样的成绩,一度成为员工眼中的硬队长。2015年1月,他被矿党委派到综采二队当队长,解决10米厚度的煤层进行预采顶分层综放开采遇到的一系列难题。工作面的现场条件非常复杂,不管是顶板管控还是采空区、上覆煤柱,这些都特别困难。面对采煤新工艺和工作面遇到的顶板来压、漏矸、采空区积水等问题,通过他的探索研究和超前预判,都逐一克服和解决。呼绿雄就是这么一个爱与困难较劲、善于攻坚克难的硬队长，他认为作为一名党员就要"干在先、走在前"，为员工服务好，把队伍带领好。

呼绿雄，这位扎根神东一线二十一载，捡过煤矸石、清过浮煤，干过煤机司机、支架工，当过班长、技术员、副队长、队长的实干派，获得公司的认可。耕耘意味着收获，付出就会有回报。每一个立志于发展、创造和进步的人，都将会获得更大的舞台。

3.3.3 创新传播形式赋予感染力

在思想文化不断进步的今天，企业文化的发展离不开宣传工作与宣传形式的创新。新媒体平台作为目前文化宣传的主流形式，可以在很大程度上满足企业展示文化形象的需求，加强企业文化建设与传播能力。同时，新媒体平台具有广泛的受众群体和高度互动性，能够实现信息的快速传播和广泛共享。新媒体平台还具有多样化的表现形式和丰富的内容呈现方式，可以通过图文、视频、音频等多媒体形式，生动地展现企业的文化内涵和成果。通过在这些平台上展示企业的文化理念、核心价值观和企业形象，企业能够更加直接地与员工、客户和社会大众进行交流和互动。这种互动性不仅能够增强企业文化的参与度和认同感，还能促使更多人了解、接受和传播企业的文化理念。

企业纪录片从自身实际出发，通过量身定制品牌形象以及推广方案，以独特的风格，向消费者展现真实、优秀的企业软文化与硬实力，帮助企业树立标杆，优化市场竞争，助力品牌效应，引领整体发展。

神东历时三年摄制完成的十六集大型文献电视纪录片《神东之路》，于2014年11月2日在北京隆重举行了首发式。纪录片全景式、立体化地全面反映出神东矿区历经30年开发建设，全力创建世界一流煤炭企业的卓越成就。纪录片在应邀出席首发式的中国煤炭工业协会和神华集团高层，在当年领导神东矿区早期开发建设的地方、企业老同志中，引起了强烈反响，受到了高度评价，甚至有的老同志面对片中记录的珍贵历史画面动情地流下了热泪。随着《神东之路》十六集原版及精缩版和解说词文稿在公司电视、网站、报纸媒体的广泛播刊，在各矿井、单位的全面发行和组织观看，几百里矿区再次掀起神东企业文化学习、宣贯的热潮。神东人面对浓缩矿区开发建设近40年历程的《神东之路》，忆往昔峥嵘岁月稠，看今朝辉煌春秋业，从中汲取奋发有为、再创辉煌，努力建设世界领先的清洁煤炭生产商，铸造一流煤炭企业文化的精神力量。作为神东铸造一流煤炭企业文化的一项重要成果，纪录片《神东之路》同时也是从神东文化到文化神东的一个代表之作、经典之作。

企业志作为企业文化建设过程中的重要组成部分，是弘扬和传播企业精神的载体，承接我国优秀、先进的传统文化，真实、全面、系统地记录了企业在发展和传承时期的重大事件，体现企业文化的特点，具有较高的传承价值。神东企业文化的铸造，与神东矿区的开发建设史同步。作为反映神东一流煤炭企业文化建设的《神东志》，每一阶段都体现出神东企业文化的不同发展形态。2012年，《神东志》在内部出版并发行。这项神东企业文化建设的重量级工程，前后历经四年多时间编写完成，记载了从1998年神东成立初到2008年神东成立10周年节点止的厚重历史，是矿区20多年开发、建设历史的浓缩版、升级版，是几代神东人铸造的文化丰碑，也可以说是几代神东人谱写的一部波澜壮阔、气壮山河的文化史诗。

企业微电影作为多媒体时代的产物，是企业为自身塑造的一种影视宣传媒介，通过微视频的模式，将企业精神、产品等进行剧情化、视频化、专业化制作的一种视频载体。随着生活节奏的加快，拍摄企业微电影可以很好地弥补和满足信息时代下企业外部对本企业了解和认知上的空白。

2013年3月，神东新闻中心创作的首部微电影《回家》在神东一套播出。《回家》讲述了2013蛇年春节老矿工张国明一家发生的故事。2015年7月，神东矿区首部原创公益微电影《寻找好人》在神东文体中心影剧院首映。全片生动刻画了根植于神东这片沃土的普通工人高利兵，他像"神东煤"一样闪闪发光，集中体现了神东近40

年铸造的企业精神和社会主义核心价值观。2017年，全国首部反映煤炭企业绿色发展的主题微电影《寻找荒漠》正式上映。影片通过大量实景拍摄，展示了神东矿区的荒漠治理成就，讲述了神东的艰苦创业史和绿色发展史。

"董事长信箱"作为一种文化现象，是神东文化的窗口。信箱的功能设置、制度设计和机制建立等，都是神东"关爱员工、尊重员工"人本价值理念的具体体现。办好信箱有助于凝心聚力，展现神东良好的企业形象。2015年10月10日，神东"董事长信箱"运行满4年，一场特殊而有意义的"生日聚会"在神东文体中心影剧院举行，以神东信箱为主题的微电影《相约心桥》如期首映。《相约心桥》以"董事长信箱"为主题，演员均为矿区员工或家属。跟随镜头穿梭和情节的跌宕起伏，通过朴实的镜头叙事语言，让观众了解了4年来"董事长信箱"已融入神东员工生活中的点点滴滴。"董事长信箱"一步步走进员工生活，并在员工内心深处生根发芽，成为一座连心桥，沟通了干部群众，铸造了神东品牌，打造出公司民主管理的新亮点。

2020年11月，神东传承"矿工精神"主题微电影《关键时刻》发布。2023年7月，《智慧之光》《煤海逐梦人》《三代矿工情》三部大学生系列主题微电影首发。通过电影艺术的形式，讲述身边人、身边事，阐释了神东的核心价值观，提高了神东文化传播的效果和覆盖面，凝聚推动了公司高质量发展的强大力量。

3.3.4 谱写文化作品提升生命力

文化是一种细粒度的心理表征，与特定群体范围内归属感认知有关。也就是说，企业文化从来不是仅凭着一种文化模式和一个文化现象的突然出现、倡导和宣贯，而是长时期点点滴滴的文化积累、一个一个的文化叠加，才能慢慢成长，不可能一蹴而就。这个时候，及时地进行总结、凝炼和提升，对于企业的成长非常关键。

优秀的文化产品反映出一个企业的文化创造能力和水平。一部传播企业文化理念、体现企业精神、反映员工审美和价值追求的文化作品才能触及员工的灵魂，引起员工的思想共鸣，才能带来正能量、给人以强大的感染力。神东创作的系列文艺作品、传统文化产品主题文化实践、煤海"乌兰牧骑"、"黄土情"文化品牌创建等，都具有鲜明的思想性，反映了神东发展、企业进步和员工创造的良好思想内涵和精神追求，受到了广泛关注，展示了强大的精神力量。

优秀文艺作品歌颂企业发展。 神东自开发建设以来，始终坚持以矿工为中心的创作导向，创研了一系列优秀的原创文化文艺作品，高质量完成了"赞美祖国　放歌神东""社会主义是干出来的"主题原创歌曲征集评选工作，最终产生了《神东人之歌》《神东精神代代传》《神东风采》《信仰的坚守》《决不放弃》等一批优秀的文艺作品。原创歌舞情景剧《矿工兄弟》代表国家能源集团走进国资委宣传局与北京卫视联合举办的《放歌新时代》栏目；原创歌曲《平安是福》荣获第八届全国煤矿职工"十佳原创歌曲"，《决不放弃》等7首原创抗疫歌曲全部入围"汉语MV"奖，《我爱你神东》《让我们为爱加油》分别荣获"第七届最美企业之声"金、银奖。这些优秀的文艺作品更好地传播和塑造了神东形象，弘扬了神东精神，增强了神东凝聚力。

传统文化作品弘扬神东精神。 2019年，神东用剪纸语言创作出了《托物寄语　筑梦神东》主题剪纸作品，这套文化作品将写实与意象相结合，用传统剪纸语言和艺术手法，将神东人的生产、生活画面与传统剪纸艺术的意象符号融为一体，深刻诠释了员工行为守则内涵，讲述了神东故事，展现了神东形象，凝聚了神东人的奉献精神，更点燃了神东人的奋斗激情。2020年，神东举行"诗书礼乐·最美中国风"微视频征集展演活动和"神东精神"系列词赋征集活动。"神东精神"系列词赋从不同侧面体现神东开发建设以来取得的巨大成就，客观地回顾和总结历史，更好地建设现在、开辟未来。

群众性文化活动丰富精神家园。 2021年，神东开展五个"100"主题系列活动。2022年，"喜迎二十大　同心向未来"和"520"主题系列活动之"书香神东·神东故事20讲"在"文化神东"微信公众号正式推出。同时，神东立足公司活动场馆和人才队伍优势，以"宣讲+演映""点餐+送餐""线上+线下"和"场馆+活动"四种方式充分发挥流动的文化文艺服务职能优势，为矿区员工群众提供政策宣传、文艺演出、公益培训、健身指导等"一站式"服务，不断满足员工精神文化需求。

煤海"乌兰牧骑"、"黄土情"文化品牌提振品牌形象。神东按照国家能源集团"一主多元"的品牌架构，立足企业实际，打造具有企业特色和行业特点的煤海"乌兰牧骑"文化品牌，组织品牌创意大赛，制作文化品牌宣传片，打造文化品牌工作室，构建品牌建设常态化工作机制。2021年以来，神东煤矿"乌兰牧骑"文艺小分队以"送餐+点餐"的方式，开展"文化送一线"近100场次，切实将文化文艺送到矿工的心坎里。品牌案例成功入选国家能源集团首批优势品牌名录，代表集团荣获2021年国资委国企品牌建设典型案例。神东文化品牌从文化文艺的视角，全方位展现新时代煤矿工人的精神风貌和煤炭企业的发展成果，在新发展阶段重新树立传统煤炭工人的行业自信，繁荣发展新时代煤炭企业文化文艺事业，讲好神东故事、讲好集团故事，为神东品牌增值，为集团品牌添彩，为民族品牌助力。

3.3.5 强化使命担当聚合发展力

习近平总书记多次强调，全党同志务必不忘初心、牢记使命。这体现了党的性质宗旨、理想信念以及奋斗目标，是新时代坚持和发展中国特色社会主义的必然要求。在新征程上，神东始终牢记初心、坚定使命，以初心作为不断前进的动力，以使命成就向上发展。

企业使命是一家企业的"志向"，也是前行的"发动机"。真正伟大的企业，大多都是使命驱动型的。一个伟大企业的终极使命是解决社会问题，只有为社会带来价值，才能够长久生存下去。更为重要的是，使命能够创造凝聚力，让组织的意义超越个体的意义。企业使命建立起每一位参与者之间的关联和共鸣，用使命来驱动企业和员工持续发展。国家能源集团的使命是"能源供应压舱石，能源革命排头兵"，神东用行动不断践行这一使命。

保障能源供给安全的政治使命。我国是世界上最大的煤炭生产和消费大国，具有"富煤、贫油、少气"的能源结构基本特征。为应对百年未有之大变局，保障能源需求、维护能源安全的首要任务就是要提高能源自主供给能力，立足以煤为主的基本国情，发挥好化石能源的"压舱石"作用。"维护国家能源安全、保证能源供应"是神东作为国有煤炭企业肩负的最重要的政治使命，神东一直牢记在心，且从未停止脚步。

洗选中心党员突击队坚守岗位确保节日安全生产

2022年春节期间，洗选中心机械维修中心党员突击队奔波于各厂矿间，开展设备设施专项检修，确保节日安全生产，用坚守诠释最美"敬业福"。

农历初三，机械维修中心党员突击队一大早就来到补连塔选煤厂进行分组检修作业。在主洗车间，队员们为325A合介泵更换轴承组件、叶轮和前后护板。由于部分零部件腐蚀严重，给拆卸工作带来很大困难。厂领导结合现场情况重新制定技术措施，并亲自上手示范，合力将合介泵拆卸下来。并在随后的恢复安装过程中，大家高效协作克服了吊装难度大、安装精度高的难题。

与此同时，另一组党员突击队员正为216胶带机更换完约300米长的新带面。由于更换过程中现场位置有局限性，加上楼层高、时间紧，一旦延时会影响整套系统。为了不影响检修进度，党员突击队从年前就开始了准备工作。经过14小时的连续作业，大家顺利完成了补连塔选煤厂的专项检修作业。

党员突击队是公司高质量发展的一支主力军。高质量发展不仅要求全体干部员工立足本职岗位，更要着眼未来。在日常工作中，洗选人也将积极探索更加安全高效、便捷智能的检修方法，在新征程中开好头、起好步。

2021年，洗选中心机械维修中心由党员突击队带头，完成外出检修594项。其中，10小时以上的大修及项修212项，检修总工时6592小时，检修完成率为100%，合格率99%以上。

履行生态环境保护的时代使命。自开发建设以来，神东始终坚持"产环保煤炭，建生态矿区"理念和开发与治理并重的方针，加大生态投入力度。截至2022年，神东已投入生态环保治理资金51.7亿元，累计生态治理面积384平方公里、植树3900多万株，微生物和动物种群数量大幅增加。如今的矿区，绿水环绕，青山葱茏，就连珍贵的黑天鹅、白天鹅也前来栖息，人与自然和谐共生。神东矿区生态建设从"一张白纸"到现如今不断延伸的绿色版图，破解了生态脆弱区生态保护和大规模资源开发相矛盾的世界性难题，使矿区原有的脆弱生态环境实现了正向演替，为我国西部荒漠、半荒漠地区生态保护和矿产资源开发提供了成功的经验和示范，为守护祖国北疆绿色风景线做出了积极贡献。

促进地企协同发展的社会使命。在加快自身发展的同时，神东报效国家、回馈社会、造福员工，争作积极履行社会责任的表率，累计向蒙晋陕三省区缴纳税费超1800亿元，为助推地方经济发展做出了突出贡献。2022年，神东就紧紧围绕产业、生态、教育、医疗、消费、扶智、基础设施等方面创新机制、精准发力，不断延伸帮扶的深度和广度。神东全年参与各类事故救援111起，挽救遇险人员27人，并向陕西省第十七届运动会捐赠1000万元。此外，累计投入乡村帮扶和捐赠资金1.1亿元，神东扶贫案例荣获"第三届全球减贫案例征集活动"最佳减贫案例。

在助力打赢脱贫攻坚战中，神东按照集团的安排部署，主动积极、精准务实推动扶贫工作，巩固米脂、吴堡两个定点扶贫县的脱贫成果。2020年年初，突如其来的疫情令米脂、吴堡两县的农特产品滞销，神东积极响应"关于加大消费扶贫力度"的号召，通过集中认购、员工选购、发放电子扶贫码、设立"扶贫专柜"、党员干部员工"一步到户"采购、直播带货等多种形式，购买贫困户滞销农特产品，拓宽贫困户农产品销售渠道，让农产品变"滞销"为"直销"，解决了贫困户的燃眉之急。2022年，神东全面深入推动乡村振兴工作，积极探索特色产业帮扶模式，深入实施产业帮扶、就业帮扶、消费帮扶、智志双扶等，荣获2022责任金牛奖"责任供应链"奖、"鄂尔多斯市消费帮扶突出贡献企业"等多项荣誉。

乡村振兴一线行：让农村居民喝上"放心水"

水管安到家门口，打开水龙头就能用上干净放心的自来水。自从国家能源集团在吴堡县定点帮扶的农村饮水安全保障项目推进后，吴堡县5镇20村组家家户户享受到了这样的福利。

"去年看着邻近村子的老乡用上了自来水，再也不用冬天挑水，夏天收集雨水，我们特别羡慕。今年农村饮水安全保障项目终于在我们村顺利施工，现在打开水龙头就有清澈的自来水流出了，水质有了保障，再也不用担心一到下雨天水浑了。"吴堡县寇家塬镇慕家塬村村民贾桂云激动地说。

民以食为天，食以水为先。看似不起眼的自来水，一端连着老百姓的生产生活，另一端则连着发展大局。保障农村饮水安全，让农村居民喝上放心水，既是为人民谋幸福的重要体现，也承载着乡村振兴战略的民生期待。自2019年起，国家能源集团着力解决吴堡县农村安全饮水问题。截至2022年，已累计投资2739万，新建、改扩建水源50处、蓄（清）水池30座、水塔2座、净化车间10处、净化设备10套、管网21.5千米及其他配套设施等。农村饮水安全保障项目实施以来，共惠及吴堡县20个村组5077户14536人。

"今年，国家能源集团投资736万元用于续建农村饮水安全保障项目，共涉及4镇6村6个项目，我们寇家塬镇慕家塬村今年建设了主体工程、净水工程、管道工程等，配置了管理房、净化车间、检查井。截至目前已经全部竣工。"吴堡县水利局副局长宋朝军介绍。

在吴堡县寇家塬镇慕家塬村净化车间，记者了解到，净化系统将地下水源抽至净化车间，净化处理后的水经上水管路抽至高位蓄水池，高位蓄水池中的水流经下水管网至农户检查井，农户自行从检查井放水至自家储水窖即可使用。

看着农村居民喝上"放心水"，用上"安心水"，吴堡县寇家塔镇镇长张彦霞紧锁的眉头舒展开来,她介绍:"过去家家户户用的是村里的水井供水,一年四季挑水喝,水井小,杂质多,供水一直是个老大难问题。近几年,在国家能源集团的帮扶下,农村饮水安全保障项目在各村镇逐步实施,越来越多的农村居民实现了用水自由。"

汩汩"幸福水",滴滴润民心。四年来,国家能源集团持续投入帮扶资金,实施农村饮水安全保障项目,不断提升农村供水服务保障水平,使农村居民的获得感、幸福感、安全感更加充实。

第4章　企业文化融合发展

文化一经产生并且发展到了一定的程度，就会融合；而只有不同的文化的融合才能产生更高一层的文化。

——季羡林

本章摘要

文化在传承中发展，在发展中提升。在企业的可持续发展中，文化是重要驱动力量。在高质量发展的新征程上，神东坚决贯彻国家能源集团发展战略，坚持以党建引领，让文化与管理、制度、人才共同构筑企业的发展支撑体系。在文化和谐发展的道路上，神东将始终坚持文化的传承和创新，以"制度与文化相融、党建与文化相融、管理实践与文化相融"为目标，坚持问题导向，进行实践探索，真正做到以企业文化指导管理行为，以管理行为践行文化理念。神东始终相信文化的力量是企业发展的重要引擎，并积极探索文化融合新路径以实现经济发展，着力培育具有全球竞争力的世界一流企业，不断谱写神东文化和谐发展新蓝图。

企业文化源于企业实践又服务于企业实践，使企业的经营管理活动更人性化，更具思想高度、时代特色和人文精神。培育世界一流企业文化，必须加强党的领导，以实践为基础，持续推动企业文化与党的建设、经营管理、安全生产等环节深度融合，与制度建设有效对接，与队伍建设有机结合。将优秀的文化理念渗透进企业经营管理的全过程，把文化理念的价值导向体现在员工的日常生产生活实践中，用文化铸魂，塑形育人，强本聚力。

4.1 党建引领企业文化相融共促

国有企业作为国民经济和社会发展的重要力量，必须持续加强党对企业文化建设工作的领导，不断强化党组织核心引领作用，坚持党建引领企业文化相融共促，营造"组织有力量、干部有担当、党员有示范、员工有奉献"的文化氛围。新时代，坚持党的建设与企业文化建设工作深度融合不仅可以形成企业发展的新动能，更能够将这种合力转化为国有企业融入市场经济的连接点，推动国有经济发展壮大。

4.1.1 培育党员队伍实现文化价值

党员是党的肌体的细胞和党的活动的主体，是国有企业的中坚力量，肩负着带头遵守党的纪律和执行党的决策的责任，起到先锋模范和组织引领的作用。作为中国共产党的组织成员，他们拥护党的纲领，遵守党的章程，传递党的声音，引导和凝聚广大员工形成团结一致的集体力量。同时，广大党员积极参与企业的改革和发展工作，在具备较强专业能力和较高业务素养的基础上，充分发挥出技术、管理、经验等多方面的优势，为企业的创新、转型和提升不断贡献自己的力量。

因此，国有企业培育党员队伍的重要性不容忽视。培育党员队伍既能强化企业文化理念的落地，提升组织凝聚力和战斗力，又能推动国有企业社会责任的履行。在培育过程中，既要注重政治意识和思想教育，加大组织纪律性和团队合作精神的培养力度，也要关注党员职业道德水平和综合能力素质的提升。通过锻造一支"作风硬、能力强"的党员铁军，国有企业能够极大提升市场竞争力并永葆自身先进性，为国家经济发展和行业进步做出更大贡献。

神东始终坚持和加强党的全面领导，不断开创新时代党的建设新局面，为公司实现一流党建和世界一流企业的目标蓄力，以党建引领企业文化建设，以企业文化建设推动党建工作，从而形成党建和企业文化互融互促的双赢局面。

从 2013 年开始，神东党委实施年度"千人教育计划"。依托三级党员教育体系，每年选送 40 名党员干部到陕西省、内蒙古自治区行政学院参加能力素质培训；组织 600 多名助理级以上党员干部轮训，参加榆林市委党校、鄂尔多斯市委党校举办的学习贯彻习近平总书记讲话精神研修班；组织 200 多人到延安开展党性教育；组织 300 多名基层党支部书记在神东党校集中培训，提高业务能力。各矿处党委、业余党校通过多种形式，对本单位党员开展党性党风党纪教育、党的路线方针政策和形势任务培训。党员每年集中学习培训时间不少于 32 学时，党员领导干部每年集中学习时间不少于 56 学时，并且至少参加 1 次集中培训。"千人教育计划"的实施，坚持"党和国家事业发展需要什么就培训什么"的原则，适应了形势和任务发展的需要，进一步增强了广大党员贯彻落实中央决策部署的责任感和实践能力。

自 2016 年"两学一做"学习教育开展以来，神东党委认真贯彻落实党中央部署，以神东党建信息平台为总载体，开展"六个五"党员教育管理，即专题学习讨论聚焦"五个坚定"、党课教育"五个创新"、专题组织生活会"五个较真"、民主评议党员"五个严肃"、立足岗位做贡献"五个领先"、党员领导干部当好"五个标尺"。通过党建信息平台实现在线运行、全程记录、自动考评，构建起党员学用结合、知行合一、循环运行、严在经常的党员教育管理长效机制。

为政之要，莫先乎人；成事之要，关键在人。坚持党建引领企业文化建设，必须抓住党员队伍培育工作。党员能否在文化建设中发挥出示范作用，攸关神东事业的前途命运。他们作为神东企业文化建设的主力军，唯有展现出应有的蓬勃朝气、昂扬锐气、浩然正气、必胜志气、担当勇气以及做事底气，方能将自身发展融入企业发展，在企业中形成争先创优的氛围，助推世界一流企业的发展。

党员队伍要以蓬勃的朝气凝聚文化团队力量。蓬勃朝气，就是党员队伍首先要有强烈的凝聚力、向心力和战斗力，能够引领组织激流勇进，实现企业预期目标。党政工团组织是企业文化建设的重要组成部分，对塑造团队、熔炼团队具有重要影响，也对推动企业文化发展发挥着重要的作用。党员要发挥先锋模范作用，突破党政工团组织思想上的禁锢，打破传统的工作思路，创新文化建设方法、形式与手段。

党员队伍要以昂扬的锐气促进文化管理提升。昂扬锐气，就是党员要敢于破除旧习，勇于展示担当作为，树立风清气正、昂扬进取的精气神。当前，神东企业改革发展进入深水区，如何妥善解决面临的各种问题，帮助企业走出困境，值得广大党员深入思考、率先破局。此外，煤炭行业正处在能源结构转型优化的新形势下，不确定性、不稳定性有所增加，行业发展环境日趋复杂。党员必须时刻保持高度敏感，关注行业变化，紧随行业调整，集思广益，以新的要求、新的状态真抓实干。

党员队伍要以浩然的正气助力企业行稳致远。浩然正气，就是在企业内形成公平公正的发展环境和健康向上的文化氛围，员工要具备较好的道德素养和职业操守，有普遍的责任担当和行为导向。正气，是立企之本、兴企之源，更是企业凝心聚气的动力源泉。各级党组织要在党员的广泛参与下，在思想上树正气，坚定不移同神东的发展目标保持一致，做到"一门心思干工作，心无旁骛搞专业"；在行动上树正气、讲政治、懂规矩，时刻保持敬畏之心，一切按照制度办事；在机制上树正气，有令即行、有禁即止，为企业建设公平公正、和谐正义的内部环境奠定基础。

党员队伍要以必胜的志气实现文化跨越发展。必胜志气，使党员统一思想、坚定信心，有完成各项任务目标的决心。无论企业战略规划、设计、组织还是文化理念落地转化，党员都要带头参与、认真负责、积极完成，哪怕有困难，也要迎难而上，只有经受住狂风暴雨的洗礼，才能练就波澜不惊的淡定。要有志气、有想法，更要有信心、有行动。只有精诚团结，才能够以必胜的信念克服一切艰难险阻，在面对困难、战胜困难中成就神东事业、成就自我。

党员队伍要以担当的勇气强化管理素养。忠诚履责、勇于负责不是虚幻抽象的口号，是需要党员用实际行动体现和证明的。在企业管理中，党员不仅要明确自身的工作职责，还要对工作积极负责。只有这样，才能最大限度地发挥出党员队伍的先进作用。同时，党员还要主动化解矛盾，突出价值导向，把战略实施和生产经营的重点和难点作为文化建设的着力点，结合岗位实际，对照查摆，依循文化方向自我提升，真正把责任担当起来。

党员队伍要以做事的底气展现自身价值。做事底气体现出了广大党员过硬的本领和素质，保证神东文化始终做到"行业领先、世界一流"的水平和境界。党员要率先垂范，在日常工作中，要以"责任""安全""效能""执行""成本""纪律"六个方面六条员工行为准则作为践行神东文化的标尺。党员队伍不仅要提升自身硬实力，更要注重软实力的发展。在工作中会做减法，会选重点，保证高质量完成各项建设任务。

新征程上，一支高素质、专业化的党员队伍是神东企业文化建设发展的中流砥柱。广大党员要提高统筹协调、攻坚克难与思想政治工作的能力，坚定信心、增强斗志，在将党的建设与文化建设融合上，始终保持水滴石穿、锲而不舍的韧劲和开拓进取、追求卓越的精神。撸起袖子加油干，风雨无阻向前行，必须以"功成不必在我，功成必定有我"的思想境界，以"时时放心不下"的责任感，以更高的标准推动企业文化工作再上新台阶。

4.1.2 做实思政工作宣贯文化理念

"坚持建强国有企业基层党组织不放松，确保企业发展到哪里、党的建设就跟进到哪里、党支部的战斗堡垒作用就体现在哪里。"这是习近平总书记在全国国有企业党的建设工作会议上对国有企业党组织提出的明确要求，直接指明了党的建设对国有企业的重要意义。思想政治工作作为党的建设中一项关键内容，既是加强党的建设的一贯方针，是实现国有企业内党的各项任务的中心环节，又为党的建设提供了思想支持。

思想政治工作强调党的核心领导地位，着力于引导和培养员工的思想观念，而企业文化建设注重塑造和传承企业的核心价值观和行为规范，二者密不可分、相互促进、相互支持。思想政治工作为企业文化建设提供了理论指导和价值引领，确保企业文化与党的方针路线始终保持一致。深入、扎实地开展思想政治工作有助于推动企业文化的传承与发展，凝聚员工的共同意识和价值追求。同时，企业文化建设是思想政治工作的重要载体和实践平台，通过塑造企业文化，可以弘扬党的精神文明建设要求，促进员工的思想认同和价值共识。

在思想政治工作实践中，神东不断结合新形势，积极探索思想政治工作新方法，秉持服务基层的根本宗旨，组建了神东党建宣讲团。宣讲团成员用巡回宣讲的形式，将党的主张、政策送到了基层一线。编写了党建宣讲辅导教材，挖掘出大量优秀宣讲人才，丰富了神东思想政治工作新模式的同时，成功打造出新时代国有企业思想政治工作新阵地、新样板。

宣讲内容涵盖了习近平新时代中国特色社会主义思想、中国共产党百年光辉历程、党的二十大精神、"四个革命、一个合作"、国家能源集团企业文化核心价值体系、党建实务类的"三会一课"和支部换届选举工作程序等；范围上覆盖了全公司16个机关部门和50个基层单位，实现了矿处单位全覆盖。

神东各级管理者充分认识到思想政治工作在神东全盘工作中的重要作用与意义，在国家宏观政策和行业要求的不断变化中，持续发展以人为本的神东企业文化，增进员工的认知认同。第一，积极培育和践行社会主义核心价值观。社会主义核心价值观是决定当代中国文化性质和方向的最深层次要素，是当代中国文化软实力的灵魂，更是神东扎实推进思想政治工作，以思想政治工作提高企业文化软实力的有力保障。第二，将思想政治工作同神东班组建设结合，在基层员工中建立起重视思政工作、热爱思政工作的积极氛围，增强员工的文化修养和思想道德品质，努力与党建保持高度统一。第三，重视神东各级党组织的建设，为员工创造优渥的学习环境。在这样的环境中，员工不仅能用规章制度自我约束，还能够主动学习、学以致用，反哺神东思想政治工作和企业文化建设。神东在进行文化建设的过程中，充分发挥"大党建"模式的优势，以此为契机对员工进行思想政治教育，引导员工树立起正确的工作观、学习观，员工技能和水平得到不断充实提升。公司党委深入贯彻《关于培育和践行社会主义核心价值观的实施意见》《关于进一步把社会主义核心价值观融入法制建设的指导意见》，把社会主义核心价值观融入思想道德教育、社会实践教育等各个环节，让社会主义核心价值观具体化、形象化、人格化。

全员常态化选树典型。神东先后举办了四届道德模范、最美矿工表彰活动，评选出公司道德模范及身边好人130多人，弘扬了正能量。公司有3名员工被评为中国好人、1人被评为内蒙古自治区道德模范、1人被评为国家能源集团首届道德模范、2人被评为陕西好人。20多名同志获榆林市道德模范、榆林好人、伊金霍洛好人表彰，1个家庭先后被评为全国最美家庭、内蒙古自治区文明家庭，1个集体获最美奋斗者集体。成立了以薛占军同志为代表的7个省部级劳模和工匠人才创新工作室，创建团青品牌286个，涌现出以全国劳动模范韩伟、能源行业"大国工匠"赵云飞为代表的省部级以上各类先进人物287名。

开展道德教育系列实践。举办"领导干部学国学"走进神东大型活动，开展领导干部政德教育。组织了"讲述身边故事、传承神东精神"道德讲堂、道德模范巡讲、"讲好神东故事 传承神东精神"主题读书活动。各矿处单位开展安全梦想账单、班组梦想秀、安全擂台大PK、诚信积分体系、道德圆梦等系列行动，工作重心转向新型矿工队伍建设的精神层面，道德实践教育和中国特色社会主义文化自信有机融合起来。

深化"五个文明"创建。以"讲文明树新风"为主线，深入开展文明区队、文明班组、文明家庭、文明员工、文明餐桌等形式多样的群众性精神文明创建活动。矿业服务公司开展了卫生专项整治活动。围绕培育社会主义核心价值观、规范道德行为、倡导中国梦，将员工群众活动集中的上湾山顶公园作为社会主义核心价值观主题公园。各单位持续刊播公益广告，在办公场所等位置悬挂张贴公益广告。注重运用电子屏、微信等方式扩大公益广告的影响力。进一步拓展了"我们的节日"主题活动，利用传统节日，精心组织了富有特色的节日文化活动，引导广大员工弘扬民族优秀文化传统，增强爱国热情，提高文明素质。

学雷锋志愿服务走向常态化。深刻把握雷锋精神的时代内涵，公司团委制定专题活动方案，常态化开展"像雷锋一样"主题宣教活动。广泛组织志愿服务活动，开展"青年学雷锋志愿我先行"系列活动，矿区38支志愿服务队伍、2500余名志愿者活跃在神东矿区街头巷尾、学校村落，植树近万棵，清扫垃圾近10余吨，关爱老年人150余人次。为对口支援县中小学生捐赠"爱心图书"7000余册，捐赠学习、体育用品等价值8万余元。面对疫情持续反复，组织动员400余名青年志愿者、组建30余支青年突击队，积极参与信息排查、物资配备、核酸检测、卡点防控、心理疏导、送餐服务等工作任务，协助核酸检测近15万人次、送餐服务2万余份。神东煤炭青年志愿服务队、物资供应中心启航志愿者协会被评为"国家能源集团优秀青年志愿者组织"。

要坚持党的全面领导，持续推动神东文化建设。习近平总书记强调，中国特色现代国有企业制度，"特"就特在把党的领导融入公司治理各环节。在具体实践中，神东把党组织内嵌进公司治理结构，明确和落实党组织在公司法人治理结构中的地位，做到组织落实、干部到位、职责明确、监督严格。在文化建设中，牢牢把握正确的政治方向，坚决做到党的建设在神东"不动摇、不走样"，大力弘扬中国共产党人的高尚品质、崇高精神，把党员队伍打造成为坚定理想信念、勇于拼搏进取、甘于奉献付出的新时代模范先锋。

贯彻清正廉明、洁身自好的要求，不断加强神东文化建设。在面对利益诱惑时，虽然大部分党员干部员工都能够恪守初心，但仍然有一小部分人失去了本心。神东将廉洁文化纳入思想政治工作发展规划中，并注重落地和实效。不但通过搭建廉洁文化宣传平台的方式，在传统媒体的基础上，引入公众号、视频号等新媒体，选树正反两面典型进行宣传，而且搭建廉洁文化视觉平台，设立清廉书香读书角，增添清廉话语展示墙，引进廉洁文化书籍、音视频，扩大神东廉洁文化覆盖面。

建立健全机制体系，持续提高神东文化建设。完善思想政治工作机制，将神东思想政治工作与企业文化建设工作落实到班组、落实到个人，通过岗位责任制，让工作可监督、可检查，做到"问题能追责、工作可落实"。此外，还建立监督机制，确保政令执行畅通无阻，思想政治工作不打折扣。形成专门的工作小组，由负责人逐步落实思想政治和企业文化的学习，并定期进行理论考试，鼓励员工将所学所悟和岗位工作相融相促。

心中有信仰，脚下有力量。实践证明，在我国党的建设是企业文化发展的基础，企业文化发展又是党的建设的具体体现，以党建促进文化建设的落实，以文化建设推动党建工作的发展。只有坚持以习近平新时代中国特色社会主义思想为指引，加强思想政治工作，干部员工齐上阵，攻坚克难、砥砺前行，才能为神东实现高质量党建引领企业高质量发展积蓄文化力量。

4.1.3 精神文明与党的建设共发展

在企业的发展过程中，精神文明和党的建设扮演着不可或缺的关键角色，为企业的前进提供着坚实而强大的精神支柱。坚持党对国有企业的全面领导，全面贯彻落实党中央决策部署，积极推进精神文明与党的建设工作，是国有企业发展最值得信赖的力量。

神东精神文明建设工作的不断提升，得益于在加强精神文明建设方面的有力举措。成立初期，神东便结合矿区开发建设面临的形势，深入推进精神文明建设工作，并将精神文明建设规划纳进企业考核标准的制定中。神东始终坚持"两手抓、两手都要硬"的战略方针，把精神文明创建工作摆上重要议事日程，科学积极地部署精神文明建设工作，将精神文明与党建工作、安全生产、经营管理等企业中心工作同部署、同落实、同检查、同考评，做到了目标明确、措施具体、责任落实、高标准推进、严要求创建，铺就了神东精神文明底色，凝聚了不断奋进的文化力量。

作为国家能源集团的重要煤炭生产企业，神东党委严格按照《国家能源集团精神文明和企业文化先进典型评选表彰管理办法》和国家能源集团《文明单位创建管理办法》，结合企业实际，制定了精神文明建设规则和年度的重点工作计划，把文明创建纳入企业战略规划和公司组织绩效考核中，纳入落实全面从严治党主体责任考评中，确保文明创建工作落实到位。各级党委切实承担起精神文明建设的主体责任，党委主要负责同志是第一责任人，建立了党委统一领导、党政一把手亲自负责、政工部门具体组织、党政工团齐抓共管的工作责任体系，形成了一级抓一级、一级带一级、相互促进、共同提高的工作机制。

在责任落实环节制定了详细的考评和问责机制，对精神文明建设工作中责任落实不到位的单位进行问责，严格奖罚兑现。在投入保障方面，将精神文明建设经费纳入经费预算，在党组织工作经费中专项列支，根据整体效益状况，逐年加大对精神文明建设的资金投入，推动精神文明建设工作再上新台阶。

在创建精神文明的大潮中，神东以党建引领为基点，赋能文明建设，打造"红色引擎团结熔炉"党建工作品牌，摸索出"党建带创建、创建促党建"的工作模式，促进党建工作与文明创建工作同频共振、共同提升。同时，紧密结合干部教育工作实际，用好资源渠道、方式方法，大兴学习之风，激励引导干部员工系统掌握中国共产党发展脉络，深刻领悟马克思主义观点，深入开展理想信念教育、法制教育、诚信教育、生态文明教育活动，使干部员工进一步丰富知识储备，开拓工作思路，形成有利于推进公司高质量发展的舆论氛围、价值观念和道德规范。

服务员工群众是党建工作的重要内容，也是抓好精神文明建设的一项具体工作。神东通过党委中心组理论学习、基层党支部"三会一课"、党员活动日、专题讲座等形式，不断提高党员干部的理论水平，统一思想、凝心聚力，为实现企业的高质量发展提供保障。把夯实基础工作作为提高精神文明建设水平的有效途径来抓，一手抓制度建设，一手抓机制运行，使精神文明创建工作真正实现围绕中心、落实责任、量化考核、奖惩兑现。积极推进道德讲堂、道德模范基层巡讲、神东精神主题宣传活动、开展"我爱我家　文明家风"主题道德教育实践，加强典型人物的选树、典型案例的挖掘，选树矿山标兵、青年标兵、巾帼建功标兵、精神文明十好十佳、班组长标兵等先进典型，推动"身边好人"推选常态化，用身边人、身边事教育引导广大干部员工，营造了良好的氛围，凝聚起全员建设精神文明的强大正能量。

2023年8月,神东举办第四届道德模范颁奖典礼暨新入企大学生道德讲堂,14名道德模范、6名最美矿工获得表彰。他们当中,有人在关键时刻挡在火海和生命之间,也有人扎根农村,最大限度地解决老百姓急难愁盼问题。他们或助人为乐、见义勇为,或敬业奉献、孝老爱亲。每一个故事都深刻诠释着道德模范的榜样作用,生动刻画着感人至深的道德之美。道德模范的评选和表彰,是神东精神文明实践和社会主义核心价值观培育践行的具体举措,为神东适应新常态,展现新作为提供了有力的思想保障。

在新的时代背景下,神东强化精神文明建设,需要在既有的基础上结合最新的学习成果,坚持以习近平新时代中国特色社会主义思想为指导,围绕宣传贯彻党的二十大精神为主线,结合学习资源,提高学习效率,争取将党员的学习能力和综合素质提升到新高度。党员带头学习,带领团队提高思想政治觉悟,培养能力,引导群众构建起和谐的学习环境与氛围,建成学习型党组织。此外,在精神文明建设的过程中要把学习能力视为党组织应具备的能力,引导广大党员树立终身学习的意识,提升党员对知识的把握能力,转变思考方式,建立起互相学习和指导学习于一体的机制,为营造良好氛围贡献力量。同时,需要党员们具备创新学习的意识,提高学习效率,接触未知领域,更新自身知识储备,让学习变得富有活力。这些创新可以是思维创新,可以是制度创新,还可以是管理创新。

国有企业承担着经济、政治、社会三大责任,出效益责无旁贷,建文明义不容辞。精神文明建设对党建工作具有导向作用,是一项需要久久为功的任务,也是国有企业不可忽视的重点工作。神东要认真贯彻落实国家能源集团及属地文明委的部署要求,统筹推动文明培育、文明实践、文明创建,强化问题导向,通过不断学习提升党员的素质与管理能力,全面推进精神文明建设工作,切实提高公司核心竞争力,为企业高质量发展提供精神力量和道德滋养。

4.1.4 开创党建品牌引领文化创新

培育创新党建品牌是基层党组织凝心聚力的重要抓手,也是企业文化建设的重要内容。实践中，党建特色品牌建设的主体是广大党员，企业文化建设的主体是全体干部员工，特别是以党员为代表的优秀员工骨干。实践主体之间紧密的交织关系使得党建特色品牌的建设离不开广大员工的支持，而企业文化的建设更需要党组织的先进性领导和党员的积极参与。培育创新特色党建工作品牌，就是坚持政治引领，用品牌化的思路推进基层党建工作，推动企业文化建设工作的开展，传递价值导向，提升传播效能，形成影响力和凝聚力。

2022年，为认真落实《关于实施国家能源集团党建创新工程三年行动计划的同时》要求，以高质量党建引领保障企业高质量发展，神东党委加强顶层设计、审时度势、谋定而动、勾画蓝图，研究确定了创建十大党建创新品牌。即围绕"提升党建质量和实效""党建与业务融合促进""党建引领企业发展"三条主线，从创新党建工作载体路径、提升党建质量和实效、党建与业务融合促进、坚定文化自信等方面形成具有神东特色和行业特点的十大党建创新品牌。

为落实落地党建创新品牌，公司开展多种形式动员部署，对创建工作进行再细化、再部署、再推进，明确要联创共建。活动由党委办公室（党建工作部）总牵头，其他创建责任部门和单位具体负责，各基层党委、支部共同参与，全体党员积极投入，形成"上下联动、一体推进"的浓厚创建氛围。各责任部门和单位上下齐心、合力推进，结合品牌定位，科学制定各品牌的实施方案和具体措施，确保创建活动扎实有效开展。

经过一年的统筹兼顾，十大党建创新品牌从顶层设计到全面铺开，形成了上下联动、一体推进的浓厚创建氛围。一批以党建融入安全生产、环境保护、人才建设、支部建设、廉洁风险、企业媒体、企业文化等为主要内容的党建品牌呈现特色鲜明、百花齐放的态势。十大党建创新品牌效果显现，各单位因地制宜、创新方式方法，凝聚党建品牌的磅礴能量，催生出无限活力。

党建特色品牌是对党建工作价值指向、党建过程价值标识、党建成效价值认同的集中反映，是党建理论化、典型化和形象化的综合展示，是客户、社会、企业、党员领导干部和企业员工等对企业坚持党的全面领导、全面加强党的建设独具的高度认同、深度共鸣和广度识别。打造党建特色品牌作为神东企业文化建设中的关键一环，不仅可以扩大国内外的知名度、美誉度，更可以促进党建工作与各项中心工作的有机融合，让广大党员群众有方向、有参照物，对点燃神东红色引擎、激发员工内生动力具有重要意义。

首先，需要明确界定党建特色品牌的冠名、内涵与标识。冠名、内涵、标识作为神东党建特色品牌的核心要素，是神东党建特色品牌形成的前提和基础，是品牌内容与形式的有机结合，三者相互作用、相互支撑。为品牌冠名时，要以"党建的特点和规律、品牌的特色和功能、神东的特点和实际有机统一"为思路，突出内涵、注重特色，紧跟时代、塑造形象，以吸引神东内部干部员工与外部合作伙伴的注意，保证神东党建特色品牌传播的有效性。挖掘品牌内涵时，要把"中国共产党领导是中国特色社会主义最本质的特征，坚持党的领导、加强党的建设"等作为定理，将习近平新时代中国特色社会主义思想和党的建设重要论述等当作原理，将《中国共产党章程》《中国共产党国有企业基层组织工作条例（试行）》看作机理，切实把党的政治优势、组织优势转化为神东发展的优势。设计品牌标识时，既要遵循"含义深刻、特征明显、造型大气、结构稳重"的原则，也要注重色彩搭配和简洁环保，力求标识和谐美观和贯彻企业社会责任相统一。

其次，需要根据党建特色品牌的目标、理念与类型有的放矢。目标，即目的和标准，反映出神东通过品牌建设预期达到的境界或追求。实践中，要特别注重以人为本的理念，树立起一系列企业英雄人物、先进团队、示范基地等独具特色的品牌形象。同时，还要将党建品牌渗透进产品、技术、服务等方方面面，打造出彰显神东特色、神东品格、神东气派的文化产品，不断提升自身影响力。理念作为品牌建设的方向和着力点，提炼时既要突出传承创新，又要聚焦时代命题，既学习总结行业内其他先进企业党建经验，又凝结升华党的建设理论与实践精华并大胆创新。科学、严谨、规范的理念能够体现出神东党建品牌的鲜明时代性和价值引领性。

再次，需要深入洞察党建特色品牌的标准、功能与特征。首先，品牌标准是神东打造党建特色品牌时必须遵守的准则和依据。在立足新发展阶段的基础上，既要体现出正确的政治方向，又要体现出积极的政治作为，还要体现出党领导下神东建设的巨大政治优势。其次，品牌功能除了综合展现神东党建的特点规律和成功经验的作用外，还包含便于识别、容易记忆、美誉积累等功能。品牌特征作为与其他企业党建品牌进行区分的基本特性，是神东优质的无形资产，间接作用于神东产品的价格、质量、服务、市场占有率、知名度等生产经营关键指标。同时将名称、理念、标识、活动等集于一身，令神东党建特色品牌具有极强的号召力、延伸力和影响力，极大地帮助了神东将党的政治优势和组织优势转化为自身发展优势。

最后，需要扎实推进党建特色品牌的传播、维护与评估。好的品牌需要设计，更需要运用一定的媒介和途径自上而下进行宣传。神东各级党组织要目标明确、统筹策划、措施得力、注重实效，各级党员领导干部要高度重视、明确责任、统筹协调、率先垂范，广大员工要积极响应、广泛宣传、立足本职、主动带头，在神东内部打造党建文化阵地，营造出浓厚的党建氛围。此外，还需要做好品牌维护和评估工作，要用严格执行和规范使用来维护品牌的形象，及时评估神东党建特色品牌的实际效果和先进性，持续追求神东党建特色品牌价值最大化。

培育党建品牌要牢固树立"围绕中心抓党建，抓好党建促发展"的理念，充分发挥党组织的战斗堡垒作用和党员的先锋模范作用，坚持务实有效，体现特色创新路径，不断充实品牌内涵，提升品牌效益，以培育党建品牌引领文化创新，以高质量党建赋能企业高质量发展。

4.2 经营管理与企业文化深度融合

加强管理是企业发展的永恒主题，企业文化与经营管理的实时融合是企业拓展的永恒追求。文化不是具体的管理方法而是形成管理方式的理念。经营管理与企业文化的融合对于组织的效能提升、形象塑造、员工认同和企业氛围的建立都具有重要意义。通过合理的方法探究，在公司治理、战略协同、行动执行、职能管理、专业化运营方面寻求经营管理和企业文化的相互融合，可以实现企业长期稳健发展的目标。

4.2.1　企业文化增强公司治理能力

治理与文化之间的关联千丝万缕，如果说治理关心的是"企业路在何方"，那么文化关心的则是"怎样使企业到达目标"。公司治理是企业管理的核心部分，也是企业一系列相关利益机制的关系认识，体现了相关企业的治理思想和核心理念。企业文化是企业在长期发展、经营过程中孕育形成的，是大家共同遵守的价值标准和行为规范。它作为一种"非正式制度安排"，虽然具有一定的抽象性，但往往能够给员工的思想留下深刻的烙印。可以说，企业竞争力最终要依赖组织文化的整合机制来体现，而且企业文化直接影响着公司治理结构和公司治理机制的有效性。

公司治理与企业文化相辅相成。若公司的治理不能充分兼顾文化的因素，或不能顾及企业文化在公司治理中的作用，公司治理就会出现问题，企业的力量就不能充分凝聚。同样地，企业治理有助于企业文化发挥重要价值，在企业治理下，企业文化的塑造是硬文化、制度文化和软文化的重要元素，只有提高对公司治理和企业文化的重要关系认识，坚持重视公司的"软、硬"实力相结合的管理方式，才能破解在公司治理中企业文化软实力后劲不足给公司治理带来的瓶颈制约。

完善公司内外部治理的方方面面，化被动为主动。处于仅仅进行制度管理的公司的员工永远处在一个被动的状态——被动工作、被管理、被约束等。因此要形成独具一格的企业文化与制度管理协同配合，培育员工的主人翁意识。对于神东而言，首先需要加大文化与治理的融合度，让神东的治理制度与提倡的文化理念更加匹配，让各项治理规章更能适应转型升级的需要，在文化践行过程中完善公司治理体系以提升企业治理能力，同时强化治理制度执行和责任追究以提高制度执行力。结合企业文化，注重企业各项标准制度的协同性、系统性和效能性，及时组织文化宣贯，让员工熟知相关治理制度的要求，加大效益类指标考核力度，优化成本考核机制，逐步培养员工按规章制度办事的自觉性，注重文化助力治理，实现企业形象、企业行为和企业目标的打造，升级治理体系，塑造企业员工的行为规范、道德准则、世界观和价值观。神东管理者必须做到以身作则，树立文化执行的表率，起到标杆作用，带头严格执行各项治理规章。

完善治理体系的科学化、现代化，实现企业长久发展。公司治理的设置没有对错、优劣之分，但一定存在内部匹配的问题。既有利于企业发展，又保持与时俱进，这样的治理结构是最合理的。当治理结构、治理制度解决了企业的相应问题后，会促进企业快速发展，但是企业发展到一定阶段后，又会出现新的问题，这时又需要用新的治理结构、治理制度去解决新问题，并再次促进企业的快速发展。因此，神东需要持续不断地完善治理结构和治理制度体系建设，加强各单位制度建设，提高公司制度管理水平，不断优化分级授权，确保公司各类业务合规运行，提高企业运营效率。

神东目前从粗放式管理到风险预控管理体系的升级再到"大监督"安全管理的格局已经形成，这一阶段式的变化充分展现出制度优势转化为治理效能，持续推进煤矿安全治理体系和治理能力现代化。在今后的发展中，神东需要建立更加完善的执行评价机制，定期对治理执行情况进行检查，并根据自身发展实际，及时修订治理制度，以确保治理体系适应企业发展需要，做到与时俱进、层层推进，这样才有底气应对一切未知的困难，才能薪火相传、生生不息。

4.2.2 企业文化助力公司战略落地

战略一词，并非现代词汇，而是来源于古代军事术语。清朝陈澹然在《寤言二·迁都建藩议》中有言："不谋万世者，不足谋一时；不谋全局者，不足谋一域。"由此看出战略的重要性。企业家往往善于"论道"，会制定企业短期或长期目标，进行简单或复杂的战略规划。优秀的企业文化基于企业战略，是战略的补充，战略又因与文化息息相关而无法复制，每个企业的战略都有各自的特征，如同达·芬奇笔下的鸡蛋一般。可以说，文化是战略的战略，是企业的最高竞争力。

近年来，随着全球经济一体化的快速发展，国际国内经济形势发生巨变。党的二十大报告指出，要坚持社会主义市场经济改革方向，加快构建以国内大循环为主体、国内国际双循环相互促进的新发展格局。要构建高水平现代化产业体系，坚持创新驱动发展战略，不断塑造发展新动能新优势。这为煤炭企业发展指明了方向，擘画了新蓝图。要长久高质量发展，必须建立起适应社会主义市场经济改革方向的，具有现代化产业体系特色的企业战略，形成独具特色的企业文化，通过企业文化建设强化战略管理，使资源配置更加合理，保证神东在国家市场经济的重要地位，发挥顶梁柱作用，在国际国内市场竞争中实现企业价值目标，实现长久发展。企业文化真正做到助公司战略落地要高度重视以下两方面的工作。

战略实施要突出文化引领，与文化发展相统一。探索企业文化有效融入管理的路径和方法，就是要把文化理念的价值倡导体现在员工的日常生产、生活实践中。神东要明确企业文化建设的目的是引领神东发展战略目标顺利实现，而实现其目的的有效路径就是要将企业发展与员工自身发展紧密联系在一起。进行重大决策时，神东要充分将价值观融入战略制定和实施中，将价值观转化工作纳入公司整体战略规划。同时，要根据企业发展战略，升级企业文化理念体系，使之符合社会主义核心价值观并与世界一流企业水平相适应。深入践行"创领"文化，以国家能源集团"一个目标、三型五化、七个一流"发展战略为目标，以新技术、新业态、新模式为引擎，推进神东战略发展，注入内生动力。

战略管理要与企业文化互为合力推动企业高质量发展。传统企业的核心是追求自身价值和利益的最大化。但是，在当今世界经济格局发生新变化、新兴市场不断崛起的背景下，企业要想在竞争激烈的市场环境中占据有利地位，必须在加强自我管理的同时重视企业文化创建，将文化建设作为企业战略管理的重要内容。神东在进行企业战略管理时要规划好战略目标，通过科学管理方式，系统地开展管理活动，对企业资源进行合理配置，充分发挥企业人、财、物等的功能，推动企业文化更好地为企业生产发展服务，为国家发展做支撑，服务人民美好生活。

要创建世界一流企业，实现高质量发展，必须立足创新、创造、领先、领跑的"创领"文化核心定位，大力实施创新战略以应对变化发展的环境，增强发展动力，把握发展主动权的战略引擎，助力神东培育世界一流企业文化软实力。

4.2.3 企业文化提升行动执行效率

战略与执行的关系如同理论和实践，实践用来检验和修正理论，理论给予实践方向性指导。简单来说，执行就是依据企业战略原则和实践方法去办事，将决策转化为结果，将人员流程、战略流程、运营流程进行合理运用，以达到战略规划的实现和改进。在企业文化环境中，人们在理念统领下所表现出的一种自动自发地把决策转化为结果的群体行为、群体氛围和群体能力，就是执行文化。执行文化把执行作为所有行为的最高准则和终极目标，其核心在于转变企业全体员工的行为，使之切实地把企业的战略、目标和计划落实到本职岗位与日常工作中。

建立执行文化需要强大的企业文化作为支撑，通过企业文化的塑造和营造，可以充分、科学地利用一切有利于执行的因素，并筛选排除所有不利于执行的因素。执行成功源于文化信仰和企业精神力量。只有企业从上到下都关注结果，并认真践行执行文化，才能真正展现出卓越的执行行为。企业需要形成一种注重结果的文化信仰，以及关注执行的企业精神力量。只有这样，企业才能真正实现良好的行为执行，让战略和目标在实际工作中得以充分体现。

建立有效的执行跟进体系，强调领导层的示范作用。提到执行问题，指责的对象很容易指向中基层部门，这种态度有失偏颇。执行是一套系统化的流程，包括对方法和目标的严密讨论、质疑、坚持不懈地跟进以及责任的具体落实。其中，对方法和目标的讨论以及决策的制订等，都主要是在企业领导者或高层管理者的控制之下进行的。神东在剖析执行问题的根源时，要全面系统地找到治本之策，对一些与执行力紧密相关、平素似是而非的问题需要冷静地思考。管理者是执行的中坚力量，要强调领导层是否具备优秀的执行能力，能否起到示范作用。同时，作为管理者，需要对每项工作制定详尽的跟进计划，包括目标是什么、谁负责、完成时间以及方式、所需资源，等等。跟进的主要目的是随时发现执行中可能出现的各种问题，及时找到解决方案。要将执行命令变成"员工的承诺"，从而转化为有效执行。

行动执行要统一价值观和精神理念，培养忠诚的员工。神东的执行文化即全体员工通过工作中的一言一行所表现出的文化，包括组织纪律、执行力和团队精神。由文化形成的行动执行力是员工和团队团结精神的表现。如果价值观和精神理念都被行动执行力所统一，那么员工就能以神东的价值观指导自身行为，在日常行为和工作上做出有利于神东发展的行为，从而形成强大的行动执行力。这种执行力是提升神东竞争力的催化剂。当员工认同神东核心价值观和理念时，就会产生一种超越自我的价值观念。这时，发挥效用的超自我权力使得员工以是否"利他"作为判断事物的标准，促使员工产生无私和利他行为，进而为神东做出贡献。

树立团结协作的企业文化。员工与员工、部门与部门之间的团结协作需要企业创造核心价值观来营造团结协作的企业文化，培养团结协作的环境。良好的企业文化能够树立起神东上下级之间、部门之间、同事之间的敬业精神、团结协作精神和奉献精神，实现工作中的强大执行力。神东要培养忠诚的员工，让员工以主人翁的姿态对待企业和岗位工作，形成忠诚的氛围，相互尊重。通过培养团队精神使员工之间形成高度的信任感，通过成员之间的团结协作，实现行为执行的相互配合和个体与集体的全面发展。

4.2.4 企业文化助推公司职能管理

管理是一个周而复始、循环不断的过程。在管理实践中，计划、组织、指挥、控制、协调五项基本职能彼此密切联系、相互影响，必须引起企业管理者的高度重视。同时，企业文化在职能管理中是不可或缺的重要组成部分。文化能够在企业管理中发挥极其重要的作用，不断提高组织职能管理能力

建立长效的文化建设职能管理机制。企业文化事关基业长青，在企业文化的设计、践行等方面，要做到职能分工清晰，形成自上而

下、积极引导和自下而上、自觉践行的文化建设常态化管理模式。企业文化在职能管理中，不仅是企业文化主责部门的事情，还离不开战略管理、人力资源管理、运营管理、财务管理等多项职能，多部门的组织协调与落实。此时，需要建立起一个长效的文化建设职能管理机制作为企业文化实施的土壤，并加强对文化"生长"的关注，在不同的战略背景、工作任务、管理制度和外部环境下，牢守文化基因，持续调整文化形态。只有这样，才能实现企业文化在企业内部"螺旋式"上升发展的目标。

神东要在企业文化中明确顶层设计、服务协调、运行实施三级管理重点的基础上，从完善企业职能管理入手，建立公司职能化企业文化的管控体系，强化对企业文化执行职能的管理，加强企业文化建设服务协调，整合优化文化管理资源和服务资源，对二级单位子文化建设及职能部门相关专项文化建设工作进行指导，对建设过程中的问题加以解决，对亮点加以挖掘、分享，确保基层单位企业文化建设的运行实施。

持续强化职能管理的匹配度与协调力。企业文化塑造是一项具有长期性、复杂性的系统工程。在时间和空间上，要做到"谋定而动，动静结合"，有体系、有方法、有手段、有落实、有执行、有监督、有评价。职能管理可以看作是企业文化在贯彻层面的一种执行方法，需要进行系统化规划、常态化推进，强化企业文化主责部门的计划管理与服务协调职能，发挥把方向、搭平台、促行动、评效能的作用。

神东在职能管理时要使总部定位更加清晰、机构设置更加匹配、授权放权更加充分、流程运转更加顺畅、管理方式更加合理。要进一步明确总部职能定位，科学设置组织架构，提高专业化水平，建立健全组织体系，同时分类开展授权放权，考虑多方面因素，给予不同范围和程度的授权放权，全面激发企业活力。要完善组织运行机制，进一步压缩管理链条、实现多部门之间的组织协调，优化工作流程，确保组织高效运转。加强企业文化建设，塑造良好企业形象，提升企业管理能力，不断增强企业凝聚力、向心力和软实力。

4.2.5　企业文化汇聚专业化运营合力

一个企业要长盛不衰，甚至成为百年企业，必须将技术、质量、管理、销售有机地结合起来，形成专业化合力。专业化运营不是把"鸡蛋放在一个篮子里"，而是一种避免全面出击、平均用力的运营方式，也是一种推动产品和市场向纵深发展、推动企业发展的企业竞争方式。专业化运营以专一获得增值利益。这种专一，是一种从赛场出发、从大局出发的专一。格力电器是专业化运营的典型成功案例，其董事长董明珠曾说过，专业化是格力电器最突出的经营特色，也是格力电器实现技术创新、抢占市场制高点的关键。专业是为了精准，只有专业才能保证高精度。

专业化运营作为一种专业性适度多元化行为，重点在于塑造自己的核心竞争力。专业化经营专注于某一领域、某一技术，心无旁骛，成为"高精尖"，可以最大程度地避免被其他企业轻易模仿，为其他企业的进入形成一个壁垒，从而更好地打造规模经济。同时，专业化经营的目的在于集中所有人力、物力和财力发展专业化产品，拓宽专业化产品市场。专业化运营有利于提高企业声誉，有助于企业研究自身行业的发展前景，从而制定合适的发展战略，实现更大效益，更好地满足消费者需求，形成良好的产品口碑，提高企业品牌知名度。

对于煤炭行业来说，专业化重点突出在"产业发展专业化"和"工作服务专业化"上，"产业发展专业化"要求煤炭企业持续保持战略定力，专心专注煤炭安全生产主业，深耕细作培育专业化优势，为建设世界一流能源企业而不懈努力。"工作服务专业化"要求员工要秉持专业的理念，时刻保持专业化和职业化的工作能力、工作态度、工作素养。

神东跨越式发展进程中，围绕煤炭生产核心业务，划分生产、生产辅助、多种经营、后勤服务等若干条线专业化管理，成立生产服务、设备维修、物资供应、智能信息、新闻中心。这些都是成功的实践范例。

聚焦主责主业，实现"产业发展专业化"。神东应坚持稳中求进的工作总基调，聚焦企业高质量发展，按照"做实煤矿主业、做精专业化服务、做强世界领先"的发展思路，以市场化为导向，不断改进和提升内部专业化管理，紧紧围绕文化提升战略，进一步推动企业发展质量稳步提高。以效率提升为中心，不断优化资源配置和劳动组织，依托装备升级、工艺优化、技术革新等手段，不断提高企业生产效率、组织效率和运行效率，进一步推动企业运营质量稳步提高。神东要充分发挥专业化运营的引领作用，推动行为文化建设，强化主业管理，推动各类资源要素向主责主业集中，严控非主业投资，剥离非主业业务。强化国际化经营，发挥主业优势，积极稳妥实施"走出去"战略，构建更加适应国际化经营需要的管理机制。

拓展意识形态，实现"工作服务专业化"。神东要着力拓展意识形态，为建设专业化服务企业贡献力量。一是要抓牢意识形态领导权，牢牢把握意识形态工作的正确方向，把围绕中心、服务大局作为意识形态工作的切入点和着力点，全力以赴推进专业化服务工作。二是要抓实意识形态话语权，切实发挥文化引领作用，关注服务能力的有效提升，利用文化提高认识、转变作风、提升素质、增强能力。三是要增强意识形态管理权，进一步发挥各单位党员干部、一线党员骨干等的积极性，对神东当前党建、精神文明、企业文化重点任务落实落地的重点难点问题进行课题研究，将优秀成果转化成行为实践，切实解决公司党委及各单位党委、基层党支部意识形态工作中的实际问题。四是要抓意识形态的自主权。服务质量的提升要以文化宣贯为切入点，从拓宽服务渠道、提高工作效率、建立长效机制等多方面入手，从而激发员工做好服务的积极性与主动性，切实提升服务水平。

4.3 企业制度与企业文化匹配协同

企业制度与企业文化的匹配和协同是保证企业可持续发展的重要因素之一。在建设企业文化的过程中，企业制度应与文化相互配合、相互促进，实现协同发展；企业文化和制度相互依存、相互作用，使企业能够不断提高效益并持续发展。

4.3.1 开展企业文化与企业制度匹配审计

企业文化的创建和发展离不开制度载体，而制度的实施和改革需要文化的内在推动。企业文化与企业制度的匹配主要包括三个方面（图4-1）：一是一致性匹配，即企业文化所倡导的价值取向和行为规范是否与企业制度激励约束内容一致；二是包容性匹配，即企业文化建设成果是否全部由企业制度固化，企业文化折射出的管理理念是否超出企业文化边界；三是互补性匹配，即企业文化和企业制度各自在价值引导和行为规范的盲点上是否由另一方所弥补。

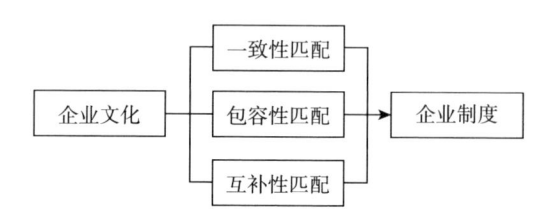

图4-1 企业文化—企业制度匹配模型

4.3.2 构建企业文化与制度关联清单

神东企业制度包括日常管理制度、安全管理制度、资源管理制度、创新管理制度、行为准则和工作纪律制度、行政后勤管理制度、科技创新管理制度、生态管理制度和党建工作制度。神东逐一对每类制度的主要内容和内含的价值理念与行为规范进行分析，对其一致性、包容性和互补性进行评价，并针对薄弱环节提出相应的优化建议，关联清单如表4-1所示。

表4-1 企业文化与制度关联清单

制度清单	企业文化理念		关联强度			优化建议
			较弱	中等	较强	
日常管理制度	文化要素解码	企业共同价值观		★		—
	判定标准	企业文化核心理念体系管理标准		★		
	准则	企业文化体系与制度评价标准		★		

续表

制度清单	企业文化理念		关联强度			优化建议
			较弱	中等	较强	
安全管理制度	文化要素解码	企业共同价值观		★		要加强一流安全理念的厚植和融入安全管理实际。把安全"零伤害"的理念在安全文化体系建设中进一步彰显。进一步优化安全文化理念体系，采取一系列相应的配套措施来跟进落实，增进理念认同和实践融入
		员工行为习惯	★			
		安全文化	★			
	判定标准	企业文化核心理念体系管理标准	★			
	准则	企业文化体系与制度评价标准	★			
资源管理制度	文化要素解码	企业共同价值观			★	高精尖人才引进手续繁琐，可以简化程序，形成宽松的人才氛围
		企业环境			★	
		文化网络	★			
		英雄人物			★	
		仪式与庆典			★	
		创新文化	★			
	判定标准	企业文化核心理念体系管理标准		★		
	准则	企业文化体系与制度评价标准		★		

续表

制度清单	企业文化理念		关联强度			优化建议
			较弱	中等	较强	
创新管理制度	文化要素解码	愿景与目标			★	管理手段和信息化相对落后，仍有改进的空间
		企业环境	★			
	判定标准	企业文化核心理念体系管理标准		★		
	准则	企业文化体系与制度评价标准		★		
行为准则和工作纪律制度	文化要素解码	愿景与目标			★	—
		企业共同价值观			★	
		安全文化			★	
	判定标准	员工整体行为绩效与日常纪律效果			★	
	准则	行为管控制度与工作纪律制度		★		
行政后勤管理制度	文化要素解码	企业共同价值观	★			远离中心矿区的单位员工参与积极性不高，次数偏少。公司走基层适当向这类单位倾斜
		文化网络	★			
	判定标准	行政后勤管理文件与相关制度		★		
	准则	企业文化体系与制度评价标准		★		
科技创新管理制度	文化要素解码	愿景与目标	★			"科技减人"的观点不完全正确，应当用科技减轻现有员工的劳动量
		企业环境			★	
	判定标准	科技创新相关文件标准			★	
	准则	企业文化体系与制度评价标准	★			

续表

制度清单	企业文化理念		关联强度			优化建议
			较弱	中等	较强	
生态管理制度	文化要素解码	愿景与目标			★	—
		创新文化			★	
	判定标准	生态标准与社会责任相关文件			★	
	准则	企业文化体系与制度评价标准			★	
党建工作制度	文化要素解码	愿景与目标			★	—
		党建文化			★	
	判定标准	党建相关文件及标准			★	
	准则	企业文化体系与制度评价标准			★	

4.3.3 企业文化与管理制度匹配对人才的优化策略

制度管理以约束、激励为主，重在管理人的具体行为；文化管理以塑造、引导为主，侧重管理人的思想意识。用传统依靠以"量化"为特点的企业制度管理企业，特别是管理员工的思想和积极性，已经难以紧跟时代发展步伐。因此，当前亟待将管理融入文化弥补制度管理短板。企业文化对人所能产生的引导、激励和感染作用，是任何外在规章制度的强力约束或物质上的利益驱动所无法取代的。

将企业文化融入制度之中，以实现企业文化与制度的完美匹配，是企业从科学管理向文化管理升级的必由之路。也只有提高企业制度的可操作性和对企业愿景目标的匹配性，才能助推企业管理水平有效提升。

只有企业文化和制度相互依存、相互作用才能使企业不断提高效益，持续发展。企业文化与管理制度的匹配分析可以从企业文化建设和制度完善两个方面进行。一方面，要持续地深度解析企业文化和制度，分析文化与制度的匹配机制；另一方面，通过科学的证据分析，验证和修正企业文化与制度执行之间的匹配关系，厘清神东企业文化与制度、文化与管理、文化与人才培养机制等不顺畅的现状，深入分析不匹配的原因，提出相应的优化建议与措施，为神东企业协调两者关系、发挥最大管理效能提供参考。

完善神东企业文化维度，推动企业文化匹配企业制度。神东高度重视企业文化理念中伦理取向维度"敬业奉献、顾客至上、纪律严明、精细管理、专业高效、诚实守信"的可操作性，从制度层面入手以匹配伦理取向的企业文化。神东通过切实了解员工的具体化、差异化需求，如情感投入和情感关怀、完善的沟通渠道、尊重和信任、学习和发展的机会等，将员工的现实需求反映到企业的人本文化建设中。并在此基础之上完善企业管理制度，激励员工实现自我价值。神东从基本文化理念、文化宣传手段及氛围到实践活动进行提炼和整理，形成企业卓越文化推进方法。

此外，神东在人才队伍培养上高度重视"互帮互助、利益共享、求真务实"的规则取向与现行企业人才培养机制的适配性，融入团队建设理念，不仅限于硬性考核指标的体系建设和管理，更注重文化氛围的渗透和管理，通过多种激励手段提升员工自身规则取向水平。

高度重视一流安全理念的厚植，融入日常安全管理实际。神东在安全管理工作中持续优化安全文化理念体系，采取一系列相应的配套措施跟进落实，进一步增进理念认同和实践融入。在日常安全宣贯中，贯彻以人为本的精神，关心员工、理解员工、尊重员工、爱护员工，突出人性化、人情化特点，关注员工在繁重工作中的思想隐患，及时对他们进行心理疏导，关注职工诉求，创建和谐工作氛围，以保证安全文化宣传及教育的亲切感和亲和力；在安全教育工作中贴近实际，贴近本部门、本职工作岗位，避免频繁组织学习和考试，并保证学习考试内容设置科学、合理，激发员工参与学习活动的积极性；各部门、各组织在安全文化宣传中通力合作，打造安全文化宣传和教育的系统工程，在实践中不断健全相关制度，组织资源实现充分调动，女工家属、干部职工在安全文化宣传中的主体作用也要得以充分发挥；对企业安全文化宣传的成功经验进行及时提炼、总结和推广，更好地适应新形势的变化，创新宣传工作，更好地培养职工的安全意识，提高职工安全素质，最终作用于安全行为。

树立尊重员工、以人为本的企业管理理念，明确自己企业软文化建设方向。严格遵循以人为本原则，适当转变企业管理观念，树立以员工为主体、以人为本的现代化管理理念，将传统企业管理中封闭性与强制性等弊病破除。严格遵循尊重自律、个性，尊重个人尊严以及自我负责的管理原则与理念，在不断强化企业员工技术与技能培训的同时，重视培养员工的道德品质与人文素质。

加强企业智能化、信息化革新与升级推动管理创新。加强信息化技术引进和投入，从管理软件到生产经营系统根据企业实际需求及时更新，加大对管理水平提升有利的技术投入，不断提升企业的管理信息化水平。管理人员积极主动学习管理信息化软件的操作流程，提高对新技术、新系统的操作能力，把信息化管理模式的理念和思想融入煤炭企业的发展过程中，突破陈旧的工作认识，让传统管理模式得到质的飞跃，建立"不断推陈出新，打破自我约束"的惯性思维。

严格执行和落实相关管理规定，使"守纪遵规"深入人心。严格执行和落实相关管理规定，认真组织学习贯彻落实工作各方面的纪律规定，做好宣传教育工作，定期组织部门员工进行自查自改。通过前期的广泛动员、深化教育，采取多种形式开展自查自改，并加强舆论宣传，大力提高员工的积极性和主动性，营造浓厚氛围，鼓励员工对活动的相关意见和建议要"轰轰烈烈地说，大张旗鼓地讲"，使守纪遵规观念深入人心。

没有制度的文化是乏力的，没有文化的制度是空洞的。只有通过持续不断地对企业文化与制度间的匹配性进行合理有效优化，让神东企业文化理念得到制度层面的有效支撑，并与日常生产经营紧密结合，才能通过强有力的机制作用到企业员工的行为层面，彻底解决企业文化建设过程中"虚"的问题。

4.4 人才塑造与企业文化人文共济

党的二十大报告强调，必须坚持科技是第一生产力、人才是第一资源、创新是第一动力，深入实施科教兴国战略、人才强国战略、创新驱动发展战略，开辟发展新领域新赛道，不断塑造发展新动能、新优势。积极、开放的企业文化能够吸引和留住人才，而有效的人才培养计划则有助于塑造和传播企业文化。"人才一流"，作为国家能源集团"七个一流"发展战略中的重要一环，神东以此作为目标，积极践行集团人才战略，深入实施创新驱动和人才强企战略，深度融合人才塑造与企业文化建设，在各方面都取得了重大突破，实现了"神东引领"，为企业高质量发展提供有力支撑。

4.4.1 形成企业文化对人才的虹吸效应

习近平总书记指出，人才是实现民族振兴、赢得国际竞争主动的战略资源。重视培养人才、团结人才、引领人才、成就人才，团结和支持各方面人才为党和人民事业建功立业是中国共产党第一个百年奋斗历程的重要组成部分。在经济飞速发展的今天，行业间、企业间的竞争，归根结底是人才的竞争。企业文化作为企业精神与企业价值观的人格化，与人才培养之间有着相互依存的紧密联系。

企业文化理念是人才培养的基础，决定着人才培养的方向。实施人才培养是企业文化的重要反映，是保障企业文化落地的必要途径。随着现代人力资源理论的发展，"人"作为最重要的生产要素，是企业持续发展、科学发展的根基，可以为企业创造源源不断的财富。企业的文化，首先是人的文化，文化根植于历史，来源于生产生活。优秀的企业文化具有强大的精神感染力，能够起到吸引人才的作用。因此，企业应形成以人才为支撑的企业文化竞争力，实现"人企合一"。

企业文化对人才具有导向作用。企业文化通过对具体理念的确立，对人才培养工作可以起到制度引导和价值规范的作用。在进行企业文化建设时，确立和传播人才培养理念，可以使企业的培训职能更加明确，使培训制度的革新有统一的精神导向和价值认同，从而让相关工作的开展减少盲目性，帮助企业的团队培养更有凝聚力。

企业文化与人才培养的相互促进作用集中体现在两点。首先，人才培养运行制度是企业文化的制度保障。只有立足于稳固的培训机制，由企业文化建设带来的新理念才能长效持续地对员工群体产生良性的影响，不会因为人员的变动导致新价值理念的影响力减弱。同时，人才培养工作得出的经验和教训可以帮助组织在革新理念、进行企业文化再建设时提供更多的现实参考。其次，人才培养与开发是实现企业文化建设效果的重要途径。企业文化的新价值理念作为组织全员共有的一种价值观念和道德准则，必须得到全体成员的认可，这就需要不断向员工进行宣传教育，而培训与开发是企业文化建设非常有效的方法之一。从这个角度出发，科学的人才培养工作使员工从进入公司开始，就能了解和体会到企业文化，帮助新员工加快组织社会化的速度，与企业形成相同的价值标准并实现文化认同，促进企业文化的传播与巩固。

近年来，神东积极做好全方位的人才培养。着眼"双碳"目标，聚焦智能化、绿色低碳转型发展的人才需求，实施人才结构战略性调整，走好高层次人才自主培养之路。经过多年坚持不懈的文化建设，神东文化对于人才培养的积极作用呈现不断上升的趋势。党的十九大以来，神东全面落实企业文化建设与人才发展理念相结合的制度，坚定践行"人才是第一资源"的观念。为员工创造条件、搭建平台、丰富资源，全心全意成就员工，推动其实现人生价值。同时，在企业文化建设中不断更新人才培养价值理念，形成了神东企业文化对人才的虹吸效应。

人才，是企业发展的根基；人才，是神东最大的宝藏。神东将继续坚持人才强企导向，不断完善人才战略布局，扎实走好人才自主培养之路，将企业文化作为吸引优秀人才的"软磁场"，为人才的引进和培养战略指明方向，打造一支特别能吃苦、特别能战斗、特别能奉献、特别能创新的人才队伍，不断提升企业软实力。

4.4.2 巩固公平竞争确保文化认同

良好的企业文化可以根除人才队伍建设过程中长期以来形成的种种弊端，为人才的公平竞争与发展扫清障碍。公平、竞争、发展，是现代企业员工最为看重的要素。公平，意味着各项培养与晋升制度的透明与公开，具有客观性，能够保证每位员工的培训和发展通道一致。竞争，代表着员工需要通过自身努力获得符合标准的更高绩效与更多机会，逐步使自己脱颖而出，实现更高的人生价值。发展，立足于前两者之上，以企业的公平与竞争的文化氛围为基础，既是人才的发展，更是企业整体的进步。

坚持公开、公平、公正的用人原则。 神东按照国家能源集团"信息公开、程序公开、结果公开"的招聘要求，不断提高招聘工作质量。根据用工需求和人才发展规划，结合智能化矿山建设、科技创新、产业升级等，引进不同层次人才。严格按照集团关于员工招聘和劳动用工管控相关政策，确保招聘工作质量，为企业发展提供高素质人才保障，提升员工队伍整体素质。

坚持拓展员工职业发展通道。 神东通过校园和社会招聘择优引进"高精尖缺"人才，通过国家重点实验室等创新平台、博士后工作站、项目研究、校企合作、提升学历、工学交替、双师带徒等模式培养人才。全面开展员工职业发展三条通道建设，打通科技人才职业发展通道，实施二级师及以上专业师和公司级以上首席技能师聘任工作，实现各类人才"发展有空间，成长有通道"。

坚持员工价值观的建设与培养。 在企业文化中，员工价值观的建设与培养是管理人才的重要手段。在工业时代，企业以产品为中心，规模化的生产任务让企业一味地追求效率而弱化了对人才个性化的需求。新时代，产业边界逐渐变得模糊，使得人才呈现出多元化的发展方向，不同类型的人才正在为企业创造着更大的价值。为此，如今的企业应当实行差异化人才资源管理制度，创造出公平竞争发展的工作环境，保持员工的能动性与工作热情。

人才管理的最终目标是甄别、选拔出优秀员工，确保企业效益最大化。党的二十大以来，神东始终坚持人才强企理念，持续完善人才管理工作。首先，树立"以人为本"理念，在人力资源开发过程中尊重员工，树立平等的管理理念。通过培训开发人力资源，提高员工的工作积极性，广泛听取员工的意见，不断优化人才管理行为，使员工从内心深处认同公司的各项用人制度。其次，研究人力资源的特征及作用，发挥人力资源开发的主体作用。在人员的任用方面，根据人才的工作能力合理地进行岗位安排，使其在匹配的岗位上发挥更高的作用和价值。加大人才培养力度，建立企业内部员工培养系统，完善各类高层次人才储备库，打造高素质人才队伍。健全员工晋升机制和企业内部沟通平台，明确组织培训的目标和方向，提升组织培训效率和质量。最后，尊重员工个人发展意愿，根据企业战略发展要求，对员工进行精准培训，为其提供匹配的发展空间与学习机会。

神东积极倡导"尚德重才，创造价值"的人才理念，培养使用德才兼备的人才，建立公开、公平、公正、合理的人才竞争和选拔机制，既重视人才引进，也重视人才培育，不断完善员工培养机制，拓宽职业晋升通道。

4.4.3 建设人才全生命周期成长机制

人才是企业的核心竞争力，建设世界一流企业、实现高质量发展，离不开人才支撑。神东积极践行"社会主义是干出来的"伟大号召，广泛开展各项技能竞赛，不断提升员工队伍素质，持续优化干部队伍结构，完善市场化劳动用工，充分调动员工干事创业积极性，坚持全方位培养人才。

在健全选人用人机制方面，神东持续推进公司经理层任期制和契约化管理工作，完成所有二级单位领导班子成员的双签工作。同时，构建出以专业、学历、职称、工作经历为维度的干部选拔基本素质评价模型，坚持"赛马"与"相马"相结合的理念，实现全部基层单位党政负责人"一肩挑"。

在健全人才成长机制方面，神东通过班组竞赛等活动，大力选拔头脑灵活、富有想法的年轻人。继续以"1121"优秀年轻干部培养工程为主，培养高素质年轻干部，从准入、教育培训、实践锻炼建立成长档案，全程纪实优秀年轻干部的政治思想、德才表现、培训表现、实践锻炼、廉洁自律等情况，并进行考核评价。不断加大培训力度，以人才平台保障员工职业发展通道的畅通。

在针对新员工的培养方面，神东制订了不同梯次的培养方案，有计划地对员工的专业特长、个人兴趣等开展定向培养计划。大力推行"订单式"轮训，全面拓宽新员工技能素质成长空间，进一步缩短新入企大学生成长成才的周期，促使其迅速向"合格青年""骨干青年""卓越青年"华丽转身。

在大学生智能班组建设方面，神东严格执行选派人才标准，坚持"德才兼备、以德为先"的选人用人导向，优先提拔任用工作中表现突出、群众评价较高的年轻人才，以激发员工队伍的工作积极性。同时，注重培养专业岗位技能带头人，大力落实创新帮扶模式，形成"培育一人、带动一片"的良好局面，努力构建安全高效、人文和谐、创新驱动、治理有效的大学生班组。

面向未来，神东将进一步统一思想认识，科学谋划、系统推进青年人才和年轻干部队伍建设。找准不同类型人才的工作着力点与突破点，提速企业人才培养步伐，积极探索具有活力的用人机制，建设人才的全周期、全方位培养计划。优化管理干部结构，丰富青年干部工作经历，不断提高人才培养质量，为神东高质量发展提供坚实的人才保障。

"三步走"培养掘进智能化人才

为打造一支具有"一流职业素养、一流业务能力、一流工作作风、一流岗位业绩"的大学生智能化掘进队伍，保德煤矿掘锚二队自成立大学生智能化掘进班以来，就以科技创新、技能提升、实践运用作为人才培养方向，建立了适应期、成长期、发展期"三步走"培养计划，助力青年员工快速成长。

适应期，做好"传帮带"。 该队将新入企的大学生按照"检修班学习技能—生产班磨炼技术"的模式，根据不同专业、不同性格能力，采取内部指定、双向选择等方式，形成"师徒"组合，以因人施教、因岗施教的方式，充分发挥"传帮带"作用，帮助青年员工快速适应工作节奏，提升业务水平。

成长期，精选"千里马"。 出台《大学生智能化掘进班组奖励与考核管理办法》，鼓励青年员工积极参与"五小成果"、论文发表、创新项目申报及各类比赛和培训，让大家在更宽广的舞台上提高眼界、提升技术。通过考核与奖励，既让不愿干事的"躺平式"员工有了危机感，又让想干事、能干事的员工有了施展才华的平台。

发展期，练好"特种兵"。该队根据生产进度及饱和度要求，对通过选拔加入大学生智能化掘进班的成员，提出日进尺及月进尺要求。在保证安全的前提下，提高工作效率、提升工程质量，保障有序生产。同时压实智能化创新工作任务，让班组全员在实践中"小步快跑"，在岗位上增长才干。

4.4.4　点燃员工创新热情激发文化活力

自主创新能力的提升，离不开人才的支撑。神东从自身情况出发，建立起新时代创新人才培养机制，搭建成长平台。通过领导层的积极引领与培养，形成开放的创新文化，激发员工的内生创新精神，不断接受新思维、尝试新事物，更好地赋能公司高质量发展。

自2022年以来，神东坚持走高层次人才自主培养之路。充分发挥技能大师和人才创新工作室主阵地作用，借助优质专家团队资源，培养智能化建设等方面高端人才；号召各矿井和辅助单位组建大学生智能化班组，为科技创新提供人才保障。不断突破技术、工艺、装备、信息化、智能化、煤炭高质化和资源化利用等各方面的瓶颈，建设校企、企企联合实验室，狠抓关键技术攻关和创新能力提升，努力提高集成创新和自主创新能力。基层创新工作室团队瞄准前沿技术，不断探索实践开拓创新，通过技术辐射培养技术人才团队。采用理论授课与一系列技术攻关项目相结合，从工程项目中培养锻炼团队人员创新能力，提升业务技能水平，通过传帮带，培养了一批技术骨干和创新型技术能手，努力为煤矿智能化发展提供充足的人才保障。尊重劳动、尊重知识、尊重人才、尊重创造，实施更加积极、更加开放、更加有效的人才政策，让一批批新加入神东智能化采煤班的大学生信心十足，让他们有更多的机会实现自我价值，充满奋斗创新的动能。

建设创新文化环境。神东继续致力于营造善于学习的内部环境，时刻保持员工互相学习的氛围，搭建拥有企业文化、科技创新的人才成长平台，充分调动各层级、全岗位的创新积极性，帮助员工在创新中实现人生价值，促进人才的全方位发展。

优化科技创新体系。神东通过实施公司和基层矿（处）级单位两级创新管理，以问题和需求为导向，兼顾长远发展和近期需要，强化科研项目立项及管理质量。探索建立新型协同创新机制，以科研院所和设备制造商研发作为技术优势，整合企业创新平台资源，建立"风险共担、利益共享"的长期合作机制，进一步推进产学研合作，实现创新资源的协同效应与科研开发的规模效应有机统一，努力提高集成创新和自主创新能力。

依托科技人才队伍。神东加强科研投入，加大奖励力度，建立研发投入持续增长的长效机制。鼓励优秀人才积极投身科技创新工作，依托现有博士后工作站平台，引进公司紧缺急需的高学历创新人才，大力选送培养百千万人才工程人选等各类科技创新人才。

功以才成，业由才广。在神东高质量发展的新征程上，一支素质高、结构优、创新精神足的人才队伍，正在大力推动科技创新转化为矿井生产力，在新的征程上奋力前行。

"人才工程"培养青春力量

2022年11月，石圪台煤矿团委启动"百名人才培养工程"，为矿井长远发展夯实人才基础。

"人才工程"设采矿类、掘进类、地质防治水类、机电类、通风安全类和管理类6个专业培养小组。从管理提升、专业能力提升等方面进行全方位、系统性的培养。按照"缺什么，补什么；弱什么，强什么"的要求，营造比学赶超的学习氛围，打好"发现＋培养＋使用＋考核"组合拳。

为切实提高青年员工创新能力，为青年成长成才搭建平台，建立青年科技创新工作室，举办"我的发明我来说"及十大亮点工程评比活动，为全矿青年搭建创新展示交流平台。2022年，累计完成员工创新创效成果254项、获得专利授权12项、发表科技类论文101篇。

青年员工肩负着煤矿智能化建设和世界一流企业的光荣使命，不但要政治素养过硬，而且工作业务能力要强。青年员工要牢固树立终身学习的理念，把学习作为一种生存状态、生活方式和内在追求，以只争朝夕的精神、滴水穿石的毅力、永不满足的追求，努力学习新知识，探索新领域。要有危机意识，将危机意识当作一次自我净化、自我完善、自我革新，以正视问题的自觉，提高自己。同时，要树立创新意识，构建创新思维，从思想、管理、制度、工艺、技术等方面进行改进型创新、应用型创新，努力成为高端复合型人才。在建设一流示范矿井中奉献青春和智慧，以实际行动彰显青春底色。

4.4.5 吸引人才扎根积聚文化能量

艰难困苦，玉汝于成。老一辈的神东人扎根荒漠，投身煤海，在艰苦卓绝的环境中一步步打造出如今的煤海绿洲。在神东一步步成长与蜕变中，承载着几代煤炭人的探索和信念，凝结着所有神东人的心血与智慧。在矿区开发和建设中披荆斩棘的开拓者、辛勤耕耘的建设者、拼搏奋斗的生产者、开拓创新的经营者，甚至是默默奉献的员工家属，都以振兴煤炭工业为己任，不断增强保障国家煤炭供应、带动边贫地区致富的责任感和使命感，锐意创新、拼搏进取，为神东的开发建设奉献一生。

近四十年来，神东坚持人才培养从入企开始，树立起感情留人、事业留人、待遇留人的理念，加强组织关怀、思想引导与专业培养。从学生到员工，从学校到企业，让一批批优秀人才融入单位、扎根企业、奉献社会。从上好"一堂课"开始，通过团员青年集中学习会、团课等形式，培养新入企员工树立良好的世界观、人生观、价值观，扣好人生第一粒扣子。

企以才治，业以才兴。未来，神东不仅要让每一名新员工收获成长，更要让其有奔头，有展示自己的大舞台。着力构建以专业、学历、职称、工作经历为主要维度的干部选拔基本素质评价模型，储备各级人才库。构建年轻干部"选、育、管、用、留"全链条培养发现模式，把好苗子"选"出来，把千里马"练"出来，把实干家"用"起来，努力建设结构合理、素质优良、数量充足的年轻干部队伍，为扎实推进一流能源企业建设做出积极贡献。

一代人有一代人的使命与担当。站在新的历史起点上，在创建世界一流企业的道路上，神东将继续担负起能源供应"压舱石"和能源革命"排头兵"的企业使命。着力培养一支"懂经营、善管理、会创新"的年轻干部队伍，着力造就一支"高精尖"的专业技能人才队伍，保证结构合理、素质优良、数量充足，为公司的高质量发展提供坚强的人才保障。为神东的发展积聚文化能量。

第5章 安全文化建设

是故君子安而不忘危，存而不忘亡，治而不忘乱，是以身安而国家可保也。

——《易·系辞下》

本章摘要

安全文化是煤炭企业的灵魂，渗透在生产运行的全过程。安全文化是存在于单位和个人中的种种素质和态度的总和，是安全理念、安全意识以及在其指导下的各项行为的总称，是人类文明的产物。如果将安全文化比作一粒种子，那么丰富多彩的安全活动就是滋养种子成长的养分，这粒种子在神东的每个单位、每位员工以及他们家人的心中生根发芽，茁壮成长。如今，神东正立足高质量发展的新征程，以安全生产铸就发展之魂，坚持稳中求进，打造煤炭安全之都，充分发挥央企的带动作用。

煤矿的高危性、复杂性，决定了必须坚持"安全第一"，决定了安全比天大、比山重。正是基于此，神东着重将安全文化作为最核心的专项子文化纳入公司大文化建设格局中，积极培育、建设、传承、创新。2011年，时任中央政治局常委、国务院总理温家宝在《关于神华集团安全生产情况的调查》一文上批示："神华集团煤矿安全生产的做法和经验值得重视和推广。"经过不断发展，神东形成了按照"一条主线、三项重点、五个抓手"的"135"安全管理总体思路，不断巩固和提升安全管理质量及水平。新时代，随着数字化转型的推进，神东安全文化正迈向智能安全文化新体系阶段。

5.1 构建本质安全管理体系

党的十八大以来，以习近平同志为核心的党中央高度重视安全生产工作。习近平总书记多次强调各级党委和政府要牢固树立安全发展理念，坚持人民利益至上，始终把安全生产放在首要位置，切实维护人民群众生命财产安全。对于神东来说，安全发展是天字号工程。党组织发挥政治核心作用，就要着力在保障企业安全发展、推动企业科学发展中发挥作用。神东在国有企业中率先构建生产、经济、政治本质安全型国有企业"大安全"格局，建设本质安全型企业，推动了企业科学发展、安全发展。

5.1.1 构建生产本质安全管理体系

本质安全管理体系是利用人—机—环境系统工程理论，进行系统整体优化，使企业人—机—环境系统达到最佳安全匹配，做到人员、机器设备、环境、管理的本质安全化。本质安全管理体系是一套以危险源辨识为基础，以风险预控为核心，以管理员工不安全行为为重点，以切断事故发生的因果链为手段，以 PDCA 闭环管理为运行模式的现代安全管理体系。

安全生产关口前移，预控为先。神东对井下所有岗位、全公司所有工作任务进行了全员、全过程、全方位的危险源辨识。通过风险评估，将危险源分为特大、重大、中等、一般、低风险五个等级，并制定了针对性防范措施，同时制作成卡片让员工随身携带学习、并严格按措施执行。在本质安全管理体系的实施应用中，神东本着持续改进、不断提升的原则，重点强化了"人、机、环、管"的全面管控。通过全员性、全面性和全过程性的管理，让每位员工的安全意识得到极大增强，三违行为锐减，同时通过超前的危险源辨识和风险预控，力求将事故消灭在萌芽状态，大大降低了发生事故的概率。

建立风险管控体系，以控促安。神东始终坚持"一条主线、三项重点、五个抓手"的安全管理总体思路："一条主线"就是坚持以安全风险预控管理主线抓顶层设计；"三项重点"是以风险分级管控、隐患排查治理和行为安全管控为重点抓现场管理;"五个抓手"包括以理念引领、责任落实、科技保安、绩效考核和信息化建设为举措抓安全基础管理。

同时,紧盯重大风险,防治重大灾害,治理重大隐患,是神东安全管理的重点领域也是关键环节,风险分级管控和隐患排查治理双重预防机制,既是神东安全管理体系的核心工作,又是自我约束、自我纠正、自我提高、全员参与安全管理的重要途径。

通过全流程管控实现安全生产端口前移,实现了神东的安全"全程风险管理"模式,以确保安全管理每一环节都切实有效。一是建立公司年度重大安全风险清单,明确公司重大安全风险管控点并重点管控。二是每年开展系统安全风险评估,制定并落实重大安全风险管控方案,实现"系统风险"的有效管控,杜绝重特大事故。三是常态化开展设备故障安全风险评估,提高设备的可靠性和安全性,实现"设备风险"的有效管控,保障设备安全运行。四是常态化开展岗位安全风险评估,强化班前、作业前、作业中的风险辨识和高风险作业、临时性作业的风险监管,实现"岗位风险"的有效管控,避免零敲碎打事故。五是每季度开展区域安全风险评估,在日常带班、动态检查、定期检查和步行检查时重点跟踪盯防,实现"区域风险"的有效控制,避免安全管控盲区。

作为安全风险预控管理体系的发源地,神东在实践中注重守正出新,将安全风险分级管控和事故隐患排查治理双重预防性工作机制和煤矿安全生产标准化、行为安全管控有机融合,构建了严于行业标准、要素完备、职责明确、全员参与、过程控制、运行高效、持续改进的管理体系。以安全风险防控做好事前预防,构筑第一道防火墙;以不安全行为管控和隐患排查治理做好事中管理,构筑第二道防火墙,切实扎紧了安全管理链条,有效预防了事故发生。

神东针对自身发展模式所创新的安全综合管理体系,在强化根基的同时,也对中国煤矿安全生产规程和法规的进一步完善产生了深远的影响。2007年,神东和国家煤矿安监局共同立项,在神东安健环质综合管理体系的基础上,研发了煤矿本质安全管理体系,形成了中华人民共和国安全生产行业标准《煤矿安全风险预控管理体系规范（AQ/T1093—2011》。该标准于2011年12月1日正式实施，并在全国推行。这个行业标准成为我国煤炭行业第一个安全管理体系标准。它的发布和实施，标志着我国煤矿安全管理的理念和方法发生了实质性的转变，安全管理模式开始从事后查处的被动式管理，迈向超前防范的主动式管控，安全管理方式也从末端治理、过程控制迈向了风险预控。

落实安全责任主体，以责促安。在安全主体责任落实上，神东在系统梳理岗位职责和制度体系的基础上，制定了《安全生产责任制管理办法》和《责任追究管理办法》，明确了各层级、各岗位1100多项安全责任和工作标准，确定了1700多项追责情形，以及配套的追责流程、处罚标准、处理对象。神东以完善的安全责任体系作为实现安全发展的保障。按照"管生产必须管安全""管业务必须管安全"的原则，层层签订安全责任状，对各级管理人员和各部门的安全生产工作职责进行了分解细化，提高煤矿领导班子安全绩效年薪和一线员工安全结构工资比例，推行煤矿"一把手"安全生产特别奖励、安全风险抵押金、安全承包管理、安全责任制考核等，普遍建立了安全绩效与工资分配、评先树优、晋升评级等相挂钩的考评机制，以经济杠杆助推安全主体责任落实。

明责还要问责，神东以严厉的安全问责制度作为实现安全发展的途径。坚持"党政同责、一岗双责、齐抓共管、失职追责"的原则，严格执行安全问责管理制度，对隐患排查治理、重大灾害治理、不安全行为管控等实行责任倒追。对触碰安全管理有关规定的人员从严从重追责，对作风不扎实、执行不到位、管理上出现问题的人员，逐级进行责任追究。

为更好实行安全行为管控，神东先后制定了《安全生产责任制》《神东煤炭集团不安全行为管理制度》《神东煤炭集团安全生产标准化管理体系检查考核制度》《神东煤炭集团高风险作业管理制度》等，帮助公司和员工更为有效地理解和执行国家有关法律法规、减少不安全行为，保障安全生产。此外，神东还通过建立安全发展的长效机制，将安全文化融入安全规章制度、管理工作流程和各种行为规范之中，不断健全和完善安全生产责任体系以及标准建设体系，深入推进风险分级管控和隐患排查治理，严格安全监督检查，强化安全生产标准化和现场执行，突出科技保安和文化促安，不断巩固和提升安全管理的质量与水平。

5.1.2 构建经济本质安全管理体系

在2009年上半年经济活动分析会上，神华集团提出要在借鉴生产本质安全管理体系的基础上，构建经济本质安全体系。之后，在2010年季度经营分析会上进一步提出，要加快推进安全工作向构建三大本质安全转变，在继续夯实生产安全的基础上，尽早建设完善"政治、经济、生产"三大本质安全体系，推进企业安全发展。

2010年11月，神东召开经济本质安全体系建设项目启动会，开始了探索经济本质安全管理体系建设的实践。会后，从现状评估、体系设计、试点领域建设、测试改进逐步推进四个阶段开展了体系建设工作。

在经济本质安全体系建设过程中，借鉴了生产本质安全管理体系建设的经验，围绕企业的发展目标，以将各项经济活动过程中所面临或产生的风险总体上控制在可接受范围内为基本要求，神东着力研究攻关建立一套风险识别、评估、应对、评价的方法、工具及运行机制，从解决三个问题入手，开始体系研究建设工作。首先，研究建立了经济本质安全风险数据库，实行动态更新，解决了"管什么"的问题；研究形成了经济本质安全体系手册，创立了方法论，指导经济本质安全体系运行，解决了"怎么管"的问题；研究明确了神东管理层、各部门、各单位在经济本质安全中的风险管理责任，建立起经济本质安全风险管理的监督和考核机制，解决了"谁来管"的问题。项目建设形成《神东煤炭集团经济本安体系手册》《财务管理领域分册》《物资供应管理领域分册》和《岗位风险管理卡片》等阶段性成果。

经济本质安全体系建设是保障企业合规经营、弥补管理短板、促进管理创新、增强企业管控能力的迫切需要；是推动企业安全发展、创建世界一流企业的战略举措。经济本质安全体系的建设推动了神东经济发展方式的转变，促进了企业核心竞争因素的培育，为神东战略有效实施、资源优化配置和企业价值提升提供了强有力的支撑和保障。

5.1.3 构建政治本质安全管理体系

神东在生产、经济两大本质安全体系建设积累经验的基础上，积极开展了政治本质安全体系建设试点。其目的在于构建防范政治风险的管控流程和制度框架，使企业管理层和党员、群众进一步增强政治本质安全意识，明确企业及自身的政治责任，提高抵御政治风险的素质和能力，为实现企业愿景提供坚强的政治保障和软实力支撑。

神东建成了以生产、经济本质安全为基础，以政治本质安全理论为指导，以风险管控和制度建设等体系要素配置为核心的政治本质安全体系基本模型。最终制定出相应的管理标准和管理措施，达到预防风险发生、控制风险升级的目的，实现对企业政治本质安全风险的闭环管理。以此为基础，通过绘制风险流程、梳理制度规范、编制经典案例、构建政治文化、建设政治本质安全管理信息系统，对风险管控实现流程化、制度化。

政治本质安全管理体系充分体现了管理的创新性，并通过政治本质安全体系的实施，使神东政治工作不断从虚变实，实现融入和提升。同时，通过体系的系统化和流程化使各职能部门在政治本质安全体系中的职责明晰化，业务优势及各项业务的关联效用得到有效发挥，从而实现部门综合作用的最大化。借助信息系统实现企业政治安全管理的信息化、现代化，也使政治本质安全体系更加具备独特性和创新性特色。

5.2 文化驱动安全管理能力提升

企业文化建设驱动安全管理模式提升，不仅是管理理念的宣贯，更是价值观和行为的渗透。自此，安全不再只是一项工作，而是一种深入人心的责任与担当，贯穿于神东安全生产的全过程。安全文化驱动安全管理模式的提升能够激励员工更加积极地参与安全管理和风险控制，最终真正实现企业卓越的安全绩效和持续的成长。

5.2.1 先进安全理念驱动安全升级

安全理念是企业在安全方面衡量对错与好坏的最基本道德规范和价值导向，代表了企业对安全重要性的认知和对员工身体健康的承诺，是企业安全文化建设的核心要素之一。

安全理念提供了明确的行为准则，引导员工在工作中做出符合安全规范的决策，使安全成为企业价值体系的重要组成部分。通过树立先进有效的安全理念，企业能够营造出积极、健康的安全文化氛围，提升员工对安全的重视程度，减少事故风险，确保生产经营活动平稳运行。为了确保安全理念的有效落地，企业应提高员工对安全文化重要性的认识，将安全理念纳入核心价值观。同时，加强关于安全的教育和培训，让员工转变思维，主动采取安全行为。此外，建立科学完善的安全管理制度与规范，强化安全监督、检查，加强事故预防和应急处置能力，保障安全理念的贯彻执行。

多年来，神东始终坚持以先进的安全文化管理理念引领安全生产，推进技术和管理创新。"生命至上，安全为天""无人则安""零事故生产"的神东安全理念是神东核心价值观的拓展和延伸，是对安全认识的强化。从2004年起，神东开始探索煤炭开采自动化生产模式。2008年，第一个自动化工作面在榆家梁煤矿调试成功。神东不断探索、研究、攻关，实现了井下远程集中监测控制、报警联动、专业调度。神东还引进先进管理理念和软件平台，建立面向决策支持、经营管理、生产执行和控制四个层面的信息化系统。在安全生产环境监测、洗选装车、生产过程自动控制和企业经营管理等方面实现了信息化技术的全覆盖，提高了决策管理效率。神东瞄准世界科技前沿，以"四化"融合为杠杆，培育煤矿发展新模式。在危险环境作业、劳动强度大、人工效率较低的场所大力推广智能化技术，以自动化和信息化集成为主导，通过实施机械化减人、自动化换人，进一步减少一线工作人员数量，全面增强了安全生产保障能力，让"无人则安、零事故生产"的理念照进现实。

在安全管理工作中，从思想源头抓起，加大安全教育培训的力度，突出安全理念的渗透和行为养成。广大员工在熟悉安全理念的基础上，做到将安全理念深入理解并内化于心，解决了制约安全工作的基础性和根本性问题。

此外，神东不断创新安全教育培训的内容和形式。通过现场演练等方式，引导员工从思想深处意识到煤炭企业安全生产的重要性，明确安全理念对企业和社会稳定的重要意义。持续加强对安全理念的宣传和强化，借助内部宣传媒体、企业文化建设、安全奖励机制等手段，强调安全理念在企业中的实际应用，以此渗透到员工的日常工作中，致力于以"安全神东"打造"幸福矿工"。建立健全安全管理制度和规范，明确责任主体和矿工生产的权利与义务，落实安全工作的各项要求。通过建立安全考核机制，将安全理念渗透到管理工作中的每条通道，把安全责任落实到各个层面、各个环节、各个岗位，确保安全管理与安全文化共同推进。

神东坚持警钟长鸣，敬畏生命、敬重安全，坚决杜绝盲目生产，坚决摒弃心无敬畏、漠视生命的不良心态，坚决摒弃麻痹大意、心存侥幸等思想"顽疾"，持续用文化引领，凝聚全员思想共识。用制度约束、提高广大员工的安全意识和安全责任，切实将安全第一的思想植入每位员工心灵深处，并且敦促员工将其转化为自觉行动。

5.2.2 强化安全基础筑牢安全底线

神东以理念引领、责任落实、科技保安、绩效考核、信息化建设为举措，提升安全生产理念和认识，强化安全生产工作责任落实，持续在夯实基础管理质量上下功夫。

强化教育培训，集中安全教育。多年来，神东一直致力于建设教育培训平台，对员工进行集中安全文化教育。要求各单位每年不定期开展安全文化专题培训，通过这种培训的方式，深入传达两级公司安全文化的重要性和内容。此外，在日常培训中，将安全文化纳入各层级、各岗位的培训计划，实施分层分类的培训措施。注重从管理层到一线矿工的全员覆盖，确保安全文化的理念、价值观等内容被各层级人员理解和领会。通过建设教育培训平台，实现了安全文化的全面普及和深入推广，让矿工们在培训中意识到安全的重要性和必要性，在神东内部形成共同的安全价值观和行为观。

此外，神东深入系统地开展安全宣传教育。通过网站、报纸、新媒体等开辟"安全生产专项整治活动"专栏，对各单位工作动态、典型经验做法进行跟进报道；各单位通过厂矿（区）LED屏、宣传栏张贴安全生产专项整治宣传标语、主题招贴海报，发布重点任务和工作进度等内容；公司督导组、各单位宣讲团利用事故警示月、安全生产月、安全咨询日、安全宣教进矿山活动等时机深入一线，全面宣传解读安全生产专项整治三年行动方针政策、公司行动目标和方法措施等。引导各单位创建矿长接待日、成立心理咨询室、成立家属协管会等沟通渠道，在企业与员工、企业与家属、管理者与被管理者之间搭建起真情沟通、良性沟通的桥梁。

神东严格执行党委会和安委会会议相关安全管理制度，通过集中学习、带头领学、交流发言等形式，深入学习习近平总书记关于安全生产的重要论述、指示批示精神和党中央决策部署、全国安全生产电视电话会议、中央企业安全生产工作视频会议精神等，坚决把思想和行动统一到党中央、国务院、国资委关于安全生产的决策部署和国家能源集团相关工作要求，充分发挥党组织的领导核心和战斗堡垒作用，坚持以高质量党建引领和保障安全生产，从深、从严、从细、从实部署好安全生产各项工作。

强化责任要求，夯实工作基础。神东按照"凡事有人负责、凡事有章可循、凡事有据可查、凡事有人监督"的原则，依据国家法律政策要求和公司实际情况将安全管理要求转化为制度，确保安全管理工作的规范性、科学性和可操作性。在制度的制定过程中，神东首先明确了制度的适用范围，即哪些方面、部门或岗位适用该制度。其次，厘清了各级组织职责，保证每个岗位都有明确的安全管理职责和任务。同时，制定了整体业务流程，确保各层级员工工作的有序进行和安全的实施。最后，神东强调了关于安全管理检查考核的重要性，明确了监督机制和监督责任，以保障制度的执行和落实。

同时，神东每年成立制度修订工作组，组织开展制度建设的"回头看"工作，对照国家法律法规、上级公司关于安全管理的新要求和新规定，对神东的安全管理制度进行全面修订和完善。加快制度的立项、改进和废除，以强化制度实施的科学性、合理性和可执行性。科学性确保制度具有科学的原理和方法，能够准确反映实际情况，并为安全管理提供有效的指导；合理性确保制度与企业的实际情况相符合，顺应企业的发展需求，并为各级员工提供明确的工作指导和约束；可执行性确保制度在实施过程中能够得到有效执行和遵守，为员工工作提供依据和支持。

神东制定下发《安全生产责任制管理办法》和《责任追究管理办法》，以"职责明确、履职有据、考核促进、失职追责"为原则，按照"岗位名称+职责范围+岗位责任+任务清单+考核标准"的模式，细化了覆盖全公司各岗位的全员安全生产责任制，突出了"什么人、什么时间、按什么标准、做什么事、怎么奖罚"。明确了5095项安全责任和工作标准，划分了1630项追责情形，确定了一般、较大和重大三个责任追究等级，经济处罚、组织处理、政务处分、纪律处分等五种责任追究处理方式，受理、批准、启动、调查核实等七项责任追究程序，确保责任追究有理可依、有据可查，做到"问事必问人、问人必问责"，压紧压实了安全生产责任。

强化基层工作，提升管理效果。在神东的安全管理中，各层级责任明晰，区队管理人员主动进行安全管控，在安全管理方面不断思考，寻找解决问题的方法。现场矿工遵章守纪的意识日渐增强，形成了"宁可不干活也不能有不安全行为"的共识，树立起"以违章作业为耻、以遵章守规为荣"的观念，积极辨识和反馈身边的危险源，逐步意识到增强团队互助和安全风险的重要性，做到"上标准岗、做标准事、干标准活"。同时，建立了一套"上下联动、齐抓共管、全员参与"的安全绩效考核模式和集"安全风险管理、隐患排查治理、行为安全管控、安全考评培训、安全责任落实与积分管理"为一体的安全信息化管理平台，提升了安全管理效能。

5.2.3 形成"大监督"安全管理格局

党的二十大报告强调，必须坚定不移贯彻总体国家安全观，把维护国家安全贯穿党和国家工作各方面全过程，确保国家安全和社会稳定。中央经济工作会议指出，要统筹发展和安全，强化安全生产整治，坚决防范和遏制重特大事故发生。在此背景下，神东立足当前并与谋划长远相结合，不断探索找寻煤矿安全监管的新方式、新方法，在专职的安全监管单位和部门上形成具有特色的"大监督"安全管理格局。

安全生产，责重山岳，事关人民福祉和经济社会发展大局。确保安全生产平稳有序，非一朝一夕之功，必须时刻保持如履薄冰、如临深渊的高度责任心。为了共同构建安全生产的防线，需要各部门同向发力，凝聚合力。作为中央企业，神东站在坚持"两个确立"、增强"四个意识"、坚定"四个自信"、做到"两个维护"的政治高度上，牢记"国之大者"和"企之要者"的使命，深刻认识到做好公司安全生产工作与党的以人民为中心的执政理念和国家能源安全息息相关。面对复杂形势和艰巨任务，神东采取务实有效的举措，严格管理安全生产，守牢安全底线，做到"守土有责、守土尽责"，确保安全生产。

为了适应动态变化，神东拓宽安全监管范围，延伸了安全管理的"触角"。在"大监督"安全管理下，神东逐步实现全面监督，以安全管理推动企业整体管理水平走上新台阶、新水平。神东采用矿领导、监管部门负责人、基层区队干部三级管理联动模式，将安全管理关口前移，主动出击、参与到重点工作部署与安全监管中。在班前会、生产现场、班后会上加强压力传导、工作指导，推动各项工作不断向前推进。

安全管理责任绝不能逃避，也无人可替代。因此，安全管理责任落实不仅要靠铁的制度、硬的考核以及严的监督，更要充分调动起各级管理者的主动性、能动性和担当意识，形成人人都是安全管理的监督者和落实者，人人都是"大监督"模式的发力点。神东各矿设立安全监督小组，积极开展隐患自查和自我改进工作；组织家属协管员，做好安全帮教工作；设立群安员监督检查日常安全生产工作开展情况，助力矿井安全生产。

神东在安全监督过程中明确了风险预控思路，针对两类危险源实施控制：第一类是以领导干部和业务部门为主体，开展系统重大危险源辨识与评估，并落实整改措施，杜绝重特大事故的发生；第二类是以区队、班组和一线员工为主体，开展岗位危险源的辨识与评估，制定有针对性的管控措施，杜绝轻伤以上事故的发生。

为了转变安全监管的工作思路，神东还构建了"大监督"安全管理格局。采取安全监察、现场检查和管理审计三条线并行的方式。形成了动态、定期和专项相结合的安全监管方式，将日常、月度和季度检查整合为一体，建立了全天候、全方位和立体式的安全监管网络。在每月安全检查后，神东实行安全督办与通报处罚，落实安全约谈与责任追究。安全监管工作人员由以往"保姆式"的注重检查现场，转变为查管理与查现场并重，发挥监督职能。通过现场检查、责任倒追等方式，将安全管理主体责任落实到基层单位和业务主管部门；通过检查督促，帮助基层单位优化安全管理制度、安全考核评价体系、考核标准，研究制定安全管控重点、跟踪督办重大隐患整治等工作；通过评价考核，重点监督各级安全管理责任制落实情况，在发挥安监人员监督、指导职能的同时，促进基层单位各级管理层主动承担各自的安全管理责任。

5.3　安全文化发展探索之路

安全文化建设是安全管理的重要内容。在开发初期，神东就意识到，要实现真正的安全，仅仅依靠技术和设备远远不够，更需要建立起优秀而又深入人心的安全文化。通过文化改变员工的思维方式和行为习惯，建立起一种全员参与、共同守护的本质安全环境。在探索安全文化发展这条路上，神东不断探索，取得了丰硕的成绩，为煤炭行业树立了优秀的标杆。

5.3.1　安全文化在发展中孕育

安全文化是一种伴随人类产生并随着社会进步不断发展的文化现象。具体而言，关于安全文化的概念和要求最早起源于20世纪80年代的国际核工业领域。在1986年国际原子能机构召开的"切尔诺贝利核电站事故后评审会"上，人们开始意识到"核安全文化"对核工业事故的影响。同年，美国国家航空航天局（NASA）将安全文化引入航空航天领域的安全管理中。随后，在1988年的"核电的基本原则"中，安全文化被确立为一项重要的管理原则，并渗透到核电厂以及相关的核电保障领域。此后，国际原子能机构在1991年编写的"No.75-INSAG-4"评审报告中，首次对"安全文化"进行了定义，并建立了一套核安全文化建设的思想和策略。

1993年，原劳动部部长李伯勇提出了将安全工作提升到安全文化的高度的观点。在这一认识的基础上，我国安全科学界开始将这一高技术领域的思想引入传统产业，把核安全文化深化到了一般安全生产与安全生活领域，从而形成了广义上的安全文化。后来，安全文化从企业层面上的核安全文化、航空航天安全文化等又扩展到了全民安全文化。安全文化本质上是指安全理念、安全意识以及在其指导下的各项行为的总称，其核心是以人为本。

随着安全文化的普及和企业文化的发展，神东安全文化也逐步孕育壮大起来。

1985年到1989年起步阶段，神东安全生产受到传统思想影响，神东全员煤矿安全认知处于初级阶段，普遍认为煤矿出现伤亡是正常情况。在创业过程中，"艰苦奋斗、开拓务实、争创一流"的企业精神，为安全高效的神东模式打下了良好的思想基础。

1989年到1998年，神东通过不断了解和学习国外煤炭生产技术的先进管理经验，引进了先进的装备和管理思想，率先解放思想，打破常规，确立了"高起点、高技术、高质量、高效率、高效益"的"五高"方针。神东"五高"方针和高标准发展战略的确定，对神东安全理念也提出了更高的要求。

1998年到2009年，在千万吨矿井群建设改造期间，神东形成了"生产规模化、技术现代化、队伍专业化、管理信息化"的"四化"模式，引进了职业安全健康体系、NOSA五星管理、风险预控管理体系等，以提升安全管理水平。这一时期神东安全管理思想日趋成熟，提出了"生命至上、安全为天、无人则安、零事故生产"的安全理念，软硬件设施日趋完善，神东模式正式形成。这一时期在神东探索研究并成功实践的本质安全体系即煤矿风险预控管理体系晋升为行业标准进而在全国推广的过程中,"一切事故皆可预防"的观念更加牢固,"零死亡"的目标更加坚定。

2009年,以神东矿区原四公司为基础整合成立了神东煤炭集团,神东也随之进入了"四化五型"大神东建设时期。神东结合自身内外实际,形成了以风险预控为核心的风险预控管理体系。

2013年,神东安全文化建设研究项目正式启动。在系统总结"五个一"安全管理经验的基础上,正式立项研究,构建了科学系统完善的神东安全文化体系,让神东安全文化建设工作步入了制度化、规范化和常态化的发展轨道。经过整合相融并进,神东安全文化实现了从"文化碰撞"到"文化沟通"、从"文化摩擦"到"文化协调"的深度变革。

2018年,习近平总书记在十九届中央国家安全委员会第一次会议上强调,要加强党对国家安全工作的集中统一领导,正确把握当前国家安全形势,全面贯彻落实总体国家安全观,努力开创新时代国家安全工作新局面,为实现"两个一百年"奋斗目标、实现中华民族伟大复兴的中国梦提供牢靠安全保障。神东坚决扛起安全生产责任,将安全是一种责任、一种态度、一种荣誉落实到安全文化的方方面面,以自力更生、积极创新、开拓进取的态度,不断提高安全管理水平,营造浓厚安全生产氛围。至此,"生命至上,安全为天"已经成为神东人的习惯,更成为神东人对于本质安全的不懈追求。

5.3.2 安全文化在建设中壮大

为了有效解决过去安全文化存在的抽象、分散、不系统等问题,2013年10月神东启动了安全文化建设项目。立足神东整体企业文化建设基础,全面、系统地梳理、总结、整合矿区30年来在安全文化建设方面创造的成功经验和取得的重要成果,进而通过凝聚、升华和提升构建同样独具特色的神东安全文化体系。形成了《神东安全文化手册》和《神东安全文化典型案例》。《神东安全文化手册》包含安全文化价值理念体系、指导意见、实施细则;《神东安全文化典型案例》则是安全文化理念体系构建的实践基础。

神东将2014年作为安全文化宣贯认同年，系统完成了神东安全文化机制建立、全面宣贯、强化认同这些阶段性任务，顺利通过了安全文化认同期；2015年，安全文化发展深化年主要完成了"有情管理"实践、特色载体创新、安全行为养成阶段性任务，顺利度过了安全文化深化期；2016年，安全文化建设巩固提升年，完成了自主管理、固化经验、持续提升阶段性任务，实现了管理模式走向成熟、长效机制发挥作用、自主管理基本形成的阶段性目标。

安全文化建设是现代安全管理的一种新思路、新策略。新时代，神东积极贯彻落实习近平总书记关于安全生产的重要论述和指示批示精神，以创建世界一流企业为目标，全面落实"全员保安、体系管安、科技兴安、氛围促安"四个文化落实机制，多维度全方位推进公司文化建设纵深发展。

神东安全文化理念及释义

生命至上——人的生命高于一切。尊重生命、关爱健康、重视发展是企业对员工的责任。守护生命安全、家庭幸福、企业发展是神东人的誓言。

安全为天——安全工作重于一切，高于一切。在谋划部署工作时，把安全作为第一原则、第一任务，不安全不生产。在安全生产上舍得投入、优先投入，宁舍一切、不舍安全。员工在执行与落实中，把安全作为第一意识、第一能力，坚决做到不伤害自己、不伤害他人、不被他人伤害、保护他人不被伤害。

无人则安——神东坚持走新型工业化道路，突破行业传统的生产技术、装备水平和管理方式，应用自动化、信息化技术，简化系统、优化管理、提升素质，把保障员工的生命安全和职业健康作为最大的价值追求。无人则安不是绝对不用人，而是运用先进技术和装备，最大限度地减少作业人员，降低对生命的危害程度。

> 零事故生产——追求在生产过程中人员零违章、设备零缺陷、环境零隐患、管理零漏洞，不发生任何安全事故。神东坚信一切事故皆可预防，通过不断提高对安全隐患的感悟意识与风险防范能力，用零事故保零死亡，用零伤害保零事故，做好自保、互保与联保，以个人保班组、班组保区队、区队保矿井、矿井保神东，形成环环相扣、层层负责的安全生产管理保障机制。

5.3.3 安全文化在宣贯中深植落地

及时在企业员工中推动安全文化宣贯，不仅是为了满足相关法律法规和监管要求的必然需要，更是提高员工对风险的识别、认知和理解，增强安全意识，学会应对意外的方法，提升自救能力，减少非必要的人员伤亡的应有之举。此外，促进安全文化在宣贯中深植落地，既关乎企业的利益，又与员工生活和福祉息息相关。企业宣传安全文化，向员工传递对生命安全和身体健康的关怀，有利于提升员工的幸福感和满意度。员工贯彻安全文化，在安全融洽的工作氛围中才能更好地发挥自己的才能，提升自己的价值。

搭建安全文化教育培训平台。教育培训分专项培训和日常培训。专项培训要求各单位每年不定期开展安全文化专题培训。日常培训主要是将安全文化纳入各层级、各岗位的日常培训计划，分层分类组织实施。神东组建公司级"安全宣讲小分队"，深入各单位通过现身说法谈身边人、讲身边事的方式，使安全生产理念深入人心；开设"矿长公开课""队长安全课""班组安全微课"三类安全课堂，深入学习宣贯习近平总书记关于安全生产重要论述和重要指示精神，以及煤矿安全生产有关政策措施、安全生产有关法律法规；常态化组织"安全文化主管人员能力提升培训"，创新采用理论授课、学员分享、研讨交流、文化共识营以及团建活动等多种形式，持续不断为安全文化主管人员队伍"充电蓄能"。多措并举促使公司广大干部职工熟知公司安全文化理念，推动安全理念入脑入心入行。

深入开展安全主题实践活动。神东坚持把思想文化引领作为安全文化建设的突破口，以安全主题实践活动为抓手来提升组织活力，持之以恒地做到"四个加强"。一是加强事故警示月、安全生产月活动。每年"事故警示月""安全生产月"期间，由安监局联合企业文化中心共同制定系列活动方案并精心组织。连续组织两届"安全有我 一站到底"安全知识擂台赛，共涌现出6名安全知识总擂主，50多名安全知识之星和40多名安全知识达人，以擂台赛为契机，在公司掀起了学习安全知识、提升安全素质的热潮，极大地调动了公司广大员工争当安全达人的积极性和主动性；二是加强重大节庆日、重要时段警示教育。在国家重大节庆日、重要时期，以及集团及公司各种专项活动期间，大力开展职工寓教于乐的安全文化主题活动，创新组织演讲、知识竞赛、有奖问答、线上答题等活动。连续组织十多次安全知识有奖答题活动，参与人次达到2.5万人。让员工在轻松有趣的氛围中深入对安全法律法规、消防安全等知识的学习和掌握；三是加强安全文化建设成果巩固提升。积极参与国家、集团、协会等相关部门关于安全文化、创新创效、课题研究等征集活动，同时定期组织公司安全文化典型案例、优秀论文、文艺作品、安全故事、安全短视频等征集评选活动，建立安全文化精品案例库，及时总结公司文化建设的好经验和好做法，不断丰富安全文化建设的理论与实践成果。鼓励广大文艺爱好者将个人爱好融入岗位安全，将岗位安全规程、业务操作流程、安全法律法规等内容用耳熟能详的歌曲重新填词后"唱"出来，涌现出了以《安全誓词歌》等为代表的系列优秀安全文艺作品，以《负爱》为典型的系列安全微电影和以"申申东东"为原型的14集神东安全动漫短视频，不断扩大了安全文化的覆盖面和影响力；四是加强安全宣传载体的丰富创新。常态化开展亲情嘱安全、文艺唱安全、矿工说安全、妙手画安全作品征集活动。丰富安全文化宣传形式与载体，鼓励创作更多生动有趣的安全主题作品。充分发挥家属协管保安全的作用。定期组织开展家属协管安全微故事演讲、家属协管座谈会、亲情寄语视频征集等活动，以亲情筑牢安全生产第二道防线。

深入开展安全文化传播分享活动。注重把加强媒体和宣教资源、文化阵地的融合，作为推进安全文化内化于心、外显于行的重要抓手。一是打造一批安全主题文创产品。为生动化、丰富化体现公司"生命至上、安全为天"的理念，打造了一批突出安全理念、体现煤炭行业特点的文创产品，以视觉文化符号和语言符号传递"两个至上"的安全理念；二是搭建"1+N"安全文化传播平台。"1"是"文化神东"微信公众号，定期以"图·文·声·像"形式分期对优秀的安全可视化作品进行展播和分享。"N"是各单位网站或微信公众号开辟的安全文化专栏，集中展示各单位在安全文化建设上的典型做法和优秀经验；三是形成了各具特色的安全文化宣传阵地。各单位结合实际，积极思考，建成了集公司安全文化理念、矿井安全文化思路和区队安全文化实践为一体的安全文化宣传载体，形成兼具教育引导、人文关怀、心理疏导、安全培训的"安全文化阵地"；四是定期组织"企业文化基层行　送安全"活动。煤海"乌兰牧骑"文艺小分队持续开展"企业文化基层行　送安全"活动，近几年来共计深入偏远站点、钻井平台开展文艺慰问50多场次，用文艺作品唱响了"生命至上、安全为天"的主旋律。

深入开展安全文化座谈交流活动。一是组织不安全行为座谈交流。各单位定期召开不安全行为分析座谈会议，注重从员工思想意识层面分析不安全行为发生的原因，提升员工自保互保意识；二是积极开展心理援助活动。公司积极搭建"健康小屋"，提供心理健康培训、开展心理健康教育、开展心理健康服务，缓解员工心理压力，释放不良情绪，落实"以人为本"的管理理念。

5.3.4　安全文化在体系建设中融入管理

安全文化理念体系的深植落地，需要采取一系列相应措施和保障体系跟进落实。建立横向协作，垂直管理的组织结构，协同配合、齐抓共管的工作机制，各基层单位通过平台搭建、宣贯培训、融入管理、完善考核等创新方式，安全文化建设各具特色、成效明显。

构建系统的风险预控管理体系，为安全发展提供有效手段。神东以科学的安全理念为指导，以安全风险预控管理体系为主线，加强安全管理的顶层设计。通过全面辨识各生产系统、各作业环节、各工作岗位存在的不安全因素，明确安全管理对象；制定管控标准和措施，落实管控责任部门和责任人，保证标准和措施执行到位。建立风险预控保障体系。层层建立风险预控领导小组，对体系中的每个管控元素进行细化分解，将各项工作任务分配到相关领导、部门和生产单位，形成"横向到边、纵向到底"的责任体系。这套体系更加注重把风险管控在源头，超前防范，更加注重过程控制。最大化提高对风险的提前防范，减少对人员的过程伤害。这套体系是人本管理思想在神东的有力探索和生动实践。

健全高素质员工队伍培养体系，为安全发展构筑人才保障。随着煤矿现代化水平的不断提高，神东从战略高度更加重视人才引进和员工教育培训。大力引进大学优秀毕业生，鼓励大学毕业生到基层锻炼，搭建从公司、到矿井、到区队、到班组的四级教育培训体系，科学制定年度培训计划，按计划分层分类组织系统培训，不断提高培训质量和实效，建立"聘、提、轮、转、退"工作机制，仅2022年，调整、提任148人，着重培养年轻干部，公司中层干部平均年龄同比2020年减小1.7岁。赵云飞等6名同志被授予全国五一劳动奖章，省市劳动模范和五一劳动奖章荣誉称号，31人被授予省级"技术能手"称号。同时加强安监队伍人员选拔和培养，公司现有注册安全工程师456人，有效提升了安全从业人员的能力和水平。

完善安全文化建设考核评价体系，为安全发展提供有力抓手。建立横向协作、垂直管理的安全文化建设组织机构体系，形成"主管部门牵头组织、业务部门分工负责、党政工团齐抓共管、广大员工积极参与"的工作机制，发挥联动作用，形成工作合力。制定《神东企业文化建设管理办法》和《神东安全文化建设工作实施细则》。将安全文化建设考核纳入公司季度安全风险预控管理考核评价体系，与安全风险预控管理体系考核同部署、同考核、同奖罚。以问题为导向，不断优化安全文化考核标准，提高安全文化考核的针对性和有效性，在考核的同时加强业务指导，帮助各单位找到安全文化建设中存在的不足，提出解决问题的路径和方法。

随着安全文化建设的深入开展，神东逐步由制度管理迈向文化管理，有效促进煤矿安全生产高效发展，神东安全管理水平行业领先，全员安全思想认识有效提升。广大员工不仅对安全理念熟读熟记、入脑入心、全员认知，凝聚了全员思想共识，而且自觉将安全第一的思想植入心灵深处，转化为自觉行动，从源头上筑牢了思想根基。基层自主安全管理水平显著提高，各层级责任明晰，区队管理人员主动管安全，在安全管理上肯动脑筋、想方法和下功夫；现场员工遵章守纪意识日渐增强，形成了"宁可不干活也不能有不安全行为"的意识，能够积极辨识和反馈身边的危险源，团队互助和安全风险意识逐步增强，能够"上标准岗、做标准事、干标准活"。

5.4 新时期安全文化建设

在新时代的神东，安全文化建设正如一朵盛开的鲜花，绽放着勃勃生机。这片土地上，不仅有先进的技术设备，更有一群优秀的神东人。他们坚定地守护神东安全生产过程中的每一个环节，在实际行动中真正做到安全第一，将安全融入每一个细节当中。新时代下，神东安全文化建设是一种全员参与、持续改进的安全管理模式，旨在营造一个积极、负责、安全的工作环境，确保企业的发展和员工的幸福。

5.4.1 准确把握安全文化建设导向

企业安全管理工作的好坏，主要取决于员工群众对安全的理解。主要领导对安全的认识和重视程度以及企业长期以来的安全文化的沉淀总结和经验积累，即企业的"安全文化建设"。要形成具有长效机制的"企业安全文化"，需要良好的顶层设计将安全文化与安全管理深度融合，进一步提高企业可持续发展能力。

对煤炭企业而言，安全是首要问题。安全管理体系是为了保障企业生产经营活动中安全生产的重要手段。在新时期下，优化煤矿安全管理体系的顶层设计，是保障煤矿安全的关键一环，煤矿安全管理体系的顶层设计包括加强组织领导、完善管理制度、强化培训教育和推进科技创新四个方面。

加强组织领导。作为煤矿企业的管理者，要高度重视、牢固树立安全第一的理念，并将之贯彻到每一个环节中。

神东在加强安全工作方面采取了多种措施，并积极引领煤矿行业的安全文化建设。作为世界一流的国内生产示范企业，公司领导层始终高度重视安全工作，定期组织安全会议，对重点工作进行专题研究，要求各级管理人员将安全工作作为首要任务。建立了安全委员会和安全监察委员会，由公司领导亲自牵头，确保安全工作得到高度重视和有效的领导。

神东非常注重培养安全分管领导，通过组织各类培训和交流活动，系统提升管理层和班组长等关键岗位人员的安全意识和应急处理能力。学习借鉴其他行业企业的成功经验和有效做法，应用于煤矿的安全管理实践中。

完善安全制度。健全科学的安全管理制度对于优化煤矿安全管理体系至关重要。安全管理制度包括了安全生产方面的各项规章制度和管理程序。优化煤矿安全管理体系的顶层设计要求煤矿企业制定完善的管理制度，明确各级责任、权限和程序，确保管理工作的有序进行。

神东在完善各项安全管理制度方面始终保持着积极的态度，并且不断进行更新和改进，以确保煤矿生产过程中的安全稳定。在安全生产管理制度方面，神东建立了一套完善的规章制度体系，包括各类安全操作规程、应急预案和安全培训计划等，如《人员准入制度》《井下现场交接班制度》《员工不安全行为管理办法》等。这些制度不仅规范了员工的操作行为，还明确了应急处理措施，提高了员工的应急处置能力。公司定期开展制度的修订工作，补充、增加了对新技术、新设备、新工艺的安全管理要求，并加强了对新员工的安全培训。

在安全检查制度方面，神东建立了严谨的安全检查流程和标准，如《安全生产监督检查管理办法》《安全生产事故报告和调查处理办法》《安全生产责任追究办法》，定期对生产设备和工作场所进行检查，及时发现和修复安全隐患。此外，还建立了安全隐患挂牌制度，如果发现隐患未及时整改，将会受到相应的处罚和问责。公司领导层定期参加安全现场检查，亲自督促各级管理人员和员工履行安全责任。

在安全技术手段方面，神东采用了先进的信息化技术，建立了煤矿安全生产管理系统，实现对矿井生产过程的实时监控和数据分析，及时预警和处理安全事故隐患。该系统还与应急救援系统和人员定位系统等其他安全技术手段相结合，提高了对矿井安全状况的全面监控和控制能力。

强化培训教育。培训教育是提升煤矿安全管理水平的重要手段之一。通过培训教育，可以提高员工的安全意识和技能水平，培养员工的安全责任感和应急反应能力。建立了完善的安全教育培训机制，定期组织各类安全培训和演练、岗位安全流程培训、各类操作技能培训、持证培训等，为员工提供全方位、多层次的安全培训，使安全从业人员具有必备的安全管理素质和能力，切实提升安全管理水平。

推进科技创新。科技创新在煤矿安全管理中发挥着重要作用。通过引进先进的安全管理技术和设备，可以提升煤矿安全管理的效能和水平。神东在科技创新方面做出了优秀的示范。神东智能安全管理平台基于神东核心安全风险管控理念，利用AI对已知的风险源和不安全行为进行实时智能在线识别，自动触发隐患整改系统，进而实时进行风险整改，最终实现风险整改结果的智能在线评价。实现安全信息和感知数据的实时传递、风险的智能研判、故障的提前预判、应急突发事件的自动处置。强化顶层设计，推动安全管理体系建设在神东得到有效执行。通过加强安全领导、完善管理制度、强化培训教育和推进科技创新，有效提升煤矿安全管理水平，减少事故发生概率。

5.4.2 持续提升安全文化建设水准

安全文化是煤炭企业安全生产的重要组成部分，是神东企业文化最重要的专项文化，安全文化与每一位神东人息息相关，建设好安全文化是企业和员工共同的责任。只有建设好安全文化，企业的长期发展才能有支撑。

作为国家煤炭生产重点保供企业、国家企业文化建设典型示范单位，神东是中国能源企业转型升级的重要样本。神东安全文化建设的实践经验充分表明，传统煤炭生产企业可以通过持续的企业文化建设实现经济总量和可持续发展质量双提升，推进安全文化建设是实施安全发展战略的必然要求，在当前安全生产形势下，加强安全文化建设过程中的各项保障措施，是企业安全生产过程中的核心工作。

神东在安全文化建设过程中，加强组织保障，强化文化建设"一把手工程"，成立以公司党政主要负责人为组长、其他领导班子成员为副组长，各部门负责人为成员的安全文化建设领导小组，强化职能单位服务协调作用，突出党建引领、融合共通。基层单位成立相应领导机构，明确责任部门，选优配强企业文化管理员，全员参与、上下贯通，自上而下形成党委统一领导、党政齐抓共管、主责部门组织协调、各有关部门有效落实的工作格局。

同时，进一步完善安全文化建设过程中的各项制度，形成完善的制度保障体系。每半年至少专题研究一次安全文化建设工作，定目标、定思路、定任务；定期开展专项分析讨论，定措施、建标准、抓执行；强化载体平台建设，完善绩效考核、督察制度和推优制度，形成上下联动、运作有序和齐抓共管的工作格局，做到有部署、重落地、严考核、明奖惩。

神东需进一步加大经费、组织、人力投入，做好安全文化建设的物质保障。将安全文化建设所需经费纳入年度预算体系，设立专项资金，为安全文化建设提供支持，包括但不限于媒介的应用、活动的开展、对先进的奖励等。加快宣贯场所建设和传播载体平台搭建，为安全文化建设提供组织和平台上的充分保障。

培养安全文化建设人才，加强安全文化骨干队伍建设，打造政治过硬、本领高强、求实创新、能打胜仗的安全文化建设队伍，不断优化安全文化人才保障机制。神东应把文化建设专业人才培养纳入企业战略人才培养规划，通过专家讲座、专项培训、考察交流、送培研修等方式，不断提高安全文化建设人才队伍职业素养和专业能力，培养观念新、素质高、能力强的专兼职结合的安全文化建设者，为安全文化建设提供专业人才保障。

神东发展过程也是神东安全文化变革和神东品牌在数字经济时代重塑的过程，神东高质量的发展需要企业文化建设的不断推进配合，而成功的世界一流企业建设也需要神东安全文化的保障。

在未来神东安全文化建设实践中,要紧密结合煤炭矿井安全发展实际和新时期企业高质量转型发展要求,从党建引领、理念建设、管理体系、转型升级等多角度全方位推进,有力发挥安全文化对于提升矿井安全综合管理水平的强大导向力和驱动力,从源头上防范化解重大安全风险,让安全理念深入人心,增强员工安全意识,提高员工安全素质,打造良好的安全生产环境,切实保障员工安全。要通过以人为本各项措施,坚持人民至上、生命至上,把保护员工生命安全摆在首位,避免重大安全风险发生,体现安全文化对企业安全发展的系统引领性和载体推进性,使安全管理格局得到更为科学系统的提升,有力激发自主抓好安全文化的潜能,持续提升神东安全文化建设水准。

筑牢培根铸魂的党建引领工程。把安全文化建设作为党建工作的重要内容,创新"党建+安全"落地实践,健全完善"党政同责、一岗双责、齐抓共管、失职追责"安全生产责任体系,将党建工作考核指标科学量化,实行积分管理,分类定标、分层纪实、分色预警,精准评价党员作用发挥,助推安全责任有效落地。开展党员"安全生产带头"等活动,党员带头"学、讲、做、考、查",充分彰显先锋模范作用,不断将党建的组织优势、群众优势、政治优势转化为安全文化建设的工作新优势。

践行可防可控的先进安全文化理念。用先进的安全理念诠释安全、驱动安全、提升安全、保障安全,形成安全管控新思路,加深对"生命至上、安全为天、无人则安、零事故生产"等安全生产理念总结提炼,形成安全核心价值观、安全生产方针、安全生产理念、安全准则、安全责任等。通过开展安全文化理念的宣贯和学思践悟,使安全理念成为全体员工的价值追求,以理念的高站位开辟安全管控的新境界。

完善科学规范的安全质量标准化体系。安全质量标准化体系是安全文化建设的管理支撑,神东要将安全质量标准化管理贯穿于安全生产全过程、全方位、全员。在理念驱动和在制度保障下,依据工艺系统可靠性定律,查找出生产装置中潜在的危险、危害、非匹配、非本质因素,通过安全防护建设、关键参数变量三区控制、本质化升级改造、消除系统中存在的非匹配、非本质化因素，达到工艺系统科学匹配化，使工艺系统能够长期处于本质安全化状态；依据法律、法规、标准、规范完善设备设施安全防护、保护、隔离，以及通过设备设施技术改造升级和关键参数管控，提升设备设施固有安全的本质化程度，有效保障生产装置安全、平稳运行，弥补人为疏漏造成的事故，达到设备设施长期处于本质安全化状态。始终坚持"一张蓝图绘到底"，在安全文化建设的工作规划、机构设置、考核评估、检查验收方面形成一系列与之配套的管理办法，保证安全文化建设工作的导向性、连续性和稳定性，推动安全文化建设质量标准化持续发展。

深化强基固本的安全班组。安全型班组建设是安全文化的基础工程和战略工程，要不断提升对安全班组工作法的认识，在挖掘提炼好经验、好做法的基础上，进一步赋予安全、工作、学习、活动四个定位新内涵，进一步丰富安全、学习、节约、和谐、创新"五型企业"创建的新内容，进一步完善组织建设、制度保障、风险管控、教育培训、文化赋能、考核评价"六大体系"的新机制，激活安全文化建设的创新主体，以全员干事创业的热情为安全文化建设增添新活力。对现有的班组安全文化行为养成系统进行梳理完善，通过全面推进准军事化管理、"6S"工作法为行为养成和岗位安全操作规程、班前会、手指口述、师带徒、学习型组织建设为抓手，全面推进员工岗位精准培训、"安全好伙伴"结对帮教法、创新工作室建设和比学赶帮超活动，强化"要我安全"向"我要安全、我们都安全"的全员安全意识转变。

打造适应高质量发展的人才队伍。安全文化建设的最终目的是实现全员的意识本质安全和行为本质安全，打造一个适应高质量发展的人才队伍是安全文化建设的关键。牢固树立人才是第一资源的观念，把教育培训作为员工最大的福祉，创新理论培训、实操培训、现场培训、技能鉴定、评估考核"五位一体"的教育培训机制，形成"人人思进、个个争先、全员素能持续提升"的工作局面。发挥引领示范作用，不断筑实"基层组织建设、基础工作、基本功"的三基工程，全力打造"管理、技术、技能"三支高素质专业化人才队伍，不断加强学习型组织建设，实现"要我培训"向"我要培训"、"要我学习"向"我要学习"的全员学习理念专版。

5.4.3 系统梳理安全文化要素

在数字经济时代，信息化、智能化以及自动化等新型技术不断更新，人们的生产和生活方式正在发生着翻天覆地的变化。数字经济时代的安全文化不再是简单的事故防范、操作规范和安全意识建设，而是要适应信息化发展、智能化应用、自动化普及的新情况，由此衍生了数字经济时代的安全文化。新时代安全文化强调在数字经济时代中追求安全管理与企业文化、经济效益与安全生产的有机结合，实现企业资产管理、人才队伍建设和风险管控的全面升级，实现将安全文化融入数字经济时代的基本要求。

新时代安全文化建设要融入国家经济核心战略中，并采用虚拟仿真手段，通过安全资源的数据化，开展风险评估，强化安全意识等措施，促使全员形成安全思维、安全素质和安全行为。信息安全与风险管控则利用人工智能、云计算等技术手段，构建信息安全体系，建立信息共享机制，提升企业安全防范和应急管理能力。同时，加强安全教育与知识传播，通过创新教育方式、深入开展培训、专题讲座等，普及安全风险知识，培育安全文化，增强员工安全素质。

安全文化不仅是煤炭企业安全管理和发展的基石和保障，也是企业实现转型和升级的重要支撑，因此要高度重视数字经济时代安全文化的建设。神东的安全、高效、绿色、智能和质量发展离不开安全文化的支撑，随着信息技术的快速发展，大数据、云计算、人工智能、物联网、虚拟现实、三维可视化等理论方法和智慧技术已经广泛应用于煤矿安全生产领域，为开展安全治理工作提供理论支撑和技术支持。

将智慧理论与数字技术运用于神东新型安全文化建设过程中，发挥"智慧+"新型安全文化的优势，系统梳理新时代神东安全文化建设要素，如图5-1所示。促进神东新型安全文化的传播，有效提升神东安全文化建设水平，丰富神东安全监管模式，夯实数字经济背景下神东安全治理根基。

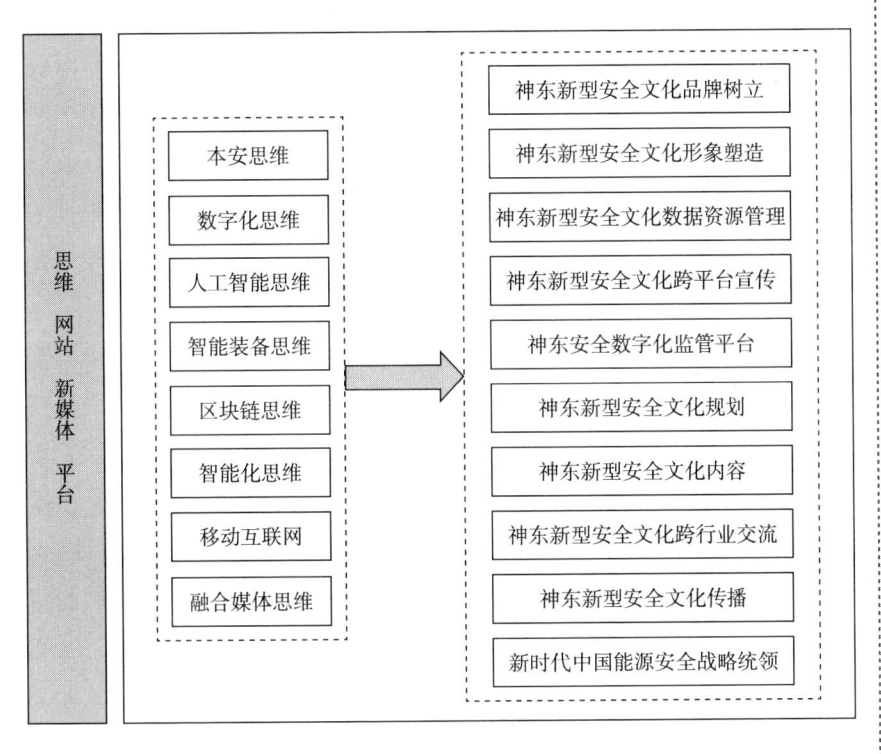

思维		
本安思维		神东新型安全文化品牌树立
数字化思维		神东新型安全文化形象塑造
人工智能思维		神东新型安全文化数据资源管理
智能装备思维	→	神东新型安全文化跨平台宣传
区块链思维		神东安全数字化监管平台
智能化思维		神东新型安全文化规划
移动互联网		神东新型安全文化内容
融合媒体思维		神东新型安全文化跨行业交流
		神东新型安全文化传播
		新时代中国能源安全战略统领

思维　网站　新媒体　平台

图 5-1　新时代神东安全文化建设要素

"智慧+"新型安全文化将数字技术、智慧矿山技术与人工智能融合，寻找安全、高效、绿色、智能的文化建设路径，反哺神东本质化安全监管与安全治理，并根据安全生产周期内的要求变化自动抓取文化要素，提升文化建设水平。

5.4.4　创新安全文化建设新举措

安全文化建设需要实践检验。将安全文化建设工作的方法量化、可操作化、能触及化，将安全文化的无形之"虚"转化为有形之"实"，让思想的符号跳跃在员工的思维中，使之能被看得见、摸得着、感受得到。通过高标准、高质量的具体实践，达到"我要这么做、我会这么做、我必须这么做"的效果。未来，神东要把对安全的管理上升到对文化的管理，用文化影响员工的行为，用文化促进安全事业发展，具体体现在"五个有机融合"中。

聚焦安全文化建设"改革创新"，进一步促进安全文化与改革创

新深度融合。创新是推进安全工作的灵魂，神东要坚持以创新促安全，通过不断创新探索实践，形成多项独具企业安全特色的创新成果。借势数字化改革增效安全生产文化建设，实现"智慧管理"，开展数字赋能安全文化建设，运用智能手段开展安全风险管控、事故隐患排查治理、重大危险源监控等工作，构建企业安全生产文化建设的长效机制，提高企业事故风险防控能力，促进企业安全生产主体责任落实。

着力提升安全文化建设"管理品质"，进一步促进安全文化与管理品质有机融合。聚焦神东安全文化创建标准和质量要求，着力补齐安全管理工作中的短板，加大安全文化创建的宣传力度，提升员工知晓率、满意度。用新的观念、理念构建具有特色的安全文化理念体系；用先进的安全理念引领企业各级人员安全价值观念的转变；用全新的安全发展思路破解安全管理中的难题；用全新的安全举措开创安全发展新局面。通过开展系列安全文化活动，营造全民参与安全生产的良好文化氛围，从而提升企业的品质，推动公司安全发展。

安全文化的建设需要全员参与，进一步推动安全文化与青年人才培养梯队建设有机融合。以营造尊重生命、关注环境的文化氛围为目标，通过宣传、教育和考核等环节，增强员工的安全意识和责任感。青年人才在煤矿企业中扮演着重要的角色，他们具有创新、求知、学习能力强的特点，在促进企业变革和创新、提升企业技术和管理水平、巩固企业核心竞争力等方面发挥着重要作用。企业通过制定安全规章制度、举办技能大赛、组织安全培训等方式，建立起安全生产的正面激励机制和负面惩罚机制，让员工在日常工作中更好地遵守规定，维护企业安全。同时，安全文化的建设也需要在企业的管理层面加以关注，建立全员参与、逐级推进和连续改进的安全管理体系，以保障企业长期稳定发展的安全和环保责任。

结合数字技术的发展，进一步强化安全文化与班组建设有机融合。班组是煤矿安全生产的基本单元，将安全文化建设深度融入班组建设中是神东一直努力的方向，而数字化的应用可以更好地辅助班组的管理和沟通，企业通过数字化技术建立班组管理平台，实现员工业务培训、任务协作、考核评估等功能。在这个过程中，还可以加入安全文化的元素，让班组成员更好地理解和遵守安全规章制度，实现以安全为基础的班组管理。神东应当将安全文化和班组建设融合到数字经济应用中，实现安全、高效的智能生产和管理。公司可以通过建立安全文化教育和培训计划，提高员工的安全意识和安全技能；通过数字化应用实现信息共享和班组沟通，提高班组协作效率；通过系统化班组管理，提高企业的生产效率和竞争力。在日常安全文化建设工作过程中组织开展员工心理疏导培训，以员工心理健康为切入点，进一步打造企业文化软实力。

克服现场工作监管，进一步推动安全文化与数字科技有机融合。 持续投入、深度应用神东安全文化建设"数字工具"，树立神东安全文化新标杆。在智能化、数字化方面持续加大投资力度，按照"无人则安、机械化换人、自动化减人、智能化无人"思路建设智能矿山，减少安全生产事故发生，提高劳动生产率。构建基于"数字＋"的新型安全文化传播系统，打造安全文化互联网平台，树立神东安全文化的新标杆。

通过以上措施，神东将安全文化建设深度贴合企业现实需求，做强做实神东安全文化，真正做到实打实、有价值，源自基层、表里如一、全员认同。通过采取员工喜闻乐见的方法，使安全文化理念与全员的价值观相一致，让全员切身感受到：遵从安全文化不仅能实现安全生产，还能体现自身价值。自此，安全文化在神东落地生根、开花结果，公司引领安全发展的目标顺利实现。

第6章　企业文化落地新路径

设神理以景俗，敷文化以柔远。

——《曲水诗序》

本章摘要

优秀的企业文化是经过总结、梳理、提炼和升华等长期实践形成的真知结晶，是企业发展的灵魂，是推动企业前进的不竭动力。对于神东而言，企业文化的落地是一项需要持之以恒的事业，它超越了单纯的宣导和灌输，成为企业与每个个体相通的血脉。神东只有将全新的管理思维与理念融入实践、化作行为、形成制度，方能发挥出思维先导的巨大效力，在高质量发展的新时代中丰富神东文化的深刻内涵，真正使企业文化得以兴盛。

企业文化建设的难点不在于对其重要性的认识，而在于难以将之落到实处。神东对于企业文化落地工作常抓不懈，一方面，持续推进员工对企业文化理念认知、认同，通过内部系统化的文化传播与外部形象塑造，促使神东员工感知企业文化；通过企业文化标准建设，将企业文化"外化于行"；通过企业文化评价，让神东文化落地生根；通过企业文化考核，让神东员工持续践行神东文化。另一方面，遵循"建立问题导向—形成问题解决机制—深入解决问题"的路径，突出文化引领，积极探索文化与管理有机融合，与制度有效对接，与队伍建设紧密结合的办法和途径，引导员工对标对表，增进思想共识，助推组织变革和管理升级。

6.1 形成企业文化感知氛围

文化犹如启明星,闪耀着璀璨的光芒,引领着企业前进的方向。企业文化对内传播,凝聚着员工的心与力,塑造着共同的价值观和行为准则,激发出团队的凝聚力和创造力。企业文化对外传播,吸引着广大外部群体的目光,扩大着企业在市场中的影响力和竞争力。形成企业文化感知的氛围,就是要奏响一支内外共鸣的交响乐,让企业内外部每位成员都能够感受到神东的温暖与力量,帮助神东与社会共同成长、共同繁荣。

6.1.1 建立系统化内部传播新渠道

美国语言学家爱德华·萨皮尔认为,"每一种文化形式和每一社会行为的表现,都或明晰或含糊地涉及传播"。海尔集团创始人张瑞敏也将"只有把每个员工的积极性调动起来,成为喷涌的源头,企业才会充满活力。在市场经济下,企业与员工的关系应该是源头喷涌大河满"的理念践行在海尔的管理中。对神东而言,调动员工的积极性就需要充分发挥企业文化内部传播的作用。美国政治学家、传播学四大奠基人之一的哈罗德·拉斯韦尔提出的"5W 传播模式"明确了传播过程及其五项基本构成要素,同样适用于神东文化的内部传播。结合神东自身企业文化建设方式,通过与"5W 传播模式"的各项要素一一对应,由此可以建立起"神东企业文化内部传播体系 5W – 5P 模型"(图 6 – 1)。

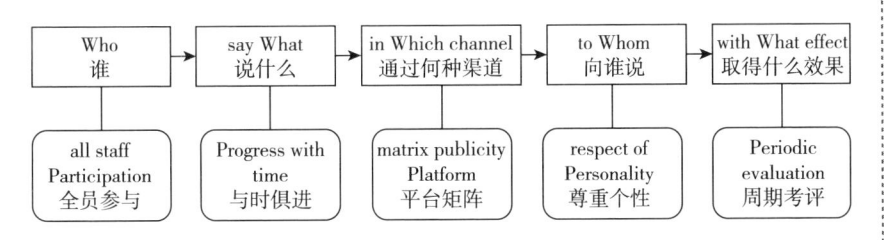

Who 谁	say What 说什么	in Which channel 通过何种渠道	to Whom 向谁说	with What effect 取得什么效果
all staff Participation 全员参与	Progress with time 与时俱进	matrix publicity Platform 平台矩阵	respect of Personality 尊重个性	Periodic evaluation 周期考评

图 6 – 1 神东企业文化内部传播体系 5W – 5P 模型

"全员参与"回答传播模式中 Who(谁)的问题,拓展传播主体的格局。企业文化是企业在长期的生产经营和管理活动中形成的,既是一种在坚持宣传、不断实践和规范管理下的产物，也体现了少数人所倡导的精神与意志，这里的少数人即企业的主要领导。神东作为国有企业，文化虽不像民营企业一样具有浓厚的个人崇拜主义，随处体现出企业家的气质，但领导干部依然要扛起传播企业文化的重担，在执行过程中尤其要突出国家意志和集体荣誉。无论是通过党建工作责任制、意识形态责任制对其进行硬性约束，还是通过党课、民主生活会、经营形势分析会"亲自讲、亲自抓"，对企业文化提出软性要求，党员领导干部都是神东文化传播的第一责任人。

在传统的文化内部传播体系中，管理者与宣传部门是主体，员工大多数时候的身份是被动接受的客体。目前，需要从企业层面到班组层面建立长期性的文化宣讲团以打破这种局面。想让传播形式更接地气，就需要让员工成为发声者、传播者，成为神东文化的代言人。神东高层管理者作为文化的塑造者和传播者，要利用年度、季度、月度工作会议及各种正式与非正式的场合同员工接触，宣扬神东提倡的核心价值观；中层管理者要基于自己对神东文化的理解，在例会和日常管理行为中，言传身教，体现出神东的文化；基层员工可以在企业、部门、区队搭建的平台上，以文化事例为主，描述自己或周围同事在工作中的所见所闻，讲好神东故事，传递神东正能量。

"与时俱进"回答 say What（说什么）的问题，对传播内容进行策划。 神东文化的与时俱进不代表使命、精神、核心价值观等内容的频繁变换，而是根据时代的发展不断丰富其内涵和释义，重视"时、效、度"，紧跟国家行业宏观环境、聚焦神东经营任务、关注员工实际需求。在实践中，神东要抢抓时机、顺势而为，结合企业内外发生的重要事件、社会热点及节日节庆进行内容策划与传播。只要吸引了员工的注意力，就能形成群体效应。另外，在传播的内容上，还要注重方式和效果。利用媒体资源传播时，不过分解读、过分挖掘，避免陷入"自娱自乐"和"空中楼阁"的境地。通过转换表达方式，制造互动连接，达到入心入脑的传播效果。

网络信息技术的发展不仅丰富了媒体传播渠道，更拓展了信息承载的形式。以往的音视频、图文、漫画等互动技术已经逐渐难以满足广大员工对神东文化的需求，应用当下流行的新型信息承载形式可以使文化在内部传播时起到事半功倍的效果。例如，SVG 作为一种图片文件格式已经被广泛运用于微信公众号中，用户可以通过点击、滑动等方式触发图片发生变化，应用于突出前后对比或引导解答的文章内，容易让内容给员工留下更深刻的印象。HTML5.0 是一种超文本标记语言，通过网页设计编程能够达到用多种创意形式表达神东企业文化的目的，其强大的交互功能能够为使用者带来新鲜的体验。总之，神东文化传播要跟上时代发展的节奏，要积极创新、释放创意，以期达到最优的传播效果。

"平台矩阵"解决 in Which channel（通过何种渠道）的问题，搭建文化内部传播的载体渠道。 神东在搭建企业文化平台矩阵时，要特别注意新旧媒体平台融合、线上线下活动融合、宣传部门与其他职能部门融合。

首先，新旧媒体平台融合指以神东门户网站、神东煤炭之声微信公众号、神东煤炭之声微博等为代表的新媒体渠道与神东内部刊物、神东文化展厅、各部门党团活动室为代表的传统媒体要实现"一体化"互动传播，以适应不同员工群体接受文化宣贯时的习惯。在展厅中运用3D裸眼技术、全息投影、VR技术、数据可视化系统等设备对神东文化进行更多丰富细致的介绍，树立起更丰满立体的企业形象，给予员工沉浸式体验，同时能让员工对神东文化产生情感共鸣。

其次，线上线下活动融合则能够相互弥补劣势，发挥出企业文化活动最大效用。例如，在举办神东歌唱比赛时，可以先进行线上的全民K歌赛，在员工自行录制音视频上传网络平台后进行投票评选，以低成本的方式吸引员工广泛关注与参与。投票胜出的人气歌手再参与线下的舞台表演或比赛，同步采用直播让所有人都能够观看和互动。

最后，宣传部门与其他职能部门融合强调以党委办公室（宣传部）、企业文化中心、新闻中心为核心，横向关联其他各机关职能部门的协同，纵向串联起各层级单位的支撑，保证在文化对内传播时公司上下"一盘棋"。横纵互动、协同宣传，在有效提升文化传播效果的基础上，扎实做好神东文化传播工作。

"尊重个性"作为解决 to Whom（向谁说）问题的核心，就是要积极对接传播受众的诉求。第一步，要利用自媒体平台的后台用户数据精准分析用户画像。神东员工无论是年龄结构还是学历层次都有较大跨度，从业经历和专业方向大不相同，导致他们的行为习惯和喜好大相径庭。只有在内容策划和发布时间、频率、形式上做出更贴合受众需求的调整，神东企业文化信息才能准确覆盖和有效传达。第二步，要在宣传模式上不断尝试探索，输出员工喜闻乐见的内容。有多少种员工群体的画像，就有多少种宣传组合模式。采取不同的渠道输出具有特色的内容，采用不同文化形式吸引不同偏好的群体。只有尊重员工的个性化选择，才能变员工对文化的"被动接受"为"主动获取"。第三步，在掌握员工思想动态的同时做好意识形态的价值引领。神东作为国有企业，要依托党的思想政治工作手段，有效建立起思想意识形态的"防火墙"，保证受众群体对神东文化传播的接受和理解不产生偏差，二次输出传播过程不走样，形成输出、交谈、理解、再输出的良性循环。

只有做到"周期考评"，才能知道文化内部传播 with What effect（取得什么效果），做到传播效果反馈。神东在企业文化内部传播时，要重视日常舆情管理。当前，网络环节发声渠道日趋开放、多元，每一位员工都能够成为自媒体运营者，网络信息高速传播也为神东的舆情管理工作带来了新的挑战。在企业文化内部传播过程中，需要动态把握舆论导向，以防出现思想偏离和群体事件。神东应当充分认识互联网时代媒体格局和舆论生态的变化，全面强化舆情管控。一是要强化风险意识，持续完善舆情管控预案，明确责任人和相关工作人员职责，建立健全舆情沟通、汇报机制，并适时开展舆情应急演练。二是要强化互联网思维，主动适应"内容创造大众化、内容传播分众化"的新媒体发展趋势，善于运用媒体和网络服务群众推动工作的开展。三是要着力强化领导干部媒体素养，做到善用、善待媒体，提高同媒体打交道的能力，不断提升突发事件监测预警能力，提高舆情应急处置能力水平。

神东在企业文化内部传播时，要深入年度文化考核。目前，神东已建立起企业文化和党建工作年度考核制度，对企业文化建设、党组织建设、意识形态工作、思想政治工作开展情况进行考核。但是，仍然缺乏对文化传播效果评估的合理指标设置。为进一步提升企业文化内部传播效果，激发宣传工作者的热情，企业文化主管部门还需要对考核指标进行及时梳理和调整，提升相关部门和员工的重视程度，重实效而非重形式，将文化考核落在实处。

神东在企业文化内部传播时，要做好周期调研反馈。企业文化是一项系统性、长期性的工程。一直以来，神东重视企业文化，并大力推进企业文化建设工作，将文化视为推动自身高质量发展的重要动能。但长期以来，神东文化传播效果的相关评价多为主观评述，缺乏科学的衡量机制，在实践中可以采用丹尼森组织文化模型❶、霍夫斯泰德文化维度理论❷或郑伯埙 VOCS 量表❸对企业文化进行诊断，巩固文化传播的成果。

在落实全员参与、与时俱进、平台矩阵、尊重个性后，系统化的神东企业文化内部传播渠道被彻底打通。此时，再辅以对文化的周期考评，回答"5W 传播模式"的最后一个问题，即要取得什么效果，为神东创建具有全球竞争力的世界一流企业奠定坚实的文化基础。

6.1.2 探索多样化对外传播新途径

美国企业文化学者埃德加·沙因在《企业文化生存指南》中提出，文化分析一开始就应该放在企业文化的社会层面上，即从企业外

---

❶ 丹尼森组织文化模型由瑞士洛桑国际管理学院教授丹尼尔·丹尼森创建，是目前衡量组织文化最有效、最实用的模型之一，认为理想企业文化具有外部适应性、内部整合性、灵活性和稳定性四大特征。

❷ 霍夫斯泰德文化维度理论是荷兰心理学家吉尔特·霍夫斯泰德提出的用来衡量不同国家文化差异的一个框架。他认为文化是在一个环境下人们共同拥有的心理程序，能将一群人与其他人区分开来。通过研究，他将不同文化间的差异归纳为六个基本的文化价值观维度，包括权力距离、不确定性的规避、个人主义/集体主义、男性化与女性化、长期取向与短期取向、自身放纵与约束。

❸ 台湾大学教授郑伯埙认为，组织文化是一种内化性规范信念，可以用来引导组织成员的行为。他在著名实战派管理咨询专家埃德加·沙因的组织文化研究成果基础上构建 VOCS 量表，共有九个维度：科学求真、顾客取向、卓越创新、甘苦与共、团队精神、正直诚信、表现绩效、社会责任和敦亲睦邻。

部利益相关者的角度了解企业的文化,尤其是关注客户怎么看待企业的文化。在现代商业经济的实践中,通常对一个企业的了解是从形象、口碑等外部因素出发,而不是内部的因素。作为社会形象的有机组成部分,企业形象渗透在人们生活的方方面面,能够随时随地影响人们的思维、情感和消费能力。一个耳熟能详的企业及其品牌名称或者标识,总能触动消费者的情感,引发意犹未尽的想象。

企业形象是一个企业的个体形象、类形象、组织形象、艺术形象、自为形象的复合集成。要结合自身经营特色、市场环境等因素制定科学的传播策略,即有目标、有计划、有章法、有针对性地对外展示正面、阳光的社会形象。要明确企业形象定位,做好形象规划,有效地推进形象的塑造和传播,要建立起协同式的传播矩阵,根据传播内容选择立体多元的传播方式,充分调动各类资源,促使企业形象的传播达到最佳效果。神东形象是神东的生命力所在,它既代表了神东展示出的外在形象,也体现出神东深刻的文化内涵。其形象的对外展示可以归纳为理念识别系统、视觉识别系统、听觉识别系统和行为识别系统。理念识别系统决定了形象策划的特色和方向,行为识别系统涵盖了各项管理制度、责任制度的制定和执行等,企业在公共关系活动展示出的形象也属于行为范畴。视觉与听觉识别系统是最外在且容易表现的部分,与行为形象都是理念形象的载体和外化,是对外传播树立神东形象的具体表达手段。

随着同质化竞争日趋激烈,企业竞争力越来越集中于体现企业整体实力的企业形象竞争。谁能够在风云变幻的市场环境中树立起独具特色并被社会公众广泛认知与认同的企业形象,谁就能脱颖而出。这在品牌资产长期雄霸全球的可口可乐公司,品牌资产快速提升的苹果公司、三星公司和谷歌公司的经历中得到了很好的诠释。

神东贯彻落实国家能源集团 RISE 品牌战略,将打造神东品牌的视野扩展到整个文化领域,对内增强凝聚力,对外增强竞争力,并不断将其转化为资产。神东始终积极致力于打造"神东人"的实干品牌和"神东煤"产品品牌,煤海"乌兰牧骑"、煤海"黄土情"文化品牌,积极培育公司文化传播形象大使,持续增强神东在同行业同领域的影响力。为实现多样化传播，神东创作出一系列文化精品，从文艺作品创研传播、文化服务供给传播、企业形象展示传播三个核心方向建设文化品牌。在建设煤海"乌兰牧骑"文化品牌时，神东将其作为载体，举办创意大赛，以音乐、舞台剧等形式创作出多种文化作品，达到了用特色品牌对外传播神东企业文化的目的。此外，神东举办了系列文化活动，《神东人神东魂》《安全宣誓歌》等十多个精品原创节目文艺作品反映出神东视觉形象展示取得的显著成果。经过这一系列措施的落实，将具有神东特色的文化品牌打造成了集团乃至煤炭行业的品牌形象。

在今后的形象树立及传播中，神东首先要做的是激活基层组织这一文化传播的"神经末梢"，打通文化传播的"最后一公里"，实现以点带面，向外辐射传播品牌形象。其次，形象传播是建立在经济合作基础上的企业价值、观念、影响力的认同和选择的过程。品牌形象在经济合作中实现传播，在传播中推进文化传播。品牌形象与企业形象不断提升，知名度和影响力不断扩大，品牌体系进一步完善，母子品牌相辅相成，才能逐步构建起与世界一流企业相匹配的企业形象。同时，在传播过程中，神东一定要把握"诚信"的原则，将自身品牌文化的价值和品质与企业形象传播联系。保持品牌传播的生命力，把"诚信"的原则、品质充分应用于产品和服务，赢得国家、行业、社会与大众的信任，展现出强大的神东形象磁场。

6.2 塑造企业文化标准典范

在企业文化塑造的实践中，我们必须摆脱那些似是而非观点的"麻痹"，识别且把握住那些稳定且重要的企业文化塑造原理和关键控制点。有效的企业文化塑造需要平衡其价值性和工具性特征，关注企业文化生成和变革的关键控制点，尤其要聚焦到关键人物、场景和机制中。文化标准典范和行为文化的树立在企业文化塑造中发挥着至关重要的作用，通过建立标准的典范和建设行为文化，能够在组织中传递并弘扬所追求的价值观，使其在每个员工的言行中得以体现，有效地实现企业文化的塑造和变革，为组织的发展和成功打下坚实的基础。

6.2.1 标准化助推企业融合发展

标准化让企业理念"外化于行",企业理念体系构建作为企业文化建设的核心内容,对员工的行为起着重要的引领作用,行为的结果是否符合企业理念和管理标准的要求,取决于对员工行为的制度约束、理念和管理标准有无紧密结合。只有每一个岗位都用标准化的工作标准和制度来协调,文化理念才能与员工的行为保持一致。同时,标准化促进企业文化"内化于心",标准化建设的运用使企业各个管理对象实现全过程的量化管理,从企业岗位的确定到岗位绩效的考核评定,让日常管理活动的每一个环节、每一个岗位都处于标准化系统的管理之中,使企业实现全过程可视化管理,各项活动有章可循,责任清晰明确。

神东近 40 年的企业发展过程中,始终坚持把企业标准化建设融入企业发展战略中,把企业文化建设作为企业软实力和核心竞争力,构建了具有神东特色的企业文化体系,打造了优秀的神东企业文化建设平台,增强了神东人的凝聚力和向心力,塑造了神东良好的品牌形象,为神东迈向具有全球竞争力的世界一流企业提供了强大的精神动力和强有力的文化支撑。

自"创领"文化核心理念提出以来,神东引导全体员工积极参与企业文化建设活动,把企业文化体系贯穿到企业改革、发展、稳定以及安全生产管理全过程。以习近平新时代中国特色社会主义思想为指导,积极推进党建引领,充分发挥党员先锋模范作用,加强和改进新形势下国企党的建设,建立起了"大党建"的工作模式。为了在企业文化建设中做好表率,神东创新性地构建出"党建+企业文化"融合框架,将安全、质量、生产建设等工作与文化建设深度融合,融合生产经营、夯实安全管理基础、引领安全文化机制,逐步实现文化建设标准化。

在一系列企业文化建设硕果的加持下,神东先后荣获中央企业"企业文化示范单位""全国文明单位""中国企业文化建设优秀单位""企业文化建设优秀单位"、国家能源集团"企业文化建设先进单位",大柳塔煤矿、企业文化中心等 9 家单位荣获国家能源集团

"企业文化示范基地"等荣誉称号,对全行业以及全国同类企业有着良好的引领和示范作用,部分荣誉如图6-2所示。

图6-2 神东获得的部分荣誉

当前,神东企业文化建设已经从探索阶段,实现了标准化的企业文化宣贯,进入有方向、有目标的建设提升新阶段。在神东标准文化建设的熏陶下,神东将不断学习和进步,吸纳优秀的文化元素和经验,不断优化自身的文化建设,不断超越自我,保持竞争优势,让融合发展之路越走越宽广。

6.2.2 行为文化促进企业协调统一

企业行为文化是员工在日常生产生活中表现出的特定行为方式和行为结果的积淀,这种行为方式是员工所作所为的具体表现,体现着他们的价值观念取向,受制度的约束和导向,主要包括企业集体行为、领导行为、英雄模范行为、员工行为等。

从规范的制定到履行落地,神东行为文化便会自发地形成。员工行为外显虽然可以体现出神东文化建设的成效,但真正令文化建设更深入、更持久的仍然是员工思想层面的认知、认同。由此,企业文化测评不仅要测出员工行为所践行企业文化的情况,更要找出更深层次的内在成因,最终得到的测评结果除了能够反映出行为化的问题,更能涵盖文化建设的方方面面。

行为识别系统(Behavior Identity,BI)是企业形象识别系统(CIS)中一项重要的构成要素,可以直接反映企业理念的个性和特殊性,是企业实践经营理念与创造企业文化的准则,是对企业运作方式所作的统一规划而形成的动态识别系统。行为识别系统可以按照对内和对外两个层面进行分类。行为识别系统对内包括组织制度、管理规范、行为规范、干部教育、职工教育、工作环境、生产设备、福利制度、等等。丰富多彩的神东内部行为识别系统形成了公司层面企业文化"一枝独秀"与基层矿井、单位及区队、班组文化的"百花齐放"的活跃局面。同时，《神东视觉识别系统（VI）手册》《标识应用规范手册》《神东工装规范手册》等文件，也对文化标识、标准色、标准字、企业歌曲等视听元素进行了组织化、系统化规范应用。

值得一提的是，神东在创领文化手册中，明确了员工行为守则，进一步完善了行为识别对内层次的内容。员工行为守则要求员工爱我神东，尽责担当；珍爱生命，杜绝三违；感恩矿工，务求效能；恪守诚信，说到做到；崇尚节约，浪费可耻；坚守底线，依规做事。

行为识别系统对外包括市场调查、公共关系、营销活动、流通对策、产品研发、公益性及文化性活动等。神东曾连续 11 年荣获"全国煤炭工业社会责任报告发布优秀企业"称号。此外，神东及员工还先后获得了"精准扶贫示范企业奖"、第十二届"中国企业社会责任峰会绿色环保奖"、"全国五一劳动奖"、"国家科学进步奖"、"全国质量奖"等诸多荣誉。

行为识别和企业行为文化所包含的内容有相一致的地方。行为识别的有关内部员工的活动和一部分外部活动，都可看作企业的行为文化，而企业的行为文化，就其实质而言，也都可看作行为识别。因为这些行为都是在同一个企业价值观指导下进行的，有利于形成企业各自的特色。神东曾被国务院国资委命名为"中央企业文化示范单位"；在中外企业文化 2012 年峰会上，被评为"中国企业文化建设优秀单位"。

今后，神东在建设行为文化时，首先要考虑两种群体对于公司整体的引领作用。一是企业管理层，管理层的行为决定着神东发展的方向，具有领导全局的重要作用。二是模范员工，塑造恰当的企业模范员工行为可以在最大程度上鼓舞所有员工的工作意识和奋斗热情，保障行为文化在企业中的可持续发展。其次，神东应将行为文化作为价值观理念的延伸与贯彻，细化分解整体目标，要求员工做到言行一致，符合规范，使员工可以更好地理解神东文化。另外，神东应以行为文化作为硬性制度规定的重要补充形式，通过各种各样的仪式活动塑造优秀的具体行为，影响并转变员工的心理，提高其认同感与使命感，促使企业治理更加有效。

优秀的企业家通过英雄人物和各种文化仪式来开展各类活动，用正确的价值观、行为规范统一人们的行为，用一种强大的、似乎是无形的意识教化人们。如果不重视企业的行为文化，企业员工就很难逐渐形成统一的价值观，企业也难以形成优秀的企业文化。在高质量发展时代的新要求下，神东着力构建企业行为文化，坚持理念先行，领导示范，全员参与，逐步提升员工素质，在内部形成认同感、责任感和归属感，进而为品牌建设与发展打下坚实基础，在外部塑造良好的神东形象，增强企业软实力。

从农民到"全国劳动模范"，韩伟的创新创业之路这样走

韩伟，时任补连塔煤矿培训组主任。20世纪90年代，韩伟以农民轮换工的身份进入补连塔煤矿。从一名普通的放炮工、检修工一路成长为副队长、队长，把工作当事业干的他是领导和工友眼中的干才也是人才。伴随着世界级矿井的崛起，韩伟亲历了煤炭行业从炮掘、综掘、连续采煤机掘进和掘锚机一体化掘进的创新改革和发展历程。他自己也从普通煤矿工人成长为全国劳动模范，走出了一条自我发展与企业繁盛与共的康庄大道。

弘扬劳模精神、工匠精神是推进科技创新、实现高质量发展的重要驱动力量。正是因为被赋予这样特殊的职责，补连塔煤矿率先成立以全国劳动模范韩伟命名的劳模创新工作室，并建立技能师人才库，形成科技创新攻关团队，实现资源、技术、人才共享。劳模创新工作室下设以12位技能大师为骨干的"工匠之家"，独创修旧利废与实操培训相结合的新模式，创新了"以修促学、你修我奖"的修旧利废管理机制，取得了年节约5000余万元的业绩，提升了矿井的技术安保水平。

6.2.3 安全素能确保企业平稳运行

素能，不仅是素质与能力的简单叠加，还是词取半、意升华的新变化、新要求，更是素质的再提升、能力的再整合，是破解煤炭行业高质量安全发展瓶颈必须解决的问题。"生命至上、安全为天"是神东"创领"文化中安全理念的重要内容。在煤炭生产企业，多数事故都是由于企业一线员工安全意识薄弱和操作技能不够熟练等因素造成的，这些均属安全素能标准的范畴。因此，提高员工的安全素能，制定一套符合神东实际的员工安全素能标准对神东安全生产至关重要。

英国文艺复兴时期的哲学家弗朗西斯·培根在其著作《习惯论》中指出，人的行为是由思想支配的，行为的积累养成习惯，习惯的根深蒂固改变性格，性格又会左右自己的思维和行为方式，自然潜移默化地决定了命运。以往安全管理的强制性、片面性、刻板性使企业的安全管理形成"要我安全"的局面，这种传统的管理模式，难以提高员工的安全意识，很难充分调动和发挥员工遵循安全制度的积极性，在帮助员工自觉反对违反安全制度行为上收效甚微。要以问题为导向，对照文化理念要求和自我发展实际，制定一套完善的员工安全素能标准，让每一位员工在经过充分学习后"对标找差"，主动提高安全意识，变"要我安全"为"我要安全"，以推动一线员工积极主动按规范操作，避免违章作业酿成事故。

在神东安全文化建设过程中，重在"五个落地"，即通过外化于行使理念文化建设落地，通过"制度化管人、流程化管事"使制度文化建设落地，通过物机稳定运行使物机文化建设落地，通过人机环科学匹配使环境文化建设落地，通过自我管理使行为文化建设落地。

神东矿工安全素能标准着重关注矿工安全行为方式的养成与习惯化，对其进行评估，既能帮助神东了解员工在安全方面的能力和潜在风险，从而采取相应的培训与管理措施，又能有效增强员工的安全意识和能力，减少安全事故的发生，具体指标体系如图 6-3 所示。而文化作为一种传播载体，将矿工安全素能标准同企业文化紧密结合，不仅可以塑造神东安全价值观，强化员工安全意识，还能提高团队协

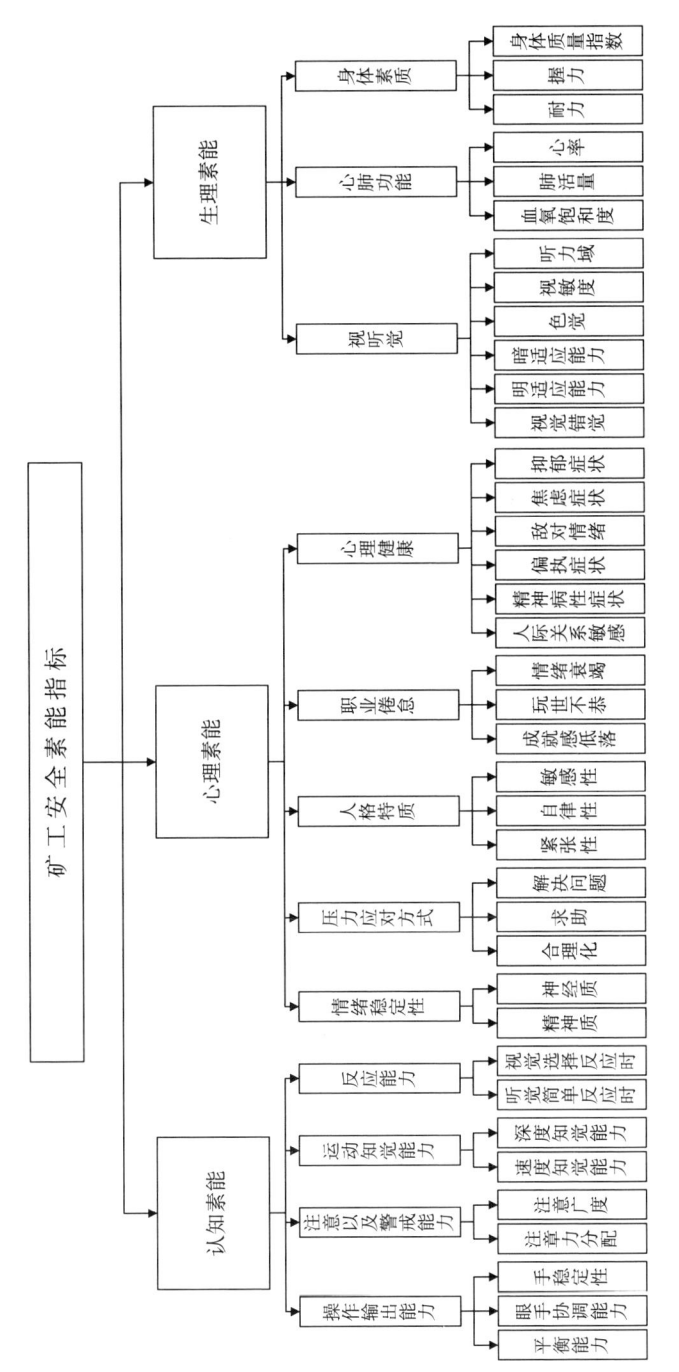

图6-3 矿工安全素能指标体系

作和员工参与安全管理的积极性。在长期关注员工的安全素能养成，并结合矿工个体的个性特征与岗位工作要求后，合理安排，即可实现"人岗匹配、人尽其才"的目的。

6.3 健全企业文化评价体系

健全神东文化的评价体系，首先要实施员工企业文化自我评价，让员工主动参与并反思神东企业文化现状。通过问卷调查、座谈交流等科学有效的文化评价方式，定期反馈员工对企业文化的认同度、满意度和改进意见，促使员工主动参与神东文化建设的过程，增强其参与感和归属感，逐步提升员工个人行为与企业文化匹配程度。其次，要不断完善企业文化诊断与测评机制，通过引入专业的文化诊断工具和方法，对企业文化进行全面、系统的评估和分析，帮助神东了解文化的强项和弱项，发现与企业目标和价值观相悖的行为，为企业文化的改进提供有针对性的建议和方向。

6.3.1 实施员工企业文化自我评价

企业文化评价是为了准确把握企业文化现状，对企业文化塑造进行定位的方法。正确的定位可以帮助企业上下认识并找到现有文化与企业目标文化间的差距。在充分认识到企业文化评价的重要性后，掌握相关理论、方法，对企业文化进行科学、定量地分析，能够从根本上认识到企业文化具有的特征，从本质上认识企业，助力企业实现文化管理科学化、精细化、实效化，为企业文化不断更新变革提供依据。

注重企业文化落地的绩效评价，遵循"建立问题导向—形成问题解决机制—深入解决问题"的路径，不断深化企业文化融入管理的载体和途径，拓展文化管理的覆盖面。把文化理念融入制度流程之中，利用制度流程的约束性，强化文化认同。定期对员工做企业文化认识评估，以便对员工的企业文化认识程度进行调查，有利于企业价值观与企业文化理念的深植落地。

在神东，员工个人行为与企业文化的匹配程度越高，越有利于神东企业文化的落地，因此要实施以企业文化为导向的员工自我评价。

在员工企业文化自我评价具体过程中，首先需要员工深入理解神东企业文化特征，对自身整体能力表现、外在行为举止及专业素养等进行自我评估，同时神东要对员工开展企业文化培训，持续提升员工对企业文化的理解程度。其次，在对神东员工进行文化测评过程中，要建立起系统化的文化考核机制，按照神东核心价值观和员工岗位素能要求进行精准文化测评，通过科学有效的文化测评方法，对员工潜在思想进行明确，确保其对于神东文化的理解和认知能够直观表达。再次，形成有效的员工与企业文化心理契约，通过与员工心理文化契约的构建，保证神东员工对企业核心价值观的入心、入脑，最终达成在进行神东文化传播过程的同时，实现员工与神东之间文化共鸣的目的。

员工的文化测度可以采用调查问卷的形式，部分样表如表6-1、表6-2所示。

表6-1　企业员工文化测评样表1

以下各项陈述，您在多大程度上同意，用1-5分进行打分，其中5分代表完全同意。		
维度	项目	评分
文化认同	我认同公司的文化理念（包括使命、目标、价值观、精神）	
文化认同	我愿意用公司的文化理念指导自己在企业的行为	
情感归属	我有"是这个公司的人"的感觉	
情感归属	我确实觉得公司面临的问题就是我自己的问题	

表6-2　企业员工文化测评样表2

企业文化简要评估
说明：请根据你所了解的情况和你的亲身感受评价本企业以下各方面在多大程度上和企业文化的核心理念（使命、愿景、价值观、管理理念）是一致的。请按-5至5的分数段打分，-5分代表完全相反，5分代表完全一致，-5至-1分代表背离企业文化理念的不同程度，1至5分代表符合企业文化理念的不同程度。如果您对某方面情况不了解，请选0分。

续表

CEO 的言行	企业的发展战略
你的直接上级的言行	企业组织结构
企业表彰的先进模范人物	财务、生产、质量等管理制度
一般员工	企业召开的会议
行为规范	部门召开的会议
人力资源管理	企业举办的文体活动
工作说明书的相关规定	生产办公环境
招聘的标准和做法	媒体宣传的内容
培训的政策、规定和做法	企业内流传的故事
考核的标准和过程	企业内悬挂或流传的口号
薪酬的决定因素、水平和调整	

6.3.2 完善企业文化诊断测评机制

企业文化建设对组织发展至关重要,如何有效识别企业文化建设现状及准确把握文化变革的方向与路径是保持企业持续发展的关键保障之一。在文化识别与变革过程中,文化测评显得尤为重要。

神东曾先后于 2003 年、2006 年、2009 年和 2016 年做过四次企业文化诊断和提升。在 2016 年第四次文化诊断时,从企业发展基础要素、企业文化现状特征和驱动要素三个维度设计的系统分析诊断模型,通过文化基因、现状类型及优劣、组织氛围和管理问题剖析、员工期望与形象类型、发展战略对文化诉求、行业关键价值驱动要素以及民族、国家、社会文化影响定位文化导向等,分析描绘出神东自身的基因图谱,查找存在的问题并提出相应的解决方案。

2022 年,神东对现有企业文化状态又进行大规模文化测评与调研,本次文化测评使用企业文化四层次结构评价理论模型,即按照精神层、制度层、行为层和物质层进行分析与评价。通过归纳总结出在转型升级背景下,神东需要匹配的八大企业文化要素:安全、合规、创新、求实、学习、服务、竞争、人本。

完善的企业文化测评机制是神东企业文化建设与落地管理的重要支撑,是对神东企业文化建设的过程分析、成果鉴定和工作流程的检验体系,是企业文化建设系统的重要策略和方法。不断完善神东企文化测评机制，首先要做好职责划分工作。主管部门要做好"统筹者"，企业文化宣贯实施主责单位要做好"组织者"，建立并持续改进企业文化建设效果测评指标，定期进行企业文化测评，分析评估结果并撰写评估报告；各个管理及生产单位做好企业文化测评"实施者"，负责文化评估的具体操作，汇总调查结果并向企业组织反馈；神东全体员工做好"评估者"，给企业文化建设的测评效果打分，企业文化建设效果到底如何，企业的制度、领导行为、激励机制是否很好地体现了企业的价值观，神东的每一位成员都对此有最直接、最全面、最深刻的感受，因而也最有发言权。

对企业文化建设进行测评，内容需要涵盖企业文化建设的各个方面。神东企业文化测评包括对文化建设战略规划的评估、对文化管理尽责情况的评估、对文化品牌形象传播效果的评估、对管理者的尽责效果评估和对制度文化审计效果的评估五大方面（图6-4）。通过定期进行神东企业文化测评，及时了解和掌握企业文化建设和落地的情况，据此做出下一步的战略决策，这样才能保障神东企业文化沿着健康、科学的方向发展，这样的企业文化落地后也才能成为企业的核心竞争力。

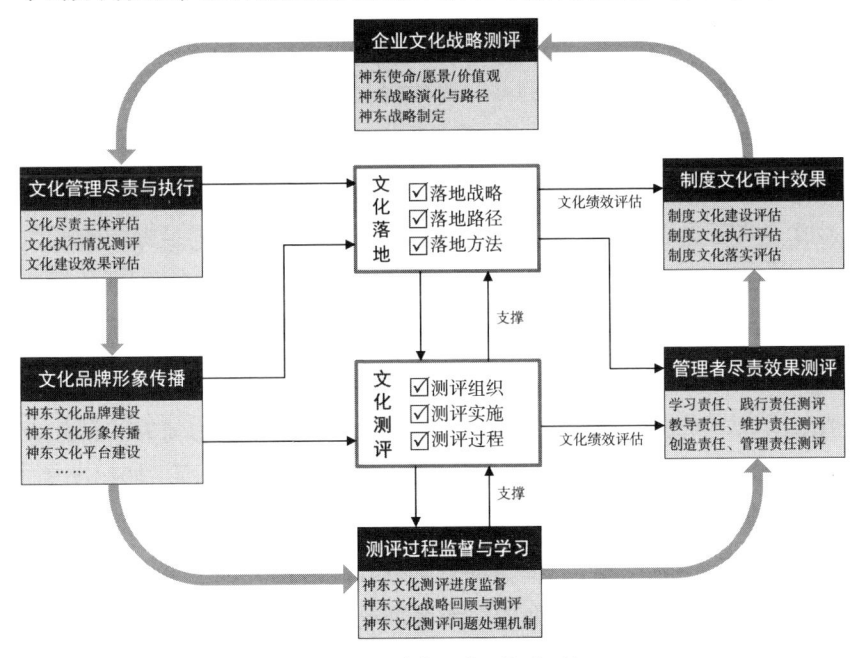

图6-4 神东文化测评机制

6.4　优化企业文化考核制度

企业文化考核，目的在于为员工提供明确的行为准则和价值观念，指导他们在工作中更好地理解和践行企业文化。神东首先要将企业价值观融入人才选用标准，着力构建人才的综合素质评价模型，实现对文化理念的具体落实。其次要将企业文化纳入党建责任制考核，让文化与党的建设紧密结合，充分调动党员干部做事的积极性，以党建引领企业文化发展。最后要将员工行为与企业文化结合，从文化建设的全过程、各阶段出发，考核员工的关键行为表现，促进神东内部的一致性和凝聚力，持续优化企业文化建设。

6.4.1　企业价值观融入人才选用标准

柯林斯和波拉斯在《基业长青》中写道："能长久享受成功的公司一定拥有能够不断地适应世界变化的核心价值观和经营实务。"由此可见，核心价值观可以被视为神东基业长青的根本力量。企业核心价值观的贯彻能够为企业提供具有长远意义的、更大范围的正确方向，为企业在市场竞争中基本竞争战略和政策的制定提供依据。例如，"安全高于一切"的导向，认为安全是生产和利润的前提。企业的良好文化氛围及其员工的良好道德观与价值观，不仅可以降低因员工冲突所引发的协调成本，还可以降低企业对员工的监督成本。

可以说，共同的价值观念让员工把企业看成是一个命运共同体，形成了共同的目标和理想，把本职工作看成是实现共同目标的重要组成部分，使得整个企业步调一致，形成一个统一的整体。企业共同的价值观同时能够凝聚奋发向上的思想观念和行为准则，可以形成强烈的使命感和持久的驱动力，使每个员工都感到自己的存在和行为的价值。例如，神东共同的价值观、信念及行为准则形成的强大的精神支柱，能使神东人产生认同感、归属感、自豪感，促使员工加倍努力，用自己的实际行动维护企业的荣誉和形象。

在落实企业文化过程中，首先应以共同的价值观为导向，构建符合企业文化理念体系和企业实际的各项管理制度和行为规范。以科学的制度体系规范员工行为，以有效的制度创新提高管理水平，使管理步入决策理性化、管理制度化、操作规范化的良性轨道。而这其中的考核机制更是能够形成长效机制，实现对员工行为更好地约束或激励，确保企业文化落地生根。最终企业的文化理念能否落实到企业行为上去，而不是停留在纸上或贴在墙上成为口号与标语，关键在于其核心价值观的企业文化落地是如何设计的，能否使核心价值落实到现有管理措施中，能否有制度、有措施、可规范、可考核地实现文化落地。

对企业文化进行考核时，神东从4个层面9个具体方面对公司本部及下属各单位进行评价打分。包括理念培训宣贯（组织企业文化专题培训、日常培训中融入"创领"文化内容）、特色文化建设（特色文化开展、搭建特色文化载体、实践效果）、文化传播（宣传报道、案例上报及时性和质量、创新传播载体）、VI标识应用。

企业干部作为企业的重要组成部分，同企业开展的重要工作关联度重大，有的干部要承担全局性职能，会直接影响企业发展目标的完成情况。因此，干部选拔就成为企业选人用人机制的重要环节，企业将具有较大发展潜力的优秀人才选拔到重要岗位，既是对其能力素养的认可，也是对其实施深度观察和跟踪培养。阿里巴巴在干部选拔方面将员工分为"野狗、狗、牛、白兔、明星"进行人才考核。例如"明星"是与企业价值观契合、业绩也非常优秀的员工，阿里巴巴会加大资源投入，培养他们成为未来的接班人；"牛"是业绩和价值观都基本符合要求的员工，是阿里巴巴的中流砥柱。通过提拔那些"明星"干部，提高其分析问题、研判问题、解决难题的能力，进而实现企业综合素质的整体跃升。

在选人用人机制方面，神东着力构建以专业、学历、职称、工作经历为主要维度的干部选拔基本素质评价模型，储备管理、党建、机电、生产等人才库。承诺让每一名员工在收获成长的同时，让其有奔头、有自己的舞台实现干部梦。神东目前的"干部竞聘制度"和"干部选拔聘任制度"虽比较完善，但仍需进一步与企业文化建设结合起来。首先，神东应将企业价值观转化成员工行为，根据不同岗位和职能，建立员工行为准则和职业操守，进而建立员工职业行为日常规范，对员工的具体行为进行考核；将企业价值观具体行为化、纳入经营管理中，从而建立完善的企业价值观考核体系。在选拔干部时，尤其要注意看其价值观是否与公司的相匹配，是否能够承担基层单位与公司总部之间的沟通工作，是否能够兼顾基层单位与公司总部的利益，将价值观纳入干部选拔和晋升的考核标准中。其次，神东需要明确价值观在整体绩效考核中的权重，确定价值观考核的目标值，通过针对管理层试行价值观的绩效考核，摸索经验并完善理论，最终推广至全体员工，并对考核结果进行应用到干部选拔、后备人才的培训等事宜中，带动与业务经营、人才晋升、员工绩效奖金等模块相结合，促进企业内部管理提升，彰显企业文化构建的创新性和特色性。正如神东一位领导所说的那样，"神东最核心的竞争力是人才培养，神东人才也不单单是知识文化，是工作作风、敬业精神、价值观的结合。神东人才要凝聚神东烙印，要具有神东精神"。

6.4.2 企业文化纳入党建责任制考核

在全面建设社会主义现代化国家的新发展阶段，必须坚持以习近平新时代中国特色社会主义思想为指导，坚持党对国有企业的领导不动摇，巩固深化国企党建工作成果，推动党建工作和生产经营深度融合，巩固完善中国特色现代国有企业制度，以高质量党建引领国企高质量发展。

党建工作为企业文化建设提供了坚实的政治保障，神东发展的新动力也可以通过党的建设实现。在当前社会发展的背景下，党建与文化建设的有机结合既是时代发展的需要，也是践行社会主义核心价值观的需要。如果文化建设不能紧密结合党的建设，企业的发展就会失去政治引领。同时，只有文化建设和党的建设工作共同发展、相互促进，企业才能够实现可持续发展与高质量发展。

为客观评价企业内部各级党组织落实党建工作责任制情况，神东建立了务实求真的党建考核体系。坚持考精、考实、考好原则，围绕减负、提质、增效，修订党建工作责任制考核实施办法，采取分层分类考核。党建考核中摒弃了以看资料为主的考核方式，采取调研、座谈等方式，结合党建引领安全生产经营情况，综合评判党的建设质量和实效。

在党建责任制考核时,神东党委设计了 4 类 7 项指标对各矿处党委、直属党委所属总支、支部考核评价,同时明确了加分项内容。其中,基础性评价指标分值占 20%,包括坚持党的领导和加强党的建设;任务性评价指标分值占 15%,聚焦重点任务落实情况;引领性评价指标分值占 10%,覆盖了党建引领安全生产、经营管理等中心工作;党建品牌荣誉评价指标分值占 5%,重点评价各级党组织品牌建设工作、重要先进荣誉获得情况。年度考核评价结果与被考核党组织领导班子和领导人员综合考核评价挂钩,与被考核党组织书记抓党建工作、党组织党员领导班子成员落实党建工作责任制情况相衔接,与基层党组织领导人员任免、薪酬、奖惩相挂钩。

党建工作与企业的中心业务有机结合,既充分调动了广大党员干部干事创业的积极性、主动性和创造性,也推动了各项业务工作的顺利开展。党建责任制考核评价真正体现出神东党建工作"聚焦主业、服务大局、实事求是"的鲜明特征,坚决杜绝党建和业务出现"两张皮"现象,通过各项制度将党建引领煤炭安全高质量生产落到实处。

在未来企业文化建设过程中,要明确责任分工,企业领导要对企业文化建设负主要责任,各级党组织要负责推动企业文化建设,党员干部要以身作则,引领广大员工积极参与企业文化建设;同时,要加强宣传教育,可以通过多种形式开展宣传教育活动,提高员工对企业文化的认识和理解,通过组织员工培训、举办文化活动、开展文化讲座等方式,加强员工的企业文化意识和文化素养,定期对企业文化建设情况进行评估和调整,及时发现问题和不足,并采取相应措施加以改进;要将评估结果与党建责任制考核深度结合,通过综合评估企业文化建设的情况,对相关责任单位和个人进行考核。

6.4.3　员工行为考核与企业文化落地

企业文化行为考核,既是企业控制过程的前提,又是其实现的形式。考核标准一般依据目标文化和一般规律去设定,以此判断企业的文化建设工作是否符合目标文化要求,是否符合其一般规律,并发现存在的问题和差距,以考核标准为尺度,矫正企业文化实践工作,促进良好企业文化的形成。换言之，考核为企业文化行为形成起到导向作用。清华大学魏杰教授在其著作《文化塑造》中提出企业文化塑造要从制度化、实践化、教育化、奖惩化、系统化五个方面开展工作，其中奖惩化是指通过员工行为反映出的企业文化理念应该接受考量和核查，从考核的结果出发进行奖惩，以督促企业文化落实在员工的实际生活中，落实到每时每刻的日常行为中。

企业文化建设工作具有相对稳定性和一定阶段性的特征。相对稳定性是指企业文化的精神层面，尤其是核心价值观，一经确立就应保持相对的稳定。阶段性这一特征反映了企业文化建设工作是否符合客观变化的需要，是否符合核心价值观，是否有助于核心价值观深入人心。企业文化建设的相对稳定性和阶段性决定了只有通过适当形式的考核与评估，才能使企业文化建设工作适应不同阶段的需要，保证企业文化建设沿着正确的方向向更高层次发展，保证企业文化行为沿着设定的路径前进。

对员工企业文化行为的考核应从企业文化建设的全过程着眼，逐项检验企业文化的科学性、系统性、完整性、时效性等，以及各项企业文化落地的目标和其他执行情况。在文化理念指导下，通过各种有针对性、可行性的措施，把管理理念落实到实际工作中，对企业运营管理体系进行提升与完善，运用多种途径提升员工凝聚力和向心力。具体举措包括传播网络优化、领导行为优化、企业管理优化、企业楷模发掘、物质环境提升、非正式组织管理、对外宣传管理等。主要的考核内容可以包含企业文化传播网络建设的完备性、管理人员对企业文化的认知和理解、管理人员的文化和制度执行情况、企业标识、工作环境等是否有改善和提升、员工满意度和忠诚度是否得到提高、外部主流媒体上刊登企业文化稿件的发表率等，通过考核相关指标衡量企业文化行为是否落实到其应有的效能，落实到结果上。

要想将神东企业文化行为真正融入考核体系中，应该主要考核员工的行为表现，而不仅仅是态度。首先，要考核员工关键行为表现。关键行为的考核是对员工日常工作中影响工作绩效的行为表现进行评价，对优秀的、神东鼓励的行为表现进行鼓励（加分），对神东所批评的、降低工作效率和质量的行为给予批评修正（减分），从而促使员工在工作中的行为表现产生改变，最后提高其工作效率。根据倡导的文化理念，确定每个岗位日常工作中应该表现出的优秀行为，再将这些优秀行为作为员工日常考核的考核指标对员工进行考核，达到或超过标准的加分，未达到的减分，从而促使员工主动改进其行为，使其行为尽可能地符合神东所倡导的标准，最终使企业文化落到实处。

其次，要综合评判员工工作态度与能力素质。员工的工作态度和能力素质是企业文化的体现，所以在对员工进行行为指标考核后，还应当对其工作态度和能力素质进行考核，作为行为考核结果的修正项，使得考核结果更加符合员工实际情况与企业文化的要求。

最后，要进行正向激励引导，奖优罚劣，坚持绩效正面激励。将考核结果与员工的奖惩挂钩，对表现好、符合企业文化的员工给予奖励，对表现不符合企业文化的员工进行适当的批评惩罚，推动员工自我改正和完善。此外，神东还应该重视绩效面谈的作用，在员工考核结束后，与员工进行科学、合理的绩效面谈，引导员工发现问题、改进问题，从而使得员工的表现更加符合企业文化。

神东绩效改革激活企业内生动力

神东作为国家能源集团煤炭板块主力军，坚决贯彻落实党中央、国务院关于深入实施国企改革三年行动的重大决策部署，坚持问题导向，从顶层设计出发，系统思考，以公司收入分配为突破口，通过薪酬、绩效与能力系统相互作用，全面薪酬综合发力，充分发挥动力机制与能力机制的协同效应，不仅解决员工主动性和积极性的问题，让员工愿意干事、想干事，同时解决员工会不会干的问题，让员工会干事、能干事，推动组织目标高效达成，争创行业标杆示范，推动公司高质量发展。

创新薪酬分配体系，激活"一池春水"。2020年以来，按照党中央、国务院国资委关于国有企业深化收入分配制度改革的各项部署和集团的具体要求，神东持续推进"五个一"建设，即构建一个五层四级的劳动定额标准体系，打造一个突出价值、能力、贡献的岗位薪酬标准体系，构建一个基于"双量化"的员工绩效管理闭环机制，拓展劳动定额在多层次、多领域的一系列融合应用，搭建一个高效运行的信息化管理平台，形成覆盖矿井生产、设备维修、后勤服务等8大类719项业务的24万项劳动定额标准，蹚出一条央企薪酬改革的新路，激活企业"一池春水"。

动态调薪晋薪，突出价值导向。煤矿是神东的主战场，也是收入分配改革的试验田。近三年，神东相继出台了《关于持续推进全面定额量化管理改革高质量达标的通知》《全面深化定额量化管理改革2022年工作方案》等一系列制度、方案和通知，形成调薪晋薪机制，"每年根据员工学历、专业技术、技能按照实际取证情况调整员工薪酬。绩效调薪根据组织绩效考核排名情况，下达各单位年度员工绩效各等级的比例，各单位根据内部员工绩效考评结果和调薪规则进行相应调整。

随着全面定额量化管理的全面应用，公司收入分配结构持续优化，杠杆作用有效凸显，人工成本投入产出效率和全员劳动生产率稳步提升，为企业高质量发展注入动力和活力。

6.5　发挥企业文化激励作用

在发挥文化激励作用的道路上，企业一直探索着一种内在动力，通过塑造积极向上的文化氛围和价值观，激发员工的潜能和创造力，使之在企业发展中充满激情和动力。发挥文化激励作用的关键在于塑造共同的目标和共识。神东通过树立文化榜样激励强化感召力，明确愿景和价值观；通过企业文化环境激励增进凝聚力，为员工提供共同奋斗的方向；通过员工成长发展激励集聚向心力，让员工明白自己的重要性和责任。神东文化的落地让共同的目标和共识成为员工努力工作的动力源泉，激励个人才能和潜力，传递积极的价值观和行为准则，发挥出了员工的工作热情和奉献精神。

6.5.1 企业文化榜样激励强化感召力

伟大时代呼唤伟大精神，崇高事业需要榜样引领。企业里的英雄人物就像企业的价值观一样必不可少，他们是企业中现存或者曾经存在的"典型"，是企业价值观的化身，能够凝聚和感召其他员工。树立榜样，可以凝聚向上的力量，将企业文化具象化。榜样的力量是无穷的，企业中的每一位榜样都是一面旗帜、一个标杆、一节火车头，他们是员工纷纷效仿的对象，他们用言传身教传递给广大员工的思想和理念更是一种生动形象、实在有效的特色文化。塑造榜样还能够达到以点带面的目的，激发出员工的积极性和对工作的热情度，帮助员工个人能力与素质的双双提升。

神东在选树培养榜样时，可以采取"三四二"工作法，以期发挥出企业文化榜样激励的最大效用。

"三"是指神东在选树榜样时应坚持三个原则。一是坚持"民主集中"的原则。榜样来源于现实，来自广大员工在各个岗位上的实践，但比普通人的实际生活更具集中性、普遍性和代表性。因此，神东榜样应具备广泛而深厚的群众基础和扎实有效的工作实践能力。在评选榜样时，主要领导和主管部门"不定调子、不定框架"，深入员工，广泛听取意见，让员工来推举和评判。只有坚持民主集中制的原则，挖掘出的榜样和典型事迹才能既符合实际又代表员工诉求心愿。二是坚持"实事求是"的原则。神东榜样的说服力、感染力，取决于其本身的真实性和先进性，取决于他们在平凡岗位上孕育出的伟大精神。在选树榜样时，切忌人为拔高，让榜样脱离实际、脱离群众，这样非但不能起到激励作用，还有可能会适得其反。三是坚持"实效实用"的原则。神东在确定榜样时，要讲究实效和实用，要选用那些工作积极性高、有思路、能创新、接地气的典型。同时，榜样不一定只是一个具体的人或组织，也可以是对神东而言有意义的一件事或一项活动，只要赋予"事"以生命力和感召力，同样可以发挥出"人"的激励作用。

"四"是指，神东在培养榜样时应践行四个环节。首先，要注重统筹规划，即把握好正确的方向，确定好榜样在他的各个成长阶段应当具有的素养和标准。在制定出详细的培训计划后，通过切实可行的措施，保障榜样培养计划的实现。其次，要注重跟踪指导，坚持对榜样进行全过程培养，对已树立的榜样给予有效的支持和帮助，时刻鼓励他们发扬自身的优点和精神，督促他们纠正缺点与不足，保证他们始终"走正道、行正事、做正人"，始终保持奋发有为、敢于争先的精神状态。再次，要加强对榜样的约束，保持其先进性和生命力。要帮助榜样正确对待成绩，正确对待荣誉，正确对待同事，不断对其提出要求和目标，支持他们"对标找差"，自我加压、自我完善。最后，要注重关心爱护，让榜样感受到组织的温暖。榜样是神东的先进分子，但人无完人、金无足赤，对待其生活工作中存在的问题，企业要多一些理解支持，少一份埋怨指责。对工作环境艰苦、工作强度大或遭遇困难与不幸的榜样，神东各级组织更应及时伸出援手，主动帮助其解决困难，免除榜样的后顾之忧。

"二"是指，神东在发挥榜样激励作用时应用好两个手段。一是要树立开放思维，对榜样多层次宣传表彰，用灵活多样的方式展现出神东榜样的风采，如利用神东网站、公众号、视频号、内部报刊等载体，灵活搭配视频、图片、文字等元素，生动再现出模范爱岗敬业、乐于奉献的感人事迹和精神风貌；也可以通过电子LED大屏、企业宣传栏、宣传展板长期在厂区和员工生活区设置光荣榜，张贴榜样的相片，让全体员工尽可能认识榜样、熟悉榜样、贴近榜样，达到见贤思齐的效果。二是要强化典型引路，全员全方位学习提升。虽然可以将榜样视为神东文化的人格化身，但他们也是众多普通神东人之一，他们生活、工作在广大员工之间，分散在神东各个岗位上，只有让榜样"从群众中来，到群众中去"，他们的影响力和辐射能力才能完全得以发挥。在加大榜样宣传报道力度的同时，更要让榜样"动起来、活起来"，以各类主题活动、神东先进事迹演讲报告会、神东榜样现场交流会等活动形式为中介，把榜样的感人事迹、高尚品格和经验做法转化为全体员工宝贵的精神财富，形成"聚是一团火，散是满天星"的榜样发展格局。

榜样的选树必要而有效，让万千神东人学有目标、行有所依；榜样的力量质朴而厚重，由内向外浸染着每一位员工的心田，激励他们奋勇争先。神东伟大事业和伟大成就离不开榜样，发扬和传承神东榜样精神，仍需"一代接着一代干，一棒接着一棒跑"的魄力和决心。

神东煤炭集团举行百名杰出员工颁奖典礼暨神东精神报告会

2020年11月10日，神东煤炭集团百名杰出员工颁奖典礼暨"神东精神"报告会在新闻中心演播厅隆重举行。

典礼上，神东煤炭集团公司党委授予何永久、院良臣等30名同志"百名杰出员工艰苦创业奖"，授予樊治国、高会武等30名同志"百名杰出员工开拓先锋奖"，授予杨真、郭永文等40名同志"百名杰出员工突出贡献奖"。

榜样是一面旗帜，精神是一种指引。演播厅里优美深情的《不忘初心》旋律响起。慷慨激昂的歌声，带领人们的思绪穿越回那个改革开放的风火年代。从普通工作面走向世界首套最大采高面，从一望无际的沙漠到举世瞩目的绿色煤都，一枚枚无尚光荣的奖章，铭记了近40年的艰苦创业，近40年的开拓进取。

何永久、院良臣、刘汉武……一个个名字，一段段传奇，穿梭了岁月。他们把信念化成脚步，把初心融进事业，开启了筚路蓝缕的能源建设之路。

如今，虽已两鬓染霜，虽已步履蹒跚，但敢为人先的老一辈创业者的卓著功绩，早已铸就了一座座不朽的丰碑。在探索建设第一座现代化矿井时，矿井的建设规模在早期开发建设者何永久的坚持下一改再改。由起初的60万吨变为120万吨、300万吨、600万吨、1000万吨。在艰辛的努力下，最终，矿井设计、设备选型、人员核定都实现了他对现代化的定义。

时间不会忘记他们，更不会冲淡他们留下的宝贵精神。20世纪80年代，早期开发建设者刘汉武曾带队赴北京汇报，争取

> 神府煤田开发和煤炭出口事宜。此行中,他带着陕西省委第一书记马文瑞给当时分管煤炭的国务院副总理的信,带着榆林地区要求出口煤炭的请示报告,带着百万老区人民的心愿,赶赴北京。最终,他们成功而返。1984年,国家同意开发神府煤田。
>
> 昨天,艰苦创业是主旋律;今天,传承精神是最强音。

6.5.2　企业文化环境激励增进凝聚力

企业文化环境是无形的,寓于企业整体环境中,体现出企业推崇的特定传统、习惯及行为方式的精神格调;它又是具体的,以其潜在的运动形态使全体员工受到感染,领悟到企业的整体精神追求,从而产生思想升华和自觉意愿。企业文化环境作为一种宝贵的管理资源,润物无声,通过对其强化提升,可以极大提升企业的日常管理和生产经营效率,激励员工勇往直前。

人文关怀彰显文化建设的温度。霍桑实验表明,当一个人备受关注时,其工作绩效会迅速提升。三国时期的刘备能从早期的落魄无依到暮年称霸一方,很重要的原因是他"弘毅宽厚,知人待士"。当管理者愿意抛开自己的身份和地位,以平等的位置同员工对话,帮助他们解决生活中的问题、在工作上取得成功、实现自我追求时,管理者的影响力就不依赖于权力而生,其激励效果已经植根于员工的骨子里。

做好员工关怀的首要工作就是要把员工放在神东全盘工作的核心位置,建立起以保障员工权利为基础,以实现员工需求为目标的制度机制。只有给予员工积极参与企业管理的机会,其能动作用和创造活力才能被最大限度地激发。同时,管理者要带头在神东营造出一种尊重员工主体地位的氛围,这种氛围不单指不断提升愉悦的工作氛围,也包括持续优化井下工作环境。良好的氛围让员工感到被爱护、被尊重、被信任,在快乐中生活、在健康中工作,员工自然而然会心系神东,将自己人生价值的实现与工作实践相融合。另外,管理者还要树立起"服务员工,换位思考"的理念,把员工放在心里,倾听员工呼声，解决员工的"急难愁盼"，关心员工的精神状态与身体健康，主动为老同志、困难员工送去关怀。

仪式塑造承载文化建设的传播。国之重礼在于盛世仪典，企业也有其仪式典章。文化仪式是一种自发形成的或经过精心设计打造而成的行为范式，在文化传播路径中重复作用，最终形成激活企业文化环境激励功能的关键之匙——仪式感。美国学者詹姆斯·卡斯曾说过，仪式是纪念人生中最重要的一刻，从而让我们不断前行。作为企业文化环境的核心要素，仪式让某一特定的事件历久弥新，让身处其中的参与者印象深刻。个人会因为庄重的庆典和表彰带来的仪式感从而对工作怀揣更饱满的热情，其他员工也会在精神上受到极大鼓舞，员工与企业由此仪式紧密相连。在塑造文化仪式的过程中，神东虽然已经形成了完整的仪式体系，但在仪式策划流程和标准化上仍有需要提高之处。要充分发挥仪式的激励作用，就要遵循"找准定位—制定体系—形成标准"的建设路径。

首先，神东在文化仪式建设中要根据煤炭行业的特征找准定位，策划具有神东特色的企业文化仪式。例如文化仪式要背靠煤炭行业所肩负的保供政治责任，国家能源集团提出的"绿色发展，追求卓越"的核心价值观，神东自身"创建具有全球竞争力的世界一流企业"的发展目标等，切实发挥出仪式参与能够提高员工内心深处对企业的认同感的作用，感受到身为央企员工的神圣感和使命感。明确自身定位后，就要整体规划、合理部署、有的放矢，形成统一的神东文化仪式系统和体系。除了定期举行总结和表彰活动，还要充分利用党的重大节日和企业纪念日，达到既加强了内部员工和外部客户对神东的了解，又进一步增进干部员工的责任意识和党性意识的双重目的。最后，神东还要形成相应的标准，在具体的流程和时间节点上一以贯之，促进仪式建设成为神东文化建设整体规划中的重要组成部分。在仪式标准化建设时，既要制定必要的仪式标准，注重仪式表达的内涵，用标准化的仪式促进激励效果的达成，也要制定对应的活动标准，因为仪式常常蕴含在活动中并通过文化活动表现出来。当标准形成后，活动形式、活动内容与活动预期达成的目标就能实现相互统一。

VI系统是品牌塑造的根基。VI（视觉识别）是企业文化环境中最重要的构成因素。据统计，员工所感知的外部信息，有83%是通过视觉通道达到心智的。VI能够将企业形象与企业文化中的非可视内容转化成为静态的、显性的视觉识别符号，以丰富多样的应用形式在最广泛的层面对员工进行最直接的传播。当企业建立起VI系统，企业的面貌将焕然一新，员工能够更为直接地获取到企业所宣扬的、提倡的内容，并从中获得激励，振奋起精神。

任何一个VI项目都包括开发、设计、导入、执行、维护等五个阶段，神东早在2004年就开始启动VI识别体系建设，形成蓝、红、橙"三色"VI系统。2017年国家能源集团成立后，又根据集团要求，形成了《神东VI视觉识别手册》，成功实现了神东VI项目的开发与延伸。神东VI系统不仅要对外宣传，更多的还是要发挥增强内部凝聚力的作用，只有在设计完成的第一时间形成手册并分发给每一位员工，他们才能及时获取企业信息，即做到"早学习，早接受，早贯通"。在明确神东区别于其他企业的特征和经营理念及企业文化后，员工会将自己接收到的来自VI系统提供的全部信息践行在日常工作中，这种实践完全是自发、主动的。此外，伴随神东VI系统影响企业文化和员工行为的同时，也要明确它是一项长期的、不间断的工作。伴随新技术的发展和新场景的不断出现，神东VI系统也需要进行系统时效性和应用性的维护与完善，对新的应用内容持续规范和延伸。

物质激励与精神激励的概念和定义早已深入人心，而文化环境激励对员工而言则是一种更深层次的激励方式。优秀的企业文化环境是鲜活而生动的，能够让员工在寓教于乐中欣然接受文化的宣贯，员工在这种环境下耳濡目染，不仅产生归属感、自尊感和成就感，更能充分挖掘出自己的巨大潜力。这种环境一旦建立起来，企业文化的激励功能就具备了持久性、整体性和全员性的优势。

6.5.3 员工成长发展激励集聚向心力

"水不激不跃，人不激不奋"，与资金、设备、技术等生产要素不同，人本身具有主观能动性，因而在企业发展中起到的作用更深刻、更关键。员工在企业搭建的空间和平台上得到培养与锻炼，个人能力、职业素养、思想观念全面提升，态度与行为也逐渐符合企业发展的需要。可以说，要激励员工的成长与发展，就要以神东管理者为核心，带头在组织内营造良好的员工成长氛围。

及时认可员工的行为。通用电气公司（GE）前董事长兼首席执行官杰克·韦尔奇说："我的经营理论是要让每个人都能感觉到自己的贡献，这种贡献看得见、摸得着，还能数得清。"当员工完成了某一项工作时，最需要得到的是来自管理者的肯定，这种认可无论通过社交软件、办公系统或是口头表达等渠道，不管是物质奖励还是公开表彰，在员工看来都是对自己努力的回应，能够在接下来的工作中转化为不懈奋斗的动力。但是值得注意的是，来自企业和管理者的肯定具有很强的时效性，对员工的认可必须是及时的，否则一段时间后再去表扬员工，认可的效果会大打折扣。

善于同员工进行沟通。员工的干劲是"谈"出来的，神东的发展离不开全体干部员工通力协作，管理者与员工间的沟通更需要信任与真诚。当建立起融洽的氛围后，员工愿意向管理者敞开心扉，诉说自己在成长与发展中遇到的各种困难，管理者也会对员工提出的问题和建议做出及时回应。对神东而言，沟通激励的意义不仅在于增进员工与企业、员工与管理者之间的情感，达到更好地管理员工的目的，更重要的是能一改以往由地位差距带来的干部员工关系的紧绷，提高全体员工的工作协调性。只要大家心往一处想，劲往一处使，就会为实现神东的目标团结一致向前进。

释放员工发展的空间。对企业中万事万物都大包大揽、力求尽善尽美的管理者充其量只能称之为"将"，而懂得把权力分享给员工，自己运筹帷幄、指点江山的管理者才是真正的"帅"。管理学家斯蒂芬·科维说过，有效授权也许是唯一且最有力的杠杆作用行为。李嘉诚对这句话十分推崇，他认为这句话道出了管理的精髓，并将其奉为圭臬。纵观其经营生涯，正是懂得给员工充分发挥的机会，激发出员工的斗志和激情，他才能将纷繁的事务管理得井然有序，才能把更多的时间用在思考企业发展方向上。释放发展空间不完全等同于权力的下放与赋予，而是更偏向于为员工成长与发展提供一条必要路径。只要给予了员工足够的发展空间，他们就能够从被动的执行者变成有判断力、思考力的创新者，以此既可以挖掘出他们的潜能，又能激励他们发挥出高效的执行力。

在当前煤炭行业发展背景下，人才已经成为神东生存和发展的"战略物资"，是特殊的企业竞争优势来源。神东要在能源结构转型优化的洪流冲击中屹立不倒，创建具有全球竞争力的世界一流企业，就必须重视"人"的因素，始终不渝将员工摆在经营管理的核心位置，充分利用员工成长与发展的激励功能，最大限度地激发出员工的主观能动性。

第7章　企业文化软实力

> 有如语言之于批评家，望远镜之于天文学家，文化就是指一切给精神以力量的东西。
>
> ——爱献生

本章摘要

习近平总书记在关于文化自信的论述和阐释中指出：要继承好、发展好自身文化，首先就要保持对自身文化理想、文化价值的高度信心，保持对自身文化生命力、创造力的高度信心。体现一个国家综合实力最核心的、最高层的，还是文化软实力，这事关一个民族精气神的凝聚。对于企业而言，格局决定布局，布局决定结局。站在厚积薄发、稳步发展的新征程上，神东企业文化软实力的提升必须以高质量发展为基石，经过不断探索与实践，切实履行其政治、经济和安全责任。让文化成为推动神东"换挡提速"的新动能，这也是神东企业文化软实力追求的目标之一。

文化软实力不仅仅代表文化本身蕴藏的力量，还意味着能被他人认同与接受，更能成为企业竞争的重要内容。创建世界一流企业必须有一流的企业文化软实力的支撑。神东企业文化经过传承与发展、认同与共识、融合与落地，在塑造和巩固中为打造世界一流企业软实力奠定了坚实的基础，在延续和创新中为实现世界一流企业软实力聚合了源与流。通过本书第2章中面向未来实现文化变革一节对神东文化软实力的探讨，提出了神东文化软实力模型——五力模型。确定了神东文化软实力是理念引领力、企业自信力、行动自觉力、变革驱动力和传播聚合力五大力的合力。

7.1 理念引领力

理念引领力解决的是"先进性问题",它是企业管理的根本和出发点,稻盛和夫曾说:"在考虑战略或战术之前,首先要考虑经营的理念。"经营企业应该以理念为先导,这是普适的经营规律。企业家只有掌握管理理念的原理,才能够把握问题的本质,促使企业管理变得简单高效。

7.1.1 打造党建引领下的一流企业文化软实力

坚持党的领导、加强党的建设,是国有企业的"根"和"魂",是国有企业的独特优势。一流企业文化软实力,是企业文化建设的前进方向和持续发展的动力,新时代企业文化软建设必须坚持党建引领。

用党建引领企业文化建设是现代企业制度下,党建工作与企业文化建设同向融合发展的创新。实践证明,党建文化是企业文化的基础和底色,企业文化是党建文化的具体体现。为更好地实现企业的高质量发展,国有企业应积极探索以党建统领企业文化、实现两者合力发展的新模式,在企业文化建设中发挥出党建工作的思想引导作用,为企业文化建设奠定良好的思想基础;在党建工作中发挥出企业文化建设的氛围影响作用,为党建工作的顺利开展创建良好氛围。

在神东公司近40年的发展过程中,党的领导,是一面鲜明无比的光辉旗帜。正是党的吸引力、凝聚力、引领力,给一代又一代艰苦奋斗的神东人无比的力量和源源不断的信心。神东坚持党建引领,将文化软实力转化为推动发展硬实力。

坚持党建引领、常抓不懈,建机制促落实,开创企业文化建设创新发展的新局面。在新时代背景下,坚持党建引领、常抓不懈,建立机制促进落实,是企业文化软实力创新发展的必由之路。党建引领是企业发展的灵魂和动力源泉,只有坚持党的领导,才能确保企业始终沿着正确的方向前进。常抓不懈是企业文化建设的基本要求,只有持之以恒地加强党建工作，才能不断推动企业文化的深入发展。建立机制是企业文化建设的保障和支撑，只有建立科学有效的机制，才能将党建工作落到实处。促进落实是企业文化建设的关键和目标，只有通过各项具体措施的落地落实，才能真正推动企业文化建设取得创新发展的新局面。在党建引领下，神东坚持不懈地推进企业文化软实力建设，不断创新发展，为企业的可持续发展注入新的活力和动力。

神东发挥国企独特优势，牢牢把握正确的政治方向，坚持民主集中制，强化思想政治教育，以高质量党建引领企业高质量发展。通过制定企业文化量化指标评价体系，将企业发展落实情况纳入评价指标，确保企业文化落地有目标、建设有举措、过程有考核、成果有评价；融合企业资源，组织丰富多彩的企业思想文化、安全文化、班组文化、创新文化活动传播企业文化理念。通过专题宣讲会、事迹报告会、诗歌朗诵会、职工诵读会、集中读书会、文化培训班等形式，全方位、多角度、深层次地展现企业文化发展建设成果，更好地激发职工对企业文化建设的积极性、主动性和参与度，同时提升企业的知名度、美誉度、影响力。贯彻企业文化理念体系，让企业文化深入人心、入脑入心。

坚持党建引领、凝聚共识，汇聚员工向心力。 在当今巨变的社会环境中，坚持党建引领、凝聚共识，成为企业发展的必然选择。坚持党建引领，企业能够形成一种强大的凝聚力和向心力，使员工在共同的信仰和目标下紧密团结在一起，从而实现引导员工树立正确的世界观、人生观和价值观，提高员工的自我认同感和归属感的目的。在企业文化软实力的建设过程中，只有凝聚共识，才能够形成团结稳定的组织氛围，激发员工的创造力和积极性，实现企业的可持续发展。

神东在企业文化建设过程中，以主题鲜明、员工喜好的活动为抓手，通过各类学习培训、演讲比赛、知识竞赛等活动，培养职工爱岗敬业、乐于奉献、苦干实干、奋勇争先的高尚情操。坚持营造氛围和宣传引导，做好先进典型的选树和宣传工作，让身边人讲身边事，用身边事感染身边人，汇聚起促进企业砥砺奋进、勇毅前行的最大向心力。

坚持党建引领、奋勇争先，推动企业文化建设过程执行力。 在企业文化软实力建设过程中，坚持党建引领、奋勇争先至关重要。党建为企业文化建设提供坚实的基础和强大的执行力。在增强神东企业文化软实力的过程中，要以党的思想和指导原则为准绳，将党的优良传统和价值观融入进企业文化中，形成一种积极向上、团结奋进的精神风貌。同时，奋勇争先是企业文化软实力建设过程中的关键要素。只有勇于担当、积极进取，才能推动企业文化软实力建设的深入开展。通过坚持党建引领和奋勇争先，激发员工的工作热情和创造力，形成一种积极向上、团结奋进的企业氛围。在这样的氛围下，员工将更加积极主动地投身于企业文化建设的实践中，不断提升自身素质和能力，为企业的发展贡献力量。

企业文化软实力建设必须坚持党建引领，只有进一步加强党的领导，建设先进的现代企业制度，才能不断提升国有企业的制度优势和竞争力。神东深入落实新时代党的建设总要求，以党建文化引领企业文化软实力建设，将企业文化"软实力"转化为推进神东迈向世界一流企业的"硬实力"，提高神东的凝聚力和核心竞争力，为神东的变革与发展之路源源不断提供强大的精神动力，力争为全面建设社会主义现代化强国做出更大贡献。

7.1.2 通过数字化提升企业核心竞争力

党的二十大报告明确指出，要加强煤炭清洁高效利用，加快规划建设新型能源体系。煤炭行业作为保障我国能源安全与产业安全的重要基础产业，应主动把握新一轮科技革命和产业变革中的新机遇，加快推动行业数字化转型，引领新型能源体系建设，为现代化经济体系建设与经济高质量发展提供重要的战略支撑和兜底保障。

煤炭作为大宗商品，多年来依托传统的生产与销售方式，随着数字经济发展和数字化转型在煤炭企业的深入推进，必然带来神东生产组织模式与管理方式的调整。管理者的认知水平、组织体制、管理方法、人才储备等因素，都可能制约神东数字化转型的有效开展。神东需要持续提升生产组织与管理运营能力，打破过去以物理世界为中心的组织管理模式，紧密围绕数字世界，重新塑造企业的战略愿景、业务流程、组织架构、管理文化等方方面面。

数字化转型目标是提升企业核心竞争力。以数据为核心驱动，以新一代信息技术与各行业全面融合为主线，以提质降本增效为目标，以变革生产方式、业务形态、产业组织方式与商业模式为过程，包含"数字化、网络化、智能化"的全部内容。数字化转型从表面上看是对现有和已知数字化技术的深度开发和应用，但本质是信息技术和能力驱动商业的变革，它贯穿于研发、设计、生产、运营等各个环节。目前，煤炭企业的数字化转型仍处于起步阶段，要实现数字化转型是一个长期的系统性工程，神东需要经过理念转变、生产设计、积极变革来推动公司向数字化转型全面发展。

数字化转型需要进行理念的快速转变。考虑到我国以煤为主的能源生产和消费国情，实施能源强国战略必须推动煤炭行业高质量发展，而煤炭行业数字化转型便是推动行业转型升级的重要内容，是煤炭行业实现高质量发展的有效抓手。作为我国能源安全和经济安全的重要支柱，煤炭产业在数字化转型中扮演着关键角色，必须紧紧抓住煤炭行业高质量发展的机遇，同时积极拥抱数字技术的融合，以迎接新的发展机遇。在数字经济背景下，神东理念上要坚持柔性化、定制化、专业化、智能化、集群化、绿色化等。

数字化转型需要实现煤炭柔性生产供给。柔性生产供给指在市场需要煤炭时能够迅速扩大产量，不需要时可以缩减产量。我国现有的生产方式不适应供给侧弹性要求，现有煤炭供需监测预警手段也存在弊端，应当适时转型，实现煤炭的柔性生产供给。随着5G时代的到来，神东应建立一个以数字化为基础的智能化多层次网状煤炭开发与供应链，以柔性工作流程在多种运营模式之间灵活切换，构建煤炭高效、低成本与稳健并存柔性开发与供应体系。坚持走井下"无人则安、少人则安"的安全发展路径，积极应用5G技术推进数字化转型。通过加大智能绿色开采技术方面研究，构建煤矿开采全过程的数据链条技术，实现煤矿决策智能化和运行自动化，开发煤炭智能柔性开发供应响应模型，及时响应市场需求的问题。

数字化转型需要煤炭定制化生产供给。以消费者运营为中心是数字化转型的起点。围绕这一起点，借助"需求端数据智能＋供需协同的全链路数字化+供给端数字基础设施重构"的战略，全面推动煤炭行业的数字化转型，以实现企业"可持续增长"的发展目标。国家能源集团联合科研院所，实地开展环保块煤的试验研究。经过3年多的研究实验，发现将两大优质煤种——神东环保块煤与准能环保块煤按一定比例的配煤，可以优势互补，形成一种环保性能、技术经济性能更优的气化原料煤。与以往使用的传统块煤相比，这种新型煤的综合气化性能、环保性能、经济性能都有明显提升。神东产出的煤炭煤质优良，煤质牌号主要为长焰煤41和不粘煤31及部分气煤（保德和黄玉川），是优质的动力、化工和冶金喷吹用煤。未来，神东可以利用工业互联网、数字孪生等技术，精准满足客户需求。

数字化转型需要变革煤炭企业商业模式。当前煤矿智能化带来的红利首先是安全，但智能化应用后综合投入产出效益研究滞后，不同场景的智能化效益尚不明确。同时，以验收标准为依托的煤矿智能化建设，距离真正意义的智能运营和智慧管控需求还有较大差距。未来，提升神东数字化转型动力的关键在于探索形成有效商业模式，科学衡量关联技术装备投入的经济性，创造、发现、获取新的商业价值。神东商业模式变革的关键在于"如何实现数据驱动下企业价值增长方式的变革"，在节约成本的同时实现企业价值增加，而非传统开采模式下"煤炭生产者"定位。

未来，神东须借助"数字化"模式，认真落实国资委关于企业数字化转型工作的相关要求，以大量的数字化建设作为支撑，大力发展智能化煤炭技术设施设备及信息化平台。大力发展煤炭企业的数字化、智能化、网络化和集成化，不断提升内部的创新力和竞争力。在生产、管理、营销等各个环节，引入先进的数字技术和智能设备，实现信息的高效流通和处理，以实现所有部门和岗位之间的信息共享和协同工作，形成更加高效和协调的运作体系，提高工作效率和决策质量。

7.1.3 积极推进能源革命形成新型产业体系

党的十八大以来，习近平总书记提出了"四个革命、一个合作"的能源安全新战略，为我国能源高质量发展指明了方向。近年来，我国加快构建清洁低碳、安全高效的能源体系，其生产方式和消费方式都发生了重大变革。当前是我国社会和经济发展的关键时期，能源革命将成为我国经济社会发展新征程中的巨大动能。随着我国可再生能源的快速发展，以新一代信息网络、5G、云计算、大数据、物联网等技术为代表的数字革命将带动和融入能源革命，能源行业也将容纳更多活跃的创新创业主体，并涌现出更多新业态。

尽管神东主营煤炭生产及洗选加工，但是能源革命将带给神东更多的产业创新机会。在能源消费方面，可以发展智慧能源新城镇，培育智慧用能新模式，发展智能交通与物流，培育基于互联网的能源消费交易市场，推进矿产资源开发利用、企业用能权网络化交易以及在发展能源分享经济方面找寻机会；在能源供给方面，可以依托电子商务交易平台，打造能源高效公平流动通道，实现能源自由交易和灵活补贴结算。推进虚拟能源货币等新型商业模式；在能源体制方面，建立健全能源矿产资源资产产权制度体系，推进市场在能源价格上的引导作用，发挥能源大数据对能源价格的预期指导作用。

煤炭生产专业化服务就是煤炭企业转型增长极。开展多种模式的煤矿专业化生产服务是世界主要产煤国家煤炭企业与煤矿生产经营管理的主要方式，绝大多数国际化大型煤炭企业都充分利用自身所积累的人才、技术、管理、数据、装备等优势，通过发展煤矿专业化生产服务业，形成新的业务增长点，以提升企业的整体竞争力。神东煤炭迈入年增产量千万吨跨越发展期后，传统管理模式已无法适应规模化、现代化矿井建设的迫切需要和新时代的发展要求。因此，神东专业化队伍建设创新模式在2002年年初应运而生，目前已形成了包括矿井开拓准备、综采工作面回撤安装、设备管理、设备维修、物资供应、洗选加工、地质测量、车辆管理、后勤服务等20多个方面业务，完善的大专业化服务体系。在神东高质量发展新征程上，神东生产专业服务将迎来新的增长点，需要在满足公司所属矿井安全生产需求的基础上，积极走出去，对外开拓服务市场，延伸服务广度和深度，实现增收创效，打造神东未来效益关键增长点。

煤炭与新能源融合发展催生企业新业态。能源结构低碳转型需要立足以煤为主的基本国情，推动煤炭与新能源优化组合发展。在神东最大的集中连片采煤沉陷区——布尔台煤矿、寸草塔矿和寸草塔二矿，神东与伊金霍洛旗政府共建了 40 平方千米天骄御园生态示范基地、26.67 平方千米生态 +50 万千瓦光伏发电示范基地，创造性地按照"林光互补、农光互补"模式，在光伏板下种植苜蓿、沙棘和饲料灌草，将生态建设与林业、农业发展相结合，每年农民增收千元，年总产值约 3000 万元。在实现经济效益的同时，极大增强了神东的碳汇能力，为实现碳达峰、碳中和的目标贡献了神东力量。神东充分利用矿区有利的土地资源和光伏资源，大规模全方位开发光伏项目，按照"煤矿采煤沉陷区生态治理 + 光伏发电 + 生态农业 + 矿井水利用 + 氢能 + 储能 + 其他"综合立体循环开发思路，"十四五"规划光伏装机容量 100 万千瓦，并建成规模化的生态产业。神东"采煤沉陷区生态修复治理 + 光伏"项目环境治理新模式，有利于加快推进黄河流域生态保护，对其他煤炭企业具有借鉴意义和示范效应。

碳达峰与碳中和加快煤炭企业产业创新步伐。"双碳"目标对于煤炭行业既是巨大挑战，也是空前机遇。在挑战与机遇并存下，煤炭行业势必迎来新一轮技术升级和产业转型。煤炭行业由自动化向智能化、无人化迈进，由超低排放向近零排放、零排放迈进。神东积极发展生态产业，探索出了一系列产业，如沙棘和牧草种植、设施观光农业和光伏产业，这些产业原本和煤炭开采毫无关联，却在绿色矿山上纷纷开花结果。矿区生态林转变为"生态 + 经济林"，这是神东践行"两山理论"的一个缩影。2016 年，神东在哈拉沟煤矿采煤沉陷区创新实施"茶园式"大果沙棘种植模式，与水利部合作研究沙棘种植技术，立足采前营造的防风固沙林与水土保持林，把加强生态保护、发展生态产业、实施生态工程和推进生态科技转化相结合，大力发展沙棘等经济林。未来，神东将继续以"建设神东先行示范区"为契机，搭建"黄河流域生态保护示范创建"交流平台，推动形成共同抓好大保护、协同推进大治理的强大合力，带动区域内更多能源企业投身践行重大国家战略的实践，以实际行动和工作成效，为地方经济社会发展助力，为黄河流域生态保护和高质量发展赋能。

当前，神东扎实推动党的二十大精神在能源企业的落地，按照国家"四个革命、一个合作"的能源安全新战略要求，统筹推进煤炭数字化转型与煤炭产业结构转型升级，促使煤炭行业朝着绿色化、低碳化、数字化、智能化、高效化的方向发展。在能源改革进程中，煤炭产业体系转型升级是目前需要进行深入推进的内容，是煤炭行业实现高质量发展的重要组成部分。围绕神东安全、高效、绿色、智能等高质量发展主线，不断深入推进能源革命，搭建、参与多方交流平台，积极推进科学技术的创新，提高煤炭开采水平；继续在保障安全生产、稳定能源供应的前提下，强化科技创新，大力推进煤矿智能化开采和煤炭清洁高效利用技术；通过能源生产革命、技术革命、消费革命，发挥资源和原料双重属性优势，实现从传统能源企业向能源强企的有效转变，向着低碳、安全、高效、清洁的美好目标继续前进；努力推动绿色智慧矿山建设，在思想上形成绿色新理念，积极与各项智能技术协同发挥作用，实现全方位的智能开采技术。深入结合煤炭与数字技术，根据企业特点继续推进煤矿智能化建设，促使行业的数字化转型，助力产业体系发展得更加柔性、智慧。在未来，真正达到煤炭产业的"需求合理化、开发绿色化、供应多元化、调配智能化、利用高效化"。

面向未来，神东将在国家能源集团总体工作框架体系下，推进"智能化生产、数字化运营、平台化发展、生态化协作、产业链协同"的发展新格局，赋能煤炭智能化建设和数字化转型，为保障国家能源安全和构建新型产业体系积极贡献"神东力量"。

7.1.4 聚合世界资源打造共创生态

开放包容是企业未来的主要理念。企业是在学习中发展的，向人学习，向大自然学习，向宇宙学习。开放包容造就了华为今天的成功。在任正非看来，华为本来就是开放的，不开放就只有死路一条。开放包容也是神东发展的核心理念。开放和包容相辅相成，企业越是开放，就越能锻炼出包容的心胸；企业越是包容，其开放程度就越是广阔无边。企业能够容纳多少，就有多大的舞台。

汇集天下英才，打造煤炭行业人才培养生态。企业是由人组成的，企业的成功与其拥有的人才密切相关。行业顶级人才的加盟对于建设世界一流企业来说至关重要。优秀的人才不仅具备丰富的知识和经验，还能为企业带来创新和领先的竞争力。行业顶级人才不仅能助力企业在技术、产品和服务方面保持领先地位，还能够带来最新的行业发展趋势和技术突破，提供宝贵的战略和市场洞察，帮助企业做出明智的决策和规划。神东高质量发展需要有一支数量充足、质量优良、作风过硬、结构合理的复合型、高素质人才队伍，不仅自主培养、铸造出包括全国劳动模范在内的众多先进集体、个人，又吸引研究生及更多的大中专毕业生加入进来，自愿在这座大熔炉里锻炼成才。

打通产学研，吸引一流科研团队打造科技创新生态。产学研，是企业、高校、科研机构的完美结合，是科研、教育、生产不同社会分工在功能与资源优势上的协同与集成化，是技术创新上、中、下游的对接与耦合。一流的科研团队通常拥有顶尖的研究人员和先进的科研设备，他们的参与不仅帮助神东洞察科技前沿，掌握创新方法，更能助力神东解决技术难题与瓶颈问题，加快科研成果转化为实际生产力的进程。2021年9月，神东联合中国工程院院士彭苏萍团队成立神东研究基地，旨在增强神东生态保护科研力量，助推神东生态保护科技人才培养，大幅提升神东生态保护科技影响力。不断探索煤炭生产与资源环境协调发展的新方法、新路径。

联合国内先进企业，打造工业互联网生态。神东生产控制系统涉及1370多家供应商的10余类操作系统，500多种需要适配的通信协议，系统非常复杂。在实践应用过程中，神东主动承担起组长角色，统筹协调、联络设备供应商，越来越多的设备厂商从"被动"接纳向"主动"拥抱转变，神东的远景不仅仅是实现人才的智能化，而是将所有设备都数字化、智能化。未来，人与人、人与机器、机器与机器之间的互动将成为神东智能化建设的新起点。在神东发展新征程上，相关部门和单位将按照智能化建设、数字化转型要求，全力打造一个属于中国的工业互联网平台。

在企业发展中，理念创新是推动神东增强核心竞争力的关键和第一动力。在神东高质量发展的新征程上，若要取得更大的硬实力，必须持续注重"理念引领力",守正创新,不断注入新理念,从而持续推动世界一流煤炭企业的建设。只有通过坚持不懈地推陈出新,不断吸纳先进理念,才能引领企业在新的发展阶段取得更大的成就。在公司高质量发展新征程上,神东将始终保持"理念引领力"的活力,积极探索符合时代发展需求的新路径,努力实现企业的更大跨越和更高水平的发展。

7.2 企业自信力

自信力是企业对自身能力、产品、服务和发展方向的自信和信心。自信的企业更容易形成明确的使命、愿景和核心价值观,并将其融入企业文化中。自信的企业文化同时能够激励员工在工作中表现出更高的自豪感和归属感,让员工更愿意参与和践行企业的文化。企业自信力对文化软实力的提升至关重要,有助于企业形成独特的文化优势,强化员工的文化认同,在企业内部塑造出积极的工作氛围,吸引和留住人才,从而极大地提升企业的核心竞争力和可持续发展能力,为企业的基业长青奠定坚实的文化基础。

7.2.1 营造企业内部全沉浸式幸福氛围

密歇根大学罗斯商学院的一项研究表明,幸福感强的员工,其绩效比所有员工的整体绩效高出16%,职业倦怠率比同事低125%,对组织的忠诚度高35%,对工作满意度高46%。稻盛和夫有一段名言,"只有把员工的幸福放在第一位,大家团结一心,经营者与员工的心灵产生共鸣,企业才能走出困境,获得健康发展"。神东的历史,是一部持续创新的发展史。从早期信息化建设到如今的智能化建设、数字化转型,神东始终在努力破解安全发展难题,致力于把人从复杂危险的劳动环境中解放出来,进一步提高煤矿员工获得感、幸福感、安全感。当人们每每问起神东员工"你为什么愿意来神东,为什么愿意留在这里",得到的答复总是"在这里,我能感受到安全和幸福,我以作为一名神东人感到骄傲和自豪"。如今,神东每年招聘的平均报录比已经达到30∶1,部分岗位甚至高达100∶1。神东自身强劲的竞争力已经切实转化为对人才的吸引力。

呵护员工生命健康、保障生产安全和高效是神东屹立于中国煤炭企业之林的重要资本。煤炭生产一直被视为高危行业，如何破解高产高效与安全生产之间的矛盾是摆在煤炭企业面前的一道难题。随着神东矿区的不断发展，涌现出了一系列新的生产工艺和技术。它们不仅提高了神东矿井的生产效率，而且为矿井的安全生产提供了技术保障。神东在走新型工业化道路、实现经济效益腾飞的同时，安全水平也随之达到世界一流，做到了高产高效与安全生产之间的高度统一。安全生产促进高产高效，高产高效助推效益提升，效益提升增加员工收入，这一良性循环的形成，推动神东一切向好运转，提高幸福感，从而使员工更好地投入安全生产，是激发神东前进的内生动力。

真正的强大是心力强大，心力也是企业强大的发展力之一。神东的心力在于对内拥有敏锐的洞察力和果断的决策力，具有坚定的信念，坚韧不拔，敢于破局，直面困难和挫折；对外则表现出稳如泰山的战略定力和广泛深远的影响力，面对疫情挑战，神东临危不惧，科学研判，妥善应对；面对能源结构转型的不确定性，神东坚信煤炭是新能源转型期的稳定锚；面对碳达峰碳中和目标，神东坚持生态文明建设不松懈，积极变革企业经营管理为全过程运作方式，坚持绿色低碳高质量发展。虽然未来世界能源清洁转型的大趋势基本不再发生变化，但面临的地缘政治、经贸摩擦、技术变革等不确定因素日益增多，神东在煤炭生产开采时，要进一步从以需定产，向科学开发方式转变，煤炭输配由粗放供给向提质后对口配送方式转变。

尊重善待员工是企业行稳致远的重要法宝。只有尊重员工，管理者才会收获员工的认同和信任；只有善待员工，企业才能赢得腾飞的明天和未来。以人为本，是一个企业发展壮大的关键所在，是一个企业行稳致远的重要法宝。神东"董事长信箱"开通的初衷，就是建立起一个直面广大员工的平台，为员工提供一个表达合理诉求的出口，为企业不断吸收来自员工的意见和建议。在运行过程中，主管部门会将员工来信分门别类整理好后分配到相应的部门，各职能部门有针对性地进行回复和解答。信件中需要董事长解答的由董事长召开专题会议现场解答，对反复来信的热点问题各部门也会采取集中解答的方式，使员工提出的所有问题公开、透明。"听民声、解民忧、聚民意、汇民智"，运行十多年来，"董事长信箱"已经成为神东人解决"急难愁盼"首选。"民有所呼，我有所应"，信箱推动解决了劳保用品管理、带家公寓分配、交通出行、老旧住宅改造、员工子女入园上学等多项涉及员工切身利益的民生问题。信箱在桩桩件件为民办事的鲜活事例中展现了实效，如此既树立了企业"愿意办事，能办好事"的公信力，又拉近了企业与员工的距离，打通了密切联系员工群众的"最后一公里"。

幸福矿工

从2010年起，神东开始全力实施幸福矿工工程。多年来，神东党委始终坚持将安全视为员工最大的幸福，创造员工安全作业环境，将健康管理纳入幸福矿工工程，加强员工职业健康普及教育。提高劳动保护水平，每年组织员工职业病普查和骨干疗养。建立了管理、技术、操作三条员工职业发展通道，为员工实现成才及价值追求梦想创造了条件。加大员工培训力度，实施"量身定做"和"订单式"培训。改善员工工作生活条件，不断投入资金并实施了多项涉及员工吃住洗等方面的工程项目。基本缓解了员工住房、住宿紧张的问题。实施直饮水工程，使员工家庭享用到优质直饮水。帮助员工子女（配偶）实现就业，使劳务工通过考试考核转正。为员工及家属解决了落户问题，对家庭困难员工进行了救助。搭建了神东青年婚恋交友平台，举办了多届青年员工集体婚礼，数百对新人喜结良缘。

幸福矿工工程建设以科学发展观为指导，坚持以人为本，面向所有员工，坚持企业与员工同步发展，两者良性互动，体现了发展依靠员工、发展成果惠及员工的思想。工程的实施是神东建设和发展史上具有里程碑意义的大事，是一项惠及神东几代人的重大成果。

早在2009年，就对神东员工的主观幸福感进行了专题研究。该研究发现，影响员工幸福感的因素主要有薪酬福利、劳动保护、后勤服务、管理方式、工作安排、自我家庭、培训发展、家属问题、工作成就等九个方面。从长远角度来看，幸福感高的员工比幸福感低的员工具有更强的生机活力和更高的工作效率，同时也更加踏实稳定。研究证实，员工幸福感与更高水平的生产率（创造力、创新性、员工投入等）显著相关。由此可以认为，企业提升员工幸福感的同时，员工也可以更好地帮助企业适应不断变化的市场与环境。

如今，互联网已经发展成了一种全新的思维模式，企业变得更加看重"人"的价值。如果说以往人的目标是成就企业，那么未来企业的目标就是成就人，企业和个人二者相互促进，继而推动企业的持续发展和人的不断提升。新生代员工已经成为职场主力军，他们既追求自我情感的满足，又渴望身处平等融洽的组织关系氛围，同时还具备较强的革新意识，期待获得个人职业长期的发展。可以说，新生代员工在追求与工作相匹配的报酬基础上，更追求内心的满足和他人对自己的认同。

作为现代行为科学的重要理论之一，马斯洛需求层次理论为神东提升员工幸福感、营造全沉浸式氛围提供了理论基础和重要指引。首先，提升员工幸福感需要解决员工的基本生活需求。在为员工提供合理的工作时间安排、薪酬和福利的同时，按需定制不同岗位员工的工作内容，确保员工的基本生活需求得到满足。其次，需要重点关注员工的安全需求。安全是煤炭生产企业的第一生产要素，只有在保证安全的前提下才能帮助员工实现更高层次的追求。再次，神东更要注重员工的心理安全，为员工提供多样化、个性化的关怀项目，务必确保员工的身体健康和心理健康均衡发展。要解决员工对人际关系的社交需求。人作为集体动物，需要与其他人保持良好的人际关系，这种关系通过不断演变进化形成企业中的各种团体。作为组织的基本单元，班组就是团体的优秀案例，营造团队合作氛围对促进企业内部发展十分必要。同时，还需要解决员工对于自我归属的需求。神东已经做到最大化地提供公平化和透明化的选人用人机制，肯定员工为企业所作出的贡献。

未来，神东还有待增强员工的评价与反馈机制，以包含人力资源规划、招聘与配置、培训与开发、绩效管理、薪酬福利管理与劳动关系管理的人力资源六大模块为根本遵循，帮助员工提升对企业的认同。最后，要解决员工的自我实现需求。要以煤矿智能化建设为契机，支持员工发展自主思维和创新意识，帮助员工在为企业贡献高质量回报的同时最大限度地激发出个人潜能。

企业内部的幸福氛围与企业自信力间相互影响、相互促进。在以"人"为重要生产资料的新时代，当企业为员工创造出安全、轻松、愉悦的工作环境时，员工更容易表达出信任与支持。此时，员工对企业的满意度和忠诚度能够帮助企业更加自信地面对竞争和挑战。与此同时，自信的企业通常有明确的目标和自信的文化，并始终致力于为员工提供积极的工作环境和众多发展机会。这种自信发端于企业的软、硬实力，从纵横两个方向传递，最终充溢在广大员工群体中。员工感受到组织的关爱和支持后充满干劲、信心倍增，自然会以饱满的工作热情和积极的工作态度反哺企业。

未来，神东将继续增强员工对神东精神的认同度，加大企业文化建设力度，重视对人才的培训和奖励，合理递进员工薪资标准与福利待遇，以柔性管理方式推动构建起团结一致的企业内部环境，形成积极、沉浸式的幸福氛围。

7.2.2 代表中国煤炭工业最先进生产力

先进生产力是具有时代特征、对生产的发展最具推动力，同时也是最有利于促进人类解放和全面发展的生产力，是高素质的劳动者、站在行业前沿的劳动资料与明确的劳动对象三者的结合。神东在聚集先进生产力三要素后，在很大程度上改变了人民群众对煤炭企业的刻板印象，目前行业内已经广泛形成了"神东代表中国煤炭工业先进生产力，神东就是最先进的煤炭生产力"的共识。一位知名外国企业高管在参观神东后发出这样的感慨，"这是我见过最先进的煤矿！"让神东屡创佳绩的原因不只是坐拥开采条件好的煤炭资源和享受国家地方政府的重视，更靠每一代神东人的辛苦耕耘和默默奉献。

工艺变革提效率。为提高煤炭回采率，减少煤炭资源损失，神东先后试验过人工木点柱沿空留巷、挡研支架机械化沿空留巷、切顶卸压自动成巷等三种开采形式。从 2013 年起，神东便开始集中力量研究沿空留巷无煤柱开采技术，并先后在不同矿井和不同高度巷道试验应用了沿空留巷开采技术，逐步探索出了适合神东发展的无煤柱开采方式。为进一步激发各级管理人员的积极性，大力推行无煤柱开采工艺，神东还设立了无煤柱技术推广考核专项奖励，以留巷队伍总量测算奖励总额，按照无煤柱开采进尺数量与当年万吨掘进率分配奖励资金。截至 2022 年，大柳塔煤矿采用沿空留巷技术累计留巷 17192 米，多回收煤炭 160 万吨，既大幅度降低了人工支护劳动强度，又减少了作业人员，实现了矿井安全、高效生产。

协同攻关破"瓶颈"。针对核心技术卡脖子、矿压问题日益凸显等制约发展的问题，神东积极加强与高校、科研院所、知名企业、专家团队合作，构建"产学研"一体化的协同创新平台，选聘一批优秀技术专家团队，实行重点项目攻关"揭榜挂帅"。2022 年 9 月，神东矿压研究重点实验室正式揭牌一周年。在这一年内，神东搭建平台、聚合资源、通力攻关，用"走出去、请进来"的方式，选派从业人员外出对标学习，邀请行业大咖走进神东开展培训。当前，神东借助该实验室在总结提升原有技术经验、理论及管理理念基础上，融合平台与成果，开创性地提出"五个一"矿压防控理念，即形成"设计一张图、技术一条线、监测一张网、防治一条链和管理一盘棋"的防控理念与体系。成功经验先后输出应用在陕煤集团、中煤集团、陕西延长石油（集团）等大型国有企业中，神东由此引领行业技术发展。

煤矿装备显力量。从建矿初期的装备设备均由国外引进，到 2014 年神东全面停止进口装备、配件，再到自主研发的高新技术成果一次次成为"世界之最"，神东依靠科技创新实现了华丽转身，不仅为自身开辟出新的发展路径，更打破了外国厂商的技术和价格垄断，为国产煤机装备逆袭及民族工业振兴贡献了"神东力量"。以往国际上普遍使用 5 米高的设备进行煤炭挖掘开采，要采挖更高的煤层时，只能采取"分层多次"的策略。这给开采工作带来挑战的同时，也容易造成煤炭资源的浪费。神东研发出了具有完全自主知识产权、完全国产化的8.8米大采高成套智能综采装备，上湾煤矿在提高煤炭回采率的同时，打造出了全世界单井单面产量最高、效率最优、效益最好的1600万吨特级安全高效矿井。这套智能综采设备的成功应用，填补了国内乃至全世界特厚煤层综采工作面一次采全高技术的空白，是采掘装备和开采技术史上的一次历史性变革。在2021年12月27日举行的第六届中国工业大奖发布会上，神东"8.8米超大采高智能综采工作面成套装备研发与示范项目"摘得最高奖项——中国工业大奖。

智能化建设代表着煤炭先进生产力的发展方向，是行业迈向更高质量发展的必由之路。作为煤炭领域的"国家队"、能源供应的"排头兵"，神东正在以不断升级的智能化煤矿水平，积极响应着国家现代化建设的号召。神东编制出台了首个两亿吨矿区智能化发展规划，到2022年年底实现两亿吨智能矿井群，到2025年建成智能感知、智能决策、自动执行的煤矿智能化体系。部分矿井无人化割煤效率已超过人工效率；井下工作面实现无人跟机作业；以人员接近防护系统为主的"科技保安""智能保安"正在给矿工带来满满安全感；被1∶1建模还原的数字孪生系统，让平台"所见"即"所得"；一只"大眼萌"让三层厂房的设备巡检工作变得高效轻松……

当前，煤炭行业虽然面临着政策和环境的压力，也面临着很好的发展机遇。中国工程院院士、中国煤炭科工集团首席科学家王国法认为，在未来一段时间内，我国的能源需求仍将持续增长，但也面临着增加的不确定性因素，这就需要满足煤炭需求的弹性要求。代表煤炭先进生产力的神东在一次次坚定的探索中，在一项项技术改造成功的成就感中，在一步一个脚印向前进的智能化升级中，将继续坚持走智能化的道路，牢牢把握新的发展机遇，以推进高质量发展为目标，保持只争朝夕的使命感、责任感和紧迫感，切实助力煤炭行业稳步向前，为推进中国式现代化贡献力量。

7.2.3 驱动煤炭全行业命运共同体构建

习近平总书记在党的十八大上明确提出，要倡导人类命运共同体意识，在追求本国利益时兼顾他国合理关切，在谋求本国发展中促进各国共同发展。命运共同体的内涵非常丰富，虽然当前暂未有专家学者将这一理念延伸进企业管理理论，但面对大变革的世界形势和"双碳"目标国内新要求，命运共同体同样适用于企业与外部主体间的合作。煤炭命运共同体要求行业内各个环节"你中有我，我中有你"，彼此利益虽可分割，但彼此命运却休戚与共，最终共同达到"共生、共赢、共发展"的目的，神东作为中国煤炭行业的领跑者，驱动煤炭全行业命运共同体的构建更是责无旁贷。

2020年起，神东秉承开放与合作理念，全力保障客户煤炭供应稳定，为客户提供优质的产品和服务，与客户构建煤炭全产业链命运共同体，实现共商共建共赢承诺。在新冠肺炎疫情和煤炭市场动荡的双重冲击下，神东于变局中开新局，积极与合作方、供应商等合作伙伴在煤炭、电力、智能制造等领域进行对接，开展战略合作，构建更高层次、更深领域、更广空间的战略联盟，开启高质量转型发展的新征程。

"长期以来，贵公司扎根三秦大地，支持陕西，奉献陕西，为我省经济社会发展做出了卓越贡献……三秦百姓铭记在心，深表感谢！"一封来自陕西省国资委的感谢信，对神东在全力组织生产，努力协调发运，支持电煤供应，保障城市和企业正常运行上做出的突出贡献表示了感谢和认可，蕴含着地方政府和客户对神东的高度评价和满心信赖。

2022年冬季，随着低温寒流和疫情复苏带来的国内工业生产高速增长叠加影响，电力需求远超预期。神东义无反顾坚决扛起保供先锋的责任，积极发挥"稳定器"作用，全力以赴统筹协调，科学合理组织产运，最大限度释放先进产能。同时，神东进一步强化产运销管理，确保"产、洗、装、运、销"五位一体各个环节快速、有效衔接，保障煤炭发运，最大限度满足客户需求。秉承"客户至上"的理念，神东始终以感恩之心对待客户、以诚信之行回报客户、以优质服务赢得客户。在与客户多年的合作交流中，不仅凭借齐全的煤炭品种、充足的商品供应量和最大的诚意保障了电力、建材、冶金、化工等不同行业需求，还与客户巩固了合作成果，拓宽了合作领域，从单一的煤炭供需合作发展到了煤电一体化的战略合作，实现了从产品供需合作向资本合作的延伸，合作基础更加牢固。

共赢是时代的主题，合作顺应进步的潮流。神东先后与中国煤炭科工集团、中国电信集团、陕西煤业化工集团、郑州煤矿机械集团、华为技术公司、中国高速传动设备集团等行业龙头企业全面深化战略合作、共赢发展；与中国矿业大学、西安交通大学、西安科技大学、辽宁工程技术大学等高校深化合作，共同做好科技研发，推动科技创新，培养专业人才，实现"产学研用"一体化逐渐深入。企企合作、校企合作，正在开创全产业链合作共赢新境界。神东向外合作的步伐坚实有力，通过在合作领域内不断拓展，在合作方式上持续创新，在合作空间上继续深化，全面探索构建更高层次、更深领域、更广空间的战略联盟，实现了在"请进来、走出去、交朋友"中构建煤炭命运共同体。

站在新一轮科技革命和产业变革的历史潮头，神东比过去任何时候都更加需要科技创新，需要面向碳达峰碳中和目标从整体技术布局和攻关方向进行全新定位，从而实现企业的高质量发展。神东要深入实施创新驱动发展战略，强化国家能源保障使命担当，加快科研生产管理体系优化升级，夯实国家能源安全的基石。继续以智能开采、灾害防治、清洁利用等为主题，加快构建行业龙头企业牵头、高校院所支撑、各创新主体相互协同的创新联合体，协同推进基础研究、技术研发与转化应用。同时积极推进大众创新，坚持"创新无限"的理念，充分发挥企业内部员工的才智，从生产与管理的全流程链条上开展技术创新，鼓励全员、全过程、全方位创新创造形成合力，以文化孕育创新动力。

在打造企业自信力时，神东不仅需要以营造企业内部全沉浸式幸福氛围为基础，还要积极发展先进生产力，注重驱动煤炭全行业命运共同体的构建。自信力的提升对企业而言，有利于帮助企业树立起领先、领跑和可持续发展的优质形象，推动企业与内外部各方的合作共赢。同时，自信力作为一种发展力，也终将通过各种渠道传导至企业的全体员工，让员工拥有更强的工作动力和创造力，最终实现煤炭企业与广大员工的自信聚沙成塔、集腋成裘，助推中国煤炭工业实现可持续增长。

7.3 行动自觉力

行动自觉力对企业文化软实力的提升至关重要。它能够在企业内塑造一种积极向上的工作氛围，帮助员工自觉践行企业核心价值观，使员工在言谈举止上与企业文化保持一致，对外彰显一致性与可信度。同时，行动自觉力还能够极大促进企业内部团队合作和凝聚力、向心力的形成，当员工始终以实际行动回应利益相关者的期待时，企业将成功地在外界树立起可信赖可值得尊重的企业形象。

7.3.1 核心价值观与行为决策融合

企业文化建设是每个大型国有企业不可忽视的重要方面。而要深入进行企业文化建设，核心价值观与行为决策的融合是不可或缺的前提。核心价值观是企业文化的基础，它代表着企业的核心信念和价值追求。核心价值观只有在行为决策中得到真正贯彻和体现时，才能在企业文化建设中发挥作用。行为决策是企业文化的具体体现，它是核心价值观在实际工作中的具体表现。企业的每一个决策和行动都应该与核心价值观相一致，形成有机融合。

在推进企业文化建设的过程中，必须秉持正确的核心价值观，将其渗透到各个方面的决策和行动中，才能树立起正确的价值观念，提高行动的自觉力和积极性。核心价值观是企业经营管理过程中的主要决策依据，但仅靠几个关键词很难达成公司各级员工对价值观的认同，需要企业建立更加明确的、与行为决策融合的核心价值观行为体系。在以人作为企业最重要资源的未来，必须坚持社会主义核心价值观引领企业文化建设分类管理，制定差异化行为决策。对于高层决策者而言，需要关注企业未来长期的发展方向和动力，不断提高自身创新力和领导力，带动全公司范围内行为执行文化的形成和渗透。对于中层管理者而言，则需要关注企业未来几年内的发展，在自己管理的部门、班组内部形成良好的工作氛围，创造出更好的业绩效果。对于基层员工而言，影响其行为决策的往往是企业当年的效益和自己能够获得多少劳务报酬，面临的挑战可以依靠自身专业能力得到有效解决。对于神东安全、高效、创新、协调的核心价值观来说，安全是保障一切的基础和前提，高效与创新是基层员工和中层管理者共同努力的方向，协调则是高层决策者把握神东未来发展的核心力量。

行为决策在企业文化建设中扮演着重要的角色，通过制定和实施一系列具体的行为准则和规范，行为决策会引导员工在工作中以正确的态度和行为塑造企业品牌形象，增强企业的竞争力。企业文化建设中的行为决策的重要性体现在以下三个方面。首先，它促进了员工的一致行动。设立明确的行为准则和规范可以帮助员工明确自己的职责和行动边界，使整个团队朝着共同的目标努力，保持良好的协作和沟通。其次，企业文化建设中的行为决策推动了神东的可持续发展。通过要求员工遵守一定的行为规范，建立起良好的企业形象和声誉，从而吸引更多优秀的人才和合作伙伴，为神东的长期发展提供有力支撑。最后，企业文化建设中的行为决策是企业价值观的实现方式。企业价值观只有通过具体的行动才能得到体现和传承，而行为决策恰恰提供了实现这一目标的途径，使得企业的核心价值观能够渗透到员工的思想和行为当中。

因此，企业核心价值观深度融入行为决策，可以将复杂问题简单化。令员工苦恼的决定常常是企业所倡导的核心价值观遭遇冲突的时候。企业价值观最大的功能在于帮助员工在做决策之前确定自己的核心价值观、长期的情感价值、目标和志向。比如企业想要员工成为什么样的人？在生产经营中应该怎样面对突发事件？如何遵守安全生产规则？这样做的目的就是消除员工决策的焦虑，将个人的情感体验和企业的追求融入企业，这样做也符合企业长远发展的目标。

在神东企业文化建设中，行为决策的作用是不可忽视的，通过行为决策和核心价值观的深度融合，神东不仅能够塑造品牌形象，增强核心竞争力，还能够引导员工的行为，提升神东的凝聚力和向心力。因此，在神东进行企业文化建设时，要重视行为决策的制定和实施，确保其与神东的核心价值观深度契合，并得到全体员工的积极参与和践行。

为有效实现核心价值观与行为决策融合，神东可以在选人机制中加入价值观行为测评，淘汰与企业价值观不相符的候选人，在用人机制中通过价值观行为发现员工在工作行为上的差距，有计划地分类进行培训，要求培训升级后的员工必须符合目标岗位层级的价值观行为等级的要求。如此形成具有神东特点的员工培养制度，在最大程度上发挥价值观在具体行为中的作用。唯有如此，企业才能在激烈的市场竞争中脱颖而出，实现建设世界一流企业的目标。

7.3.2 企业文化与企业风险管控

企业文化影响每一位员工的成长，员工的行为也会对企业的发展产生各种直接或间接的影响。企业的内部环境决定了组织结构和战略，确立了管理决策目标，塑造了员工的整体思想意识，是企业建立和实施内部控制的基础，同时也为员工如何识别和处理风险奠定了基础。而企业文化则是塑造企业内部环境的基石，与风险理念和风险管控能力息息相关。

风险管控是对未来不确定性的把控。对于煤炭企业而言，这种不确定性来自风险因素和过程的不确定性，范围涵盖煤炭企业生产、经营、管理等方方面面。如果说风险管理是做事，那企业文化就是为人，做事先做人，企业的经营理念催生出风险管控的概念，企业的经营理念又包含于企业文化。风险管理由各业务层级向战略、经营、报告及合规发散，通过内部环境、目标设定、事件识别、风险评估、风险反应、控制活动、信息与沟通和监督嵌入等各个步骤逐渐融入企业文化建设之中。在这个过程中，企业应建立统一的风险管理理念，从考虑有哪些风险出发，到思考如何管理风险，形成对风险统一的偏好及态度。

在风险管控方面，确立标准，运用激励约束、风险规避的方法促使员工达成行为自觉。以适时、适度的智能化实现风险全方位、全过程控制，并不断拓展风险管理的范围，实现风险管理关口前移、源头监测、主动出击，建立系统化、全方位、全过程的风险识别、风险预警、风险分析报告和处置评价机制。树立起全局观念，将风险管理工作始终融于企业的发展、服务和协作之中，通过与各部门的密切配合，主动管理风险，推进神东科学、可持续地发展。

在安全生产管理方面，将高风险事件、事故、不安全行为管控、安全责任追究、隐患排查治理等安全管理要求纳入机关、部门及岗位安全责任考核标准中。神东创新性地建立了以风险预控管理为主线，以风险分级管控、隐患排查治理和行为安全管控为重点，以理念引领、责任落实、科技保安、绩效考核、信息化建设为举措，强化执行和自主管理，打造企业文化建设和风险管控有机融合的范例。

在财务风险预警机制方面，神东在提升企业核心盈利水平的同时，减少资产负债比重，增加利润积累，对财务状况进行持续优化与改善。形成了良好的财务风险防控意识，利用生物拟态的企业生存运营模式，分析外部经济、政策等环境，对实际的变化与发展趋势进行预测与分析。结合环境的变化情况，对财务发展战略规划进行调整，以确保负债水平的合理性，起到优化内部资本结构，有效降低财务风险发生概率的作用。

对于神东而言，企业文化与企业风险管控均立足于国家能源集团的整体战略并逐步为其增添神东特色。风险管控同企业文化一样，需要全体员工共同遵守并实施，所有员工都应保证既熟悉公司文化，又了解个人工作职责中有关风险发生频率及安全等级，对实践中不同层次的风险进行管理和控制。

风险管控的前提是企业文化核心价值观。企业在发展的各个阶段都存在不同的风险点。对于煤炭企业而言，管理者需要处理由生产带来的各种不确定性以及由此产生的机会和风险，不断突破以提高创造价值的能力。因此，神东需要进一步丰富以风险管控为目标的价值理念的内涵，并全面融入安全生产。

风险管控的理念也是企业文化经营理念。风险管控理念寓于企业经营理念之中。神东要落实国家能源集团规划，强化风险意识，完善内控风险管理体系，健全覆盖企业各领域各环节的全面风险管理体系，完善风险评估模型，推进风险管理责任制落实，建立健全风险季度跟踪监控报告机制；严格落实"管业务必须管合规"要求，推动合规审查、合规风险识别预警、应对处置与报告等各项机制落实落地，形成贯穿事前、事中、事后各环节的合规风险管控格局。要建立统一的风险管控理念，制定书面政策和各项规章制度，以新媒体文化宣传等多种方式宣贯神东风险文化，使得员工的思想意识、价值观、行为决策与风险文化趋同。要切实做到文化建设与风险管控的有机结合，增强基层矿工的责任感，避免不同的矿井班组和行政部门的风险策略程度差异过大，导致公司整体无法统一管理。

在当前日新月异的市场环境中，能源产业的外部环境导致了竞争形势的变化，企业风险管理变得更加不可或缺。神东应将风险与机遇融入公司的企业文化及发展战略中，以积极的文化形式保障风险管控的有效实行。

7.3.3　企业文化与绩效考核体系

企业文化与绩效考核在企业管理中是一对相生相成的概念，企业文化对绩效考核体系的实施、运行始终起到一种无形的指导、影响作用，企业文化需要通过企业的价值评价体系即常见的绩效考核体系与价值分配体系去发挥文化的引领功能。绩效考核在管理中如利刃一般被使用，但如果不能将绩效考核同企业文化紧密结合，绩效指标便不能反映出企业的核心价值，绩效考核也就形同虚设，无法推动战略的实施。因此，要实现绩效考核体系的有效运行，就必须建立起以绩效为导向的文化氛围，把有关"人"的各项决定，包括岗位安排、薪酬福利、晋升降级等看成一个组织的真正"控制手段"，因为有关人的各项决定能够向员工表明企业真正需要的、重视的是什么，也是企业文化所包含的、宣扬的是什么。

要达到企业文化与绩效考核体系融会贯通，神东还需要坚持科学性、客观性、系统性、实践性、有效性的原则，以文化行为、文化认知、文化落地改进为导向不断提升。以文化行为为导向，就是要考核员工日常关键行为表现。在根据神东文化确定每个岗位在工作中应保证的行为和应达到的目标后，以此为指标对员工行为进行绩效考核。对优秀的、神东鼓励的行为进行鼓励，对错误的、不提倡的行为给予批评修正，促使员工在工作中的行为有所改进，尽可能地符合神东所倡导的文化，达到行为支持文化的目的。以文化认知为导向，综合评判员工工作态度与能力素质。作为行为考核结果的修正项，态度和素质更能体现出文化对员工的影响。对认知的不断纠偏改进，可以使员工在思想上更靠近企业文化。以文化落地改进为导向，将考核结果与员工的奖惩挂钩，对符合文化要求的员工给予看得到的奖励，对背离文化要求的员工要有实质性的惩罚。同时，要重视绩效面谈的作用，在绩效考核结束后，与员工及时进行面谈，引导员工发现问题、改进不足、提出建议，使员工的言行举止更符合神东文化，也助推神东文化与神东绩效考核体系进一步相得益彰。

企业的基石是文化，而文化往往需要通过制度和绩效体现出来，并通过宣传来强化。为了与企业文化的思想导向相一致，神东应在绩效考核中设计相应的考核指标，将指标作为员工追求和衡量自身价值的尺度。这又同神东的人才机制密切相关。神东的愿景、使命和价值观已深入员工的内心，而绩效考核则是一种能够直接促使达成共识的方式。绩效激励是产生相同价值观、让人才具有共性的关键因素，这种共性才能够持续存在、不断发展和培养，从而实现人才梯队的建设，为企业不断输送新的血液。

未来，神东的绩效考核将与企业文化的思想导向相契合，通过设定相关指标，有效地引导员工在工作中体现企业文化的核心价值观和行为准则。利用绩效考核的激励作用促使员工共同追求相同的价值观，从而建立起的人才队伍更具稳定性和持续性，将为神东的发展提供源源不断的动力。同时，通过将企业文化融入绩效考核体系中，增强员工对企业文化的认同和理解，提升员工对企业使命和目标的投入度。另外，神东根据国家能源集团的相关制度，加大考核激励，树立价值创造鲜明导向。深入开展对标世界一流价值创造行动，将价值创造核心指标纳入世界一流企业评价指标体系，加强战略、投资、建设、运营、管理、社会全链条价值创造管理，推动价值创造体系成熟定型，价值创造理念融入组织架构、运营模式、业务流程和企业文化。

神东的企业文化贯穿于企业管理的方方面面，利用绩效考核的引导和激励，更好地在员工中落地生根，为神东今后的持续发展提供坚实的支撑。

7.3.4　企业文化与激励机制体系

一个成功的企业文化不仅能够塑造员工的思想、价值观和行为方式，还能够对外辐射，影响其他企业和组织。它通过与其他企业、组织及各个领域的优秀文化的融合，形成了一种更加丰富多元的文化生态系统。这种融合共生的过程，使得不同文化之间相互借鉴、交流、融合，形成了更加包容和创新的文化氛围。

企业文化的落地实施是一项系统性工程，需要借助丰富的手段和力量通过长期累积而达成。在诸多力量中，起关键作用的还是员工的"内生动力"，即变"要我做"为"我要做"，员工自觉向组织目标靠拢，自觉按照企业文化所倡导的方向迈进，使个体行为与组织行为保持高度一致。在此过程中，完善的激励机制体系的建立显得格外不可或缺。有什么样的激励机制，就会形成什么样的企业文化，从侧面印证了企业文化的建设和发展需要一个良好的激励机制来推动，一个良好的激励机制也需要企业文化作支撑。

神东在将企业文化建设与激励机制体系建设融合时，开展了诸多亮点工作。在贯彻"生命至上、安全为天"的安全理念时，为调动员工安全工作热情和创造能力，神东积极挖掘和引导安全管理人员，在各级安全生产责任制的基础上，对安全工作做得好的矿井和个人进行物质奖励，反之进行惩罚。劳动模范、五一劳动奖章、青年五四奖章的获得者不仅能够获得丰厚的物质奖励，更能获得来自领导和同事们的精神嘉奖，因此员工争先恐后参与安全管理工作，积极性日渐增加。在落实"创新是引领发展的第一动力"这一时代命题时，神东优化完善激励机制，强化科技创新激励，赋予领衔科技专家和技术人员经费支配权与资源调动权，让科技经费真正为科研人员创造性活动服务。同时，神东加大对创新成果的奖励力度，建立创新成果推广收益按比例收益机制，充分调动出员工的创新创效积极性，增强了神东对人才的吸引力，造就了一大批高水平的科技领军人才。

企业文化的建设应当坚持以人为本，围绕规划方案、选择路径、采取措施这三个维度设计内容。在具体做法上，一是尊重人。企业文化应建立在尊重每个员工的基础上，包括尊重他们的人格、权益、观点和创造力。这种尊重应贯穿于企业的各个方面，如决策制定、沟通交流、人才培养等。二是关心人。企业文化应关注员工的个人和职业发展，提供良好的工作环境和职业发展机会。包括关注员工的生活福利、工作平衡、健康与安全等方面，以及为员工提供培训和学习的机会。三是公平待人。企业文化应强调公平正义，确保所有员工受到公平对待。企业的薪酬制度、晋升机制、绩效评估和奖励体系都应建立在客观、公正的基础上，避免偏袒和歧视。四是满足人的需要。企业文化应满足员工的基本和心理需求。具体来说，企业应当提供有竞争力的薪酬和福利，提供良好的工作条件和发展机会，同时也关注员工的情感需求和认同感。五是实现人的价值。企业文化应鼓励员工发挥个人潜力，实现自身的成长和发展。企业可以主动提供培训和学习机会，鼓励员工创新和承担更多的责任，让员工感到自己的工作对企业和社会有意义。

对于神东而言，有效的激励制度主要由两个方面构成，即公平与公开。首先，激励制度的公平与公开对于员工对企业的信任度和对工作的积极性至关重要。公平指的是激励制度应该公正地对待每个员工，不偏袒任何一方。公开意味着激励制度的设计和实施应该是透明的，员工能够清晰地了解奖励的标准和机制。其次，激励制度应该有科学合理的考评依据。科学合理的考评依据表示激励制度应该建立在客观可量化的标准和指标上，而不是凭主观判断或随意决策，这样可以确保激励的公正性和可预测性。科学合理的考评依据可以包括绩效评估、目标完成情况、贡献度等，而指标能够客观地衡量员工的工作表现和贡献。

公平必须与效率相结合，不可仅是简单直接的"平均主义"。由于企业中员工的能力、工作性质和岗位各不相同，必须合理地定义不同个人获取收益的方式。在神东倡导的价值观中，对于这种合理的绩效差别应予以肯定，并体现在激励制度中。因此，公平是要根据员工的贡献和能力差异，以及工作性质和岗位的要求，合理界定个人获取绩效的方式。这意味着在激励制度中对于不同个人的贡献和付出予以适当地认可和奖励。

需要注意的是，人的需求是多层次的，包括物质层面和精神层面，这就要求企业的激励手段具备多样性。神东应当建立安全稳定的工作环境和良好的人际关系氛围，满足员工的安全感和归属感；提供合理的发展机会和培训计划，满足员工的个性发展需求；加强管理层对员工的认可与尊重，重视员工的贡献和努力，营造和谐的工作氛围。通过综合考虑员工的物质和精神需求，采取多元化的激励方式，可以更好地满足员工的期望，增强他们自身的工作动力和对神东的忠诚度，更好地推动神东的发展和成长。最重要的是，神东在培育企业文化时应继续坚持以人为核心，关注员工的需求、情感与成长。建立起一种积极向上、和谐有序的文化氛围，鼓励员工发挥个人潜力，实现自身价值。只有在以人为出发点和归宿的前提下，企业文化才能真正获得员工的认同和支持，推动企业的可持续发展。

因此，有效的激励机制能够调动员工工作的积极性，达到鼓舞士气并提高企业绩效的效果。完备的激励机制体系还能为神东文化和员工行为搭建起一座桥梁，是神东推动员工走向神东文化目标的关键驱动因素。充分发挥激励制度的优势能够帮助所有员工更好地发挥出自身的优势与潜力，不断引导他们向神东文化的目标要求前进。

7.3.5 企业文化与社会责任追求

当建立起人的价值高于物的价值、共同的价值高于个人的价值、社会价值高于企业的短期利润价值的企业文化后，就能实现从单一的组织到员工、顾客和社会协调发展。与社会责任紧密结合的企业文化能够既满足社会的需求，又实现企业自身的可持续发展。

企业文化为企业履行社会责任奠定了坚实的思想基础。和谐的企业文化塑造出的价值观、责任感和使命感直接影响着企业员工的思想和行为，并进一步扩展到他们的家庭和社会。一个企业若注重短期利益而忽视人文关怀，其员工往往也会忽视企业社会责任。相反，一个以人为本、积极进取、不断创新的企业，其员工会更加意识到履行社会责任的重要性，关注企业与社会的和谐发展。

优秀的企业文化鼓励员工不断创新和进取，以适应不断变化的社会需求和挑战。在这样的文化氛围下发展起来的员工更容易拥有远见和责任感，关注企业与社会的长远发展，而不仅仅追求短期利益。这种企业文化的影响力超越了企业内部，它对员工的家庭和社会关系会产生积极影响，推动社会的和谐发展。

神东企业文化建设应该超越单纯追求经济利益，要考虑到企业与社会的相互作用和影响。一个具有良好企业文化的企业应该承担社会责任，关注社会问题，并积极参与社会公益活动。通过创造就业机会、提供优质产品和服务、遵守法律法规、保护环境资源等方式，为社会的发展做出积极贡献。而神东核心价值观应该包括对周围生活的关注和改善，以及能够体现出对社会问题的敏感性和负责任的态度。根据我国国情，将社会责任融入企业的日常经营和决策过程中，神东才能在实现经济效益的同时积极履行社会责任，建立起具有良好声誉和可持续发展的企业文化。

将企业社会责任内嵌于企业文化可以促进企业与社会的良性互动。神东积极履行社会责任，通过提供高质量的产品和服务，创造就业机会，遵守法律法规，保护环境资源等方式，可以赢得社会的认可和信任。这种信任进一步巩固了神东的声誉和品牌形象，为其可持续发展提供了有力支持。

将企业社会责任内嵌于企业文化有助于激励员工的参与和奉献精神。员工作为神东的重要组成部分，他们的行为和价值观念受到企业文化的影响。如果神东的企业文化能够强调社会责任、鼓励他们积极参与社会公益活动并且呼吁其关注社会问题，那么员工会感到自己的工作具有更大的意义和价值，更有动力为实现企业的社会责任而努力。

将企业社会责任内嵌于企业文化有助于推动整个社会的可持续发展。企业是社会的一部分，积极承担社会责任的企业将成为社会进步和发展的重要力量。通过引领行业标准、倡导道德经营、推动社会公平正义等方式，神东可以与其他利益相关者共同促进社会的可持续发展，为社会的进步做出积极贡献。

"担当社会责任，履行央企承诺"是神东企业发展战略和生产经营的基本遵循，在神东，每年有一笔资金投入达1亿多元，这是对救护消防大队的专项资金支持。从1977年建队至今，神东救护消防大队累计处理各类事故 3761 起,挽救生命 621 人,挽回经济损失大约 18.03 亿元。从煤矿井下事故到地面交通事故,从社会上的火灾、水灾到地方的抗洪抢险等突发意外情况的救援,神东救护消防大队永远当仁不让地冲在最前面。

2012 年 8 月 16 日,陕西省府谷县瑞丰煤矿发生采空区大面积冒顶事故,神东救护消防大队经过 24 小时连续作战,成功营救 13 名遇险矿工;2017 年,陕西神木板定梁塔煤矿"4·19"透水事故中,历经 77 个小时,成功救出 6 名被困矿工,创造了煤矿事故救援史上的奇迹,赢得了地方政府的高度赞扬。同一年,榆林子洲、绥德县突发洪灾,神东迅速抽调 100 名员工、400 多台套救援设备,近万件配套物资赶赴灾区救援。当地百姓激动地说:"神东救援队伍一到灾区,我们就看到了希望。神东的员工们没白天、没黑夜地干,太辛苦了,灾区人民永远也忘不了你们!"在这场救援中,神东救护消防大队不畏艰辛,主动承担急难险重的救灾任务,成为灾区抢险救灾的"主力军"和"尖刀连"。

企业的发展高度,不仅体现在企业实力与规模上,更体现在对社会责任的践行上。新时代要有新责任、新担当。对中央企业、大国品牌而言,走多远路,就需要担当多大的企业社会责任。这种精神能够促使企业不断积累和沉淀优秀的企业文化,从而形成具有长远发展和持续竞争优势的核心力量。

在未来,通过履行社会责任,神东将建立起一种关注员工、客户和社会的价值观,形成良好的企业文化氛围。通过关注员工福利、提供培训发展机会、营造公平公正的工作环境等措施,增强员工的归属感和工作满意度,促进员工之间的合作和团队精神。同时,通过提供高质量的产品和服务,满足消费者的需求,积极参与公益事业和社会活动,获得公众的认可和尊重。这些积极的行为和价值观的传递将有助于形成积极向上的企业文化,吸引更多优秀的人才加入神东,提高市场满意度和品牌忠诚度。同时,企业履行社会责任也能够带动社会文化的发展和进步。通过积极参与慈善事业、环境保护和社区建设等社会活动,传递正能量,推动社会的发展和进步。这种参与不仅是对社会的回馈，也是神东文化价值观的体现。

今后，神东将深入贯彻落实国家能源集团发展战略，坚持共享共赢，积极履行社会责任。满足人民日益增长的美好生活需要，更好发挥国有企业在中国式现代化建设中的主力军作用。打造绿色低碳发展典范，多元化、快速化、规模化、效益化、科学化发展新能源，推动使用绿色低碳能源，构建绿色供应链，强化碳排放核算与信息披露。坚持以人民为中心，支持乡村全面振兴和公益慈善事业，有效提供文化产品和服务，积极促进区域协调发展，贡献神东力量。

7.4 变革驱动力

变革驱动力，是推动企业、行业和社会发展的关键要素。于外部而言，变革是市场竞争、技术进步与社会变革；于内部而言，变革是企业的愿景与需求。对于现代企业来说，变革驱动力可以激发创新思维、鼓励团队合作，通过积极引导组织持续改进。作为神东企业文化软实力的一部分，起着促使神东不断适应日新月异的社会环境、激活科技创新能力的重要作用。变革驱动力不仅能够解决神东现阶段存在的问题，还将为其发展提供良好契机，鼓励神东不断学习、适应和演进，使其保持活力与前瞻性，最终以文化理念引领企业管理与经营变革。

7.4.1 企业文化激活企业科技创新

企业只有通过不断地创新才能适应新时代下的新机遇，也只有创新才能使企业产生变革，才能具备应万变的适应能力，应对快速变化的市场。在企业发展中从理念到思想、从形式到内容、从技术到方法都要创新，这是决定成效的关键所在。邓小平指出，科学技术是第一生产力，而改革正是解放和发展生产力的重要过程。神东的发展体现了市场竞争的最高境界就是始终处于变化之中，但不变的是变革、创新和持续改进，始终坚持科技创新、管理创新、模式创新以及组织创新，以创新的思维方式继往开来。

科技创新始终被摆在神东发展全局的最核心位置。一直以来，神东加快科技创新进程，力求拥抱科技之力，不断推动数字化矿山建设向更高层次迈进。在神东实干精神的指引下，神东人时刻将科技兴国牢记在心，致力于创新技术理念的打造，以科技创新引领企业发展，在各个层面实现数据化与信息化。大数据时代，神东积极将煤炭生产的"未来"自觉转化为一种责任和担当。遨游煤海，"煤炭+互联网"的尝试已经不再新鲜，大数据给煤炭生产提出了新课题，也为煤炭行业插上了智能化的翅膀。互联网、大数据、人工智能等先进技术深度融合的成果在神东随处可见——井下安装的各种传感器，涉及人员定位安全系统、调度通信系统、皮带计量系统等几十个软件系统；选煤厂、装车站全部建成国际先进水平的综合自动化控制系统，实现远程控制、监测和故障诊断。

文化激活创新。神东制定了科技创新奖励办法，加大了奖励力度，特别鼓励员工在生产中发现问题，贡献"金点子"。公司每季度都会评选"五小"成果、职工创新创效等。为进一步调动科技人员创新积极性，神东突破桎梏，探索从工资总额中提取奖金转向从科技成果未来效益中提取奖金的激励方式，形成长效机制。

除了职工创新工作室，神东还建设了博士后工作站、重点实验室等创新平台。建立了从上到下包括技术专业委员会、各基层单位科技创新小组在内的科技创新管理体系，与国内科研院所、设备厂商合作，建立了开放式的协同创新技术研发联盟体系，以完善的体制机制保障科技创新。朱子祺在2009年从中国矿业大学硕士研究生毕业后来到神东。他的同学毕业后大多选择去设计院工作，但他却选择了神东，神东对他的吸引力在于平台大，可以展示自己的才华。他说，"在神东做出东西，很受行业认可"，从选煤厂工人，到调度员，再到部门经理，朱子祺一步步成长为神东洗选中心副总工程师。从经费10万元的小项目着手，朱子祺开始做一些选煤厂智能化方面的科研项目。他坦陈，刚开始时，会担心项目完成不好影响发展，但神东完善激励机制、提高科研人员地位，鼓励创新、容忍失败的氛围越来越浓厚，渐渐打消了他的顾虑。2019年，朱子祺参与的大型选煤厂智能化技术的研究与应用项目获煤炭工业科学技术一等奖，他也被评为神东科技英才。

具有神东特色的企业文化是神东生生不息的动力和源泉，不断创新的科学技术是神东稳定发展的核心竞争力。科技的创新离不开企业文化中创新思想意识的推动，技术是由人实现的，神东的每一项创新成果都来自个人与群体思想的集合与碰撞，这正是创新文化为企业发展带来的巨大创造力。在数智化飞速发展的今天，神东将继续以优秀的企业文化推动科技创新与变革，将精神与物质两个层面相互结合，为神东的前进提供强大的驱动力。

7.4.2　文化理念引领企业管理变革

企业的内外部环境一直在不断地变化，变革是企业要做出的必需之举。瑞·达利欧在《原则》中说"世界上到处都是曾经辉煌但逐渐衰落的东西，只有极少数东西一直在重塑自身，不断达到伟大的新高度。"在企业变革的整个过程中，有形的变革处于表层，是显性的，无形变革处于深层，是隐性的，无形变革与有形变革密切相关，是企业变革能否成功的关键。文化作为笼罩在企业革新中的一双无形抓手，其理念的变革是企业加强内部管理的第一步。只有将文化理念融通到企业生产经营管理全方面与全过程，才能推动管理的变革与提升。

企业文化在体现企业的管理水平和组织能力上扮演着关键的角色，是企业核心价值观和理念的集中体现，可以帮助管理者和员工明确企业的目标和方向，并以此作为指导进行工作和决策。良好的企业文化能够激发员工的积极性、创造力和凝聚力，促使员工更好地投入工作并追求卓越。同时，企业文化还能够塑造企业的形象和声誉，在市场竞争中树立企业的品牌价值和竞争优势。

在市场竞争中，强大的竞争能力对于企业的成功至关重要，企业文化是塑造企业竞争力的重要因素之一。通过建设积极向上、具有创新和协作精神的企业文化，可以培养出具备强大管理能力和组织能力的管理者和员工团队。良好的企业文化可以激发员工的工作热情和创造力，提高工作效率和质量，推动企业持续创新和发展。同时，企业文化也能够吸引和留住优秀的人才，建立起具有核心竞争力的人力资源体系，为企业的长期发展提供坚实支持。因此，企业的决策层必须具备强大的管理能力和组织能力，并通过构建和传承企业文化来实现这些能力的发挥。

神东以"制度与文化相融、党建与文化相融、管理实践与文化相融"为目标，坚持问题导向，从多方面进行实践探索，真正做到以企业文化指导管理行为，以管理行为践行文化理念，从解决管理问题入手，推动企业文化理念的深度应用。各单位对照神东价值理念的倡导与行为守则的要求，查找在安全生产、成本管控、业务流程、队伍建设、宣传教育、信息化建设等方面存在的问题，聚焦管理、运营机制方面短板，进行全面、深入地梳理分析，提出管理提升对策。

神东以共同的价值观为导向，构建符合企业文化理念体系和企业实际的各项管理制度和行为规范。以实践为基础，从文化理念与规章制度的契合度、企业发展战略对制度制定的要求入手，通过健全组织领导、制度管理、培训宣贯、传播推广、考核评价、成果管理等管理制度，进一步将文化理念与企业管理进行深度融合，以科学的管理制度规范员工行为，以有效的制度创新提高管理水平，使企业管理步入决策理性化、管理制度化、操作规范化的良性轨道。

企业文化是企业管理中最高层次的道德规范和思想高度，已经成为当前市场经济中企业的核心竞争领域，对内代表所有员工的价值理念和精神共识，对外影响企业的经营和发展。企业竞争已经逐渐向"人"的竞争发展，而"人"的竞争依靠于企业文化带来的凝聚力，可以说，文化的力量是形成竞争优势中最重要的一环。

要构建和谐团队，关键在于构建和谐的组织。企业文化在塑造和谐团队方面起着关键作用。企业的长期发展需要一支强大、团结、高效的员工队伍。因此，在实现新一轮发展的过程中，重视并努力构建一支素质过硬、作风优良、富有凝聚力和战斗力的员工队伍是至关重要的。这需要不断增强员工对未来发展道路的认同和信心，激发员工的积极性和创造力，以形成一个强大、高效和谐的班组团队。

企业文化的形成和渗透需要有持续地努力和管理引导，需要企业领导者的关注和重视，以及员工的共同参与和支持。企业的领导层应树立榜样，倡导和践行企业文化的核心价值观，通过自身的行为和决策来引领组织成员。同时，员工也要主动融入和践行企业文化，积极参与组织的活动和项目，形成共同的价值观和行为准则。

一个和谐的团队不仅能够提升工作效率和质量，还能增强员工的归属感和工作满意度。和谐的团队能够有效地协同合作，凝聚力量应对挑战，实现个人和组织的共同目标。这种团队具有良好的沟通和协调能力，能够解决问题、化解冲突，并在变化和竞争中保持稳定和进步。

神东将以先进的文化理念推进管理创新，推进生产过程的科学化、生产方式的文明化、经济效益的最大化和社会效益的最佳化。坚持以企业文化为经营管理引领，在开展业务经营活动时做到摒弃与企业文化理念相悖的习惯和行为。特别是在商业模式创新和经营过程中，真正地贯彻企业文化理念，并进行常态化对照检查。无论是高层管理者还是基层员工，都应时常审视自身行为是否符合企业文化的要求。此外，神东要经常对那些在贯彻企业文化方面做得好的典型进行表扬和宣传，加强其正面引导的力度。

以员工作为企业建设和管理的主体，在管理制度的约束和文化理念的引导下，提高员工的自身认同感和集体归属感。以管理制度作为神东文化的重要组成部分，让文化在思想本质上为管理提供基础，为企业的发展和进步提供指导。以文化理念统领各个管理要素，强化文化软实力与经营管理的有效融入。最终，实现企业文化伴随形势变化、战略调整和企业发展不断双向互动、良性循环、系统升级的目标，也由此推动神东企业管理的有序发展。

7.4.3 文化驱动企业市场经营变革

20世纪世界经济史上最大的奇迹莫过于日本在"二战"的废墟上快速崛起，日本靠什么样的经营方式使其具备如此强大的竞争力？对此，研究者们发现美国注重"硬"的方面，强调理性管理，而日本人不但注重"硬"的方面，更注重"软"的方面。战后日本企业经营的成功无不与强有力的企业文化相关，文化推广助力日本企业实现了"以人民为中心"的经营，使企业具有巨大的凝聚力、旺盛的技术消化能力、局部的改善和调整生产关系的能力以及弹性地适应市场的能力，激励着企业全体成员同心协力地为实现企业目标而努力奋斗。

进入21世纪之后，企业之间的竞争已进入"文化制胜"的时代。文化作为企业长期的积淀和凝结，是企业的精神财富和精神动力，时时刻刻渗透在企业经营的每一个方面。企业文化使企业的共同理想、价值观念和行为准则长期深植于员工心中，对员工产生强大的感召力和凝聚力，使企业的人、财、物、管理技术、组织技能等诸因素有效地组织起来，发挥出更高的经营效能。

在企业经营中，经营战略明确公司前进方向，运营模式决定用何种方式达成企业战略，而文化是驱动和支撑经营战略和运营模式的动力。企业市场经营和其他行为一样，实质上是企业文化指导实践的具体反映。优秀的领导者并不刻意改变文化，而是巧妙地运用文化作为驱动力，形成经营战略、运营模式和企业文化的"三合一"。海尔、长虹、联想、同仁堂等正是因其优良的企业文化，在激烈的市场竞争中获得了显著优势，推动了经营战略的不断革新。

神东围绕国家能源集团"一个目标、三型五化、七个一流"发展战略，构建文化与生产管理融合发展长效机制。探索建立企业文化融入安全生产、经营管理等中心工作的有效机制，助推世界一流企业建设。深入挖掘神东文化的丰富内涵和精神力量，激励全体员工振奋精神、奋发有为。让文化融入经营管理，突出文化引领，助推企业经营管理升级，建立起基于问题管理的机制，将企业变革、创新经营、战略部署等环节中最根本、最典型、最重要、最普遍的问题找出来，系统解决问题，不断提升企业活力与动力。

在快速发展的今天，科技创新为神东带来了无限机遇。自动化设备、数据分析能力和智能化技术可以帮助神东提高效率、降低成本，在降低环境影响的同时增强企业竞争力，是实现企业可持续发展和行业变革的关键举措。在科技创新的同时，文化理念驱动着神东的管理与经营变革。企业文化不仅是企业管理的重要工具，也是企业在市场竞争中脱颖而出的关键因素之一。通过不断优化和发展企业文化，能够不断提升自身的竞争能力和组织效能，为实现长期的成功和可持续发展奠定基础。这种变革在管理与经营中引入企业文化，通过优化管理流程与方法，可以持续提高企业运营效率、增强决策能力、提升员工参与感，最终促进战略的改革与创新，帮助神东适应不断变化的市场环境。

神东追根溯源、沉淀历史，不断丰富神东企业文化内涵，积极推动文化建设系统化，打造特色鲜明的神东一流企业文化建设高地，潜心创作神东一流企业文化代表作。在以往形成的文化背景下，神东将新时期的发展目标和经营理念融合形成不断创新的文化践行模式，进一步夯实一流企业文化软实力根基，实现以文化软实力引领企业市场经营发展。

7.5 传播聚合力

传播聚合力作为神东企业文化软实力的第五力，是指通过良好的传播和沟通机制，将企业的核心价值观、理念和行为方式传达给全体员工，并加强员工之间的内部协作和团队精神。传播聚合力通过有效的传播，将企业的核心价值观和理念传递给每一位员工，使员工深刻理解并认同企业的文化，提升企业员工的认同感和凝聚力。神东的核心价值观和理念得到积极传播和践行时，社会和客户对企业的认同和信任度会提升，进而塑造神东的品牌形象和声誉。当神东鼓励员工分享创新思想和尝试新方法时，传播聚合力可以建立和强化一个开放、包容和鼓励创新的文化氛围，从而激发员工的创造力和热情，推动企业的创新和变革，激励员工的创新和进取心。

7.5.1 打造世界一流文化传播体系

品牌是产品的品质、服务和产品功能等的代表符号。品牌作为企业重要的无形资产，是企业文化的外在表现。进行世界一流企业文化建设，首先要塑造企业的品牌形象。许多国际知名企业始终屹立不倒而且还生机勃勃的秘诀在于，它们不是依靠产品本身吸引和留住消费者，它们依靠的是品牌及品牌文化的力量。

品牌文化是企业品牌形象的重要体现，赋予品牌生命力，助力企业在市场竞争中脱颖而出。品牌文化的塑造有助于形成独特的品牌客户群，也就是品牌壁垒，这种模式使企业可以实行文化差异战略，提高品牌的影响力。可以说，优秀的品牌文化生生不息，影响着企业中几代人的价值信条。

企业品牌文化的关键在于落地实践，只有通过有效地传播，才能真正对企业的发展起到促进作用，其理念和价值观才能完全融入企业的安全生产和经营管理中去，将理念转化成认知与行动，提升品牌影响力。文化具有扩散性，当文化元素被创造出来后，不能停滞于此，必然向周围扩散，变成共享的价值观。

神东在企业文化建设过程中，做精"地域特色"品牌，强化文化感召力和引领力；与地域文化相结合，打造"煤海乌兰牧骑""煤海黄土情"文化品牌，从文艺作品创作、文化服务供给、文化传播推广和企业形象展示四个方面，讲好神东故事，不断强化文化的感召力和引领力，全方位展现新时代煤矿工人的精神风貌和煤炭企业的发展成果，在新发展阶段进一步树立传统煤炭工人的行业自信。

品牌文化的传播主要分为对内传播和对外传播。对内传播就是由品牌文化的创造者向企业内部各级员工进行培训、宣传和教育。近年来，神东在企业文化建设过程中坚持"党建引领、文化聚力、共创共惠"的工作理念，突出"精神引领、形象展示、文化交流、素养提升、会务服务、健康生活"六项功能，统筹实施"文化建设、文体活动、文化服务、场馆管理"四大工程，深入推进"文化建设系统化、文化惠民品牌化、文化产品精品化、文化活动常态化、文化服务精准化、场馆管理智能化"六化建设，努力营造强大的文化磁场，让文化建设更有实效，文化服务更有温度，文化自信更加彰显，文化品牌更加璀璨。对外传播就要求企业对外树立良好的企业形象，与客户、其他企业进行交流合作，发挥品牌价值，将品牌效应转换成为实际价值。

未来，神东将继续贯彻国家"推动中国制造向中国创造转变、中国速度向中国质量转变、中国产品向中国品牌转变"的要求，实现"开展中国品牌创建行动，保护发展中华老字号，提升自主品牌影响力和竞争力"的目标，积极践行国家能源集团品牌发展战略，全力打造以"神东煤"为主的更具有神东特色的企业品牌文化建设。

在神东品牌文化建设过程中，始终坚持政治引领，擦亮党建品牌。作为国有企业，神东始终坚持党的领导，将党建工作摆在重要位置，以政治引领为核心，推动企业发展。党建品牌的擦亮不仅是神东企业文化建设的基础，更是企业走向世界一流的关键所在。通过加强党员队伍建设，健全党组织体系，强化党的组织力量和战斗力，神东能够激发全体员工的爱国情怀和家国情怀，提高企业的凝聚力和向心力。同时，党建品牌的擦亮也将进一步凸显神东企业的政治立场和价值导向，树立企业的良好形象和品牌形象，为神东走向世界舞台奠定坚实的基础。以"坚持政治引领，擦亮党建品牌"为目标，神东将不断弘扬党的优良传统和企业文化，凝聚起全体员工的力量，为企业发展提供强大的精神动力和战略支撑。

在激烈的市场竞争环境中，神东品牌文化建设始终坚持高标准的标准化品牌建设，品牌标准化建设能够为神东确立并传达统一的价值观、理念和行为准则。通过标准化，神东规范和统一各个部门、团队和员工的行为，提升整体的企业形象和品牌价值。标准化还能够使神东在迅速发展过程中更加高效和有序，确保品牌在不同情境下的一致性和可识别性。因此，标准化不仅是神东品牌文化建设的重要手段，也是实现神东迈向世界一流企业的基础之一。

人才建设是神东企业品牌文化建设至关重要的一环，作为神东的核心资源和竞争力的源泉，人才建设是神东企业品牌文化建设的关键议题。十年树木，百年树人，人才队伍建设是一项复杂而艰巨的系统工程。神东在人才建设过程中，始终聚焦发挥党建引领作用，助推人才队伍建设。坚持"党管干部"和"党管人才"原则，努力打造政治素养高、业务能力精、工作态度好、服务水平高的一流干部人才队伍，通过引进、培养、激励和留住优秀人才，不断提升员工素质和能力，以确保神东的品牌价值得以持续提升。与此同时，神东注重打造积极向上、充满活力的工作环境，为员工提供广阔发展空间和良好的职业发展路径，让每一位员工在企业中都能发挥其最大潜力，实现自身价值。通过以"人才建设"为品牌"添彩"，神东将能够树立起崇高的企业形象，吸引更多人才加入，为神东的长远发展注入源源不断的活力与动力。

神东将深入贯彻国务院国资委关于中央企业品牌引领行动的要求，全面实施国家能源集团 RISE 品牌战略，在经济社会可持续发展中贡献国能力量，持续提升品牌价值、品牌影响力和美誉度，打造广为认可认同、广受尊重喜爱的知名品牌形象。与此同时，神东将多元多措并举，全面加强集团品牌推广。制定发布神东品牌传播规划，拓展渠道；整合媒体资源，打造立体传播矩阵；探索品牌理念和国能 VI 的有效组合，强化场景使用。

不断完善的品牌战略，越讲越好的神东故事，展示着神东人、神东矿、神东煤的品牌形象，也将深度激发神东内在活力、提升神东外在影响力。

7.5.2　建设世界一流科技成果示范企业

如何把品牌这个名片擦得更亮？神东给出三个关键词：知识、科技、文化。立足新发展阶段，要牢牢掌握科技发展的主动权，注入新的时代元素、科技元素。当前，以"绿色低碳、清洁高效"为目标的新一代能源技术不断影响和引发能源变革，这些先进技术必将随着煤矿智能化建设、数字化转型得到广泛的应用，未来的煤矿将成为高科技行业。如何勇立创新的潮头，继续扛稳行业的大旗，是神东之问、行业之问、时代之问。

要回答好这个问题，神东必须走创新驱动、安全高效、绿色低碳、智能发展新路子。要坚决做高水平科技自立自强的表率，加强与国内知名科研院所、领军企业的战略合作，发挥好科技创新国家队的作用；坚决做引领能源行业创新发展的示范，着力破解安全、高效、绿色、智能发展的"卡脖子"问题，推动行业变革；坚决走在能源企业转型发展的前列，坚定走数字经济与能源经济融合发展之路，为煤炭行业转型发展提供"神东方案"。

作为我国煤炭工业先进生产力的代表，今天的神东，已逐步进入行业技术的无人区。在过去的几年，神东"高效全断面矩形快速掘进机研制"项目开发了首台煤巷全断面矩形快速掘进机，提出了五刀盘铣削式微扰动截割方式，开发出矩形截割刀盘截割装载一体化技术，可实现高效截割、装载、转运、推进和自动导航定位，实现了掘、支平行作业，提高了掘进效率；"神东采煤沉陷区生态系统稳定性构建评价与工程示范"项目研究了不同区域的原生植被和人工种植植被的水分和土壤养分状况，探明了土壤水分和土壤养分的协同作用机理，建立了神东矿区生态系统稳定性评价指标，形成了神东矿区煤炭基地生态建设关键技术与示范工程。截至目前，"神东矿区煤炭高强度开采对水资源及生态环境影响评价研究""全自动两臂机械式锚杆钻车研制""矿井专用救援保障车研制""神东矿区特细砂混凝土配合比应用"等科技成果均达到国际领先、先进水平，通过了中国煤炭工业协会鉴定，为神东建设世界一流企业提供了技术支撑。

当前煤炭行业正处于第四次煤炭技术革命的关键时期，神东应当以此次技术革命为契机，推动煤炭产业向着数字化、智能化的新产业和新业态转型。为实现这一目标，神东加大对科技创新的投入，推动数字化和智能化技术在煤炭生产和管理中的应用。通过引进先进的信息技术、大数据分析和人工智能等技术手段，提升煤炭生产的效率和质量，降低资源消耗和环境影响。此外，神东还加强绿色矿山建设和环境保护，推进矿山生态修复和资源循环利用，减少对生态环境的损害，提高煤炭产业的可持续性。

在"双碳"目标下，煤炭产量将回归合理规模，走高质量发展之路，迈向煤炭生产全过程安全、绿色、低碳、经济的存量时代。神东将推动煤炭行业在新的产业和业态中发展，开拓新的市场和增长点，实现经济效益和社会效益的双赢。重视高质量发展、注重环保和安全，使煤炭产业在新时代展现出更加可持续、可靠和可信赖的特点，为能源领域的可持续发展做出积极贡献。

未来，神东将继续积极培养、引进、发展各类人才，厚植"尊重人才、尊重创造、积极探索"的创新文化，持续提升"企业文化＋经营管理"的创新力与创效力，将企业创新文化融入日常经营管理之中，践行国家能源集团企业文化核心价值理念，全力打造文化自信实践高地。健全公司文化建设体制机制和载体平台，推出反映神东成就、神东精神的系列文艺作品，促使创新理念深入人心。将创新理念融入企业文化建设之中，筑造以创新为地基的文化主阵地，营造浓厚的创新文化氛围。

在神东创新文化建设过程中，还要注重优化顶层设计的问题。

首先，要提升企业领导者的引导力。企业领导要亲自参与文化理念的提炼，指导企业文化各个系统的设计，既要始终坚持党的领导、坚持价值引领、坚持核心理念，还要坚持与时俱进的原则，积极学习行业前沿知识。而后，完善组织架构，形成稳定支撑力，要成立专门的组织机构，建设起企业创新文化建设工作的核心领导小组，小组下设创新文化建设办公室作为企业创新文化建设的执行机构，并且基层单位成立相应领导机构，为企业创新文化建设提供组织支撑。

其次，要注重企业核心价值观的引领作用。创新企业文化建设必须要以社会主义核心价值观为引领，通过组织员工学习、发放资料、外聘教授、讨论座谈等方式，加强对社会主义核心价值观的宣传。要通过完善制度建设、规范行为准则等方式，将社会主义核心价值观贯彻到员工的日常言行中，帮助员工培养积极健康的工作和生活习惯。还要通过节日文化活动、员工文艺演出等方式，将社会主义核心价值观灌输进员工的思想中，增强广大员工爱国、爱企的热情，为企业发展构筑温馨愉悦的文化发展空间。

再次，要营造创新文化环境。要强化创新文化宣传，提升全员创新意识，拓展创新文化建设活动载体，积极开展丰富多样的创新文化活动，塑造企业创新文化建设的价值观。要进一步培育企业家精神，着眼于企业全员创新，推进员工创新普遍化、大众化、多元化。通过建设学习型组织，搭建创新研发平台，将企业员工科技创新的资源、任务和成果；通过平台进行整合，实现员工科技创新资源自由组合、团队自主组建、成果实时共享，促进企业各部门和基层团队互相切磋，上下联动，取长补短，协同创新。

创新不能一蹴而就。建设创新文化，需要企业创造宽容失败的文化环境，在政策框架内大胆尝试，探索出一条能调动企业员工积极性和创造性的路径。在企业内部树立宽容失败的文化氛围，鼓励员工大胆创新，为企业发展建功立业，贡献突破性的业绩。

最后，要夯实创新文化制度基础。建立以市场为导向的创新决策机制、科技创新的资源整合机制、成果评价机制和创新成果采购制和纠错机制，以鼓励专业人员紧跟发展潮流，自主开展创新研究，提高企业整体创新能力和创新效率。

神东力争到2025年，突破煤炭企业卡脖子技术瓶颈，内部核心技术实现自主可控；到2030年，在煤矿智能化及清洁高效利用等领域实现更多阶段性成果，推动煤炭行业整体进入创新型行业前列。科技赋能发展，创新决胜未来。随着全新的智能技术在能源领域的广泛应用，未来的煤矿生产必将面临向高科技转型。在新时代高质量发展的道路上，神东将坚定不移走出一条数字经济与能源经济融合发展之路，创造以工业互联网建设为标志的"煤炭工业文明"。

7.5.3　汇聚世界一流人才扎根企业

从古至今，中国人都信奉"千军易得，一将难求"的古语。如今21世纪综合国力的竞争，归根到底是人才的竞争，人才及其具备的才能在很大程度上决定着中华民族的兴衰和现代化建设的进程。国家之间的竞争如此，企业之间的竞争亦是如此。谁能够拥有人才，谁就可以占据行业制高点。

党的十八大以来，神东以习近平新时代中国特色社会主义思想为指导，深入贯彻总书记关于人才工作重要指示精神和党中央、国务院决策部署，围绕煤炭转型升级和高质量发展的要求，探索出具有神东特色的新时代人才发展道路。

十年树木，百年树人。一位公司领导把神东能吸引人才、留住人才的原因归纳为两方面：一是神东收入高、待遇好，二是神东工作氛围融洽。神东在人力资源管理中，把尊重劳动、尊重知识、尊重人才、尊重创造作为企业一切工作的出发点，努力从制度规划、考核激励、培训开发、企业文化等方面入手，建立吸引人才、培养人才、留住人才的管理机制，不断创造有利于人才发展的环境氛围。

党的十九大以来，神东持续创建一流品牌，用坚实信心继续打磨自身，多措并举培养人才。以公司教育培训中心为主阵地，安排人才进行系统的专业理论和素质提升培训，提升各类人才的理论功底和综合素质。通过联合培养、交流锻炼等方式，依托重大科研项目、国家重点实验室和博士后工作站等途径，培养科技创新、智能矿山等高端人才。神东不断创新人才引进方式，探索从高等院校、科研院所等招聘引进高学历、高水平的高端紧缺人才。强化科技创新激励，优化完善激励机制，赋予领衔科技专家和技术人员经费支配权、资源调动权，让科技经费真正为科研人员创造性活动服务。加大创新成果奖励力度，深入研究建立创新成果推广收益按比例收益机制，充分调动科研人员创新创效积极性，增强人才吸引力，着力培养造就一批高水平的科技领军人才。

2022年至今，神东号召以哈拉沟煤矿大学生智能化采煤班的典型创建经验，加快组建大学生智能化班组，覆盖了煤矿"采掘机运通"各系统，以大学生智能化班组为人才熔炉，加快培养智能矿山建设人才。同时，神东积极加强与国内知名科研院所、领军企业的战略合作，采用"请进来、走出去"的方式加大高端人才培养力度。

在创建人才一流企业专项方案中，神东将"坚持党管干部、党管人才原则，加快推进各类优秀人才培育"作为今后重点工作任务中的核心。充分发挥劳动模范、大国工匠等示范引领作用，通过设立劳模创新、技能大师创新、党员创新等工作室，为专业技能人才搭建平台，激发全员创新创造力。针对年轻干部储备不足的实际，神东加大年轻干部选配力度，加快年轻干部培养常态化、规范化、制度化建设，大胆启用年轻人才。既保证了后备力量素质高、结构优、数量足，又让整个干部队伍有干劲、有奔头。

此外，神东全面加强长远规划，在多岗位历练中培养年轻干部，多渠道识别发现各专业、各类优秀年轻干部，加大人才储备，真正实现"好中选优、优中选强"。力争在公司内逐步形成党委管理干部以"70后"为主体，培养选拔任用一批"80后"基层单位正职、"85后"基层单位副职和"90后"科队级干部。从员工入职第一年起开始选拔，分类别、分专业建立优秀人才库，实施组织掌握、优进劣汰、动态管理。公司组织人事部（人力资源部）负责建立公司层面不同层级、不同岗位的优秀年轻干部人才库，并实时动态更新。

强有力的人才支撑

国以才立，业以才兴。神东需要孕育新的希望，汲取新鲜"血液"，为提升人才队伍建设的速度，以"人才一流"为导向，着眼煤矿实际需求，以更积极、更开放的形式集聚人才、培养人才。在人才发展战略中，神东形成以才带才、引领人才成长的机制，通过弘扬工匠精神、劳模精神，从而打造一支真正有实力、有高尚品格的人才队伍。

神东成立了神东教育培训中心，具体负责公司的员工培训、人才培训、职业技能提升工作，负责开展安全类、管理类、技能类、综合业务类等集中培训，组织联系外出培训及学历教育。建立了公司、矿井、科队、班组"四级"培训体系，对员工培训更是分为集中培训、单位培训、外出培训三大类。神东教育培训中心设有设备维修中心、洗选中心和中国煤科太原院神东创新基地3个市级培训基地，并附有4个技能大师工作室。

神东教育培训中心从加强"管理、技能、安全"三项培训入手，形成包括培训教材、课程、课件、师资、教学管理、考务6个方面4级网络培训体系。此外，先后与清华大学、北京大学、中国矿业大学等20余所院校建立合作，开展"3+1"等订单式人才培养。神东在人才工作中确立"一个观念"，即人才是企业第一资源、人人可以成才的科学人才观。加快创新"三个机制"，即以能力为核心的人才培养机制；绩效优先的人才评价和平等竞争的人才选用机制；鼓励创新创造的分配激励机制。重点建设"三支队伍"，即塑造一支党性强、政治思想好、懂经营、会管理、勇于创新、专业知识扎实的经营管理人才队伍；培养一支精干高效、结构合理、业务精良，有较强的技术创新能力的专业技术人才队伍；打造一支作风过硬、技艺精湛，有较高文化和技术素质的操作技能人才队伍。大力营造"四个环境"，即生活环境、经济环境、事业环境、人事环境。

人才强企，创新强企。在构筑企业高质量发展新版图的征程上，神东将高度重视对创新型人才的培养，建立公平、公正的选人用人机制，鼓励文化理念与人才思想的相互融合与进步。在全公司人才队伍中形成"特别能吃苦、特别能战斗、特别能奉献、特别能创新"的精神理念，突出多元化、差异化人才战略，实行更加开放、积极并且行之有效的人才发展观。

神东深知人才是科技创新的第一动力。因此，神东将持续以培养和引进"高精尖缺"人才为导向，致力于构建全链条全领域的人才培养体系。加大力度，在基层一线和科研项目中广泛发现和培养人才，为他们提供发展平台和机会。加强与高校、科研机构等合作，积极开展校企合作，吸引优秀人才加入能源行业。同时，公司将注重在基层一线的人才培养，通过实践和项目经验的积累，培养具备实际操作能力和创新能力的人才。

今后，神东将致力于根据国家能源集团现阶段目标，坚持人才强企战略，以文化的力量激发神东活力，影响员工、积聚人才、推进创新，把尊重劳动、尊重知识、尊重人才、尊重创造作为企业一切工作的出发点，努力从制度规划、考核激励、培训开发、企业文化等方面入手，建立吸引人才、培养人才、留住人才的管理机制，创造利于人才发展的环境氛围，实现专业人才与管理人才共同发展的新局面，以自身的价值创造力推动企业持续发展。同时，神东亦将树立人才品牌，选好苗子，重点培育，科学评价，积极推举，加强激励，宣树典型，形成人才辈出的新景象。

7.5.4 融通世界一流资源聚能发展

"产品卓越、品牌卓著、创新领先、治理现代的世界一流企业"，应是面向国内外市场、具有全球竞争力的世界一流企业，即要在国际资源配置中占主导地位，能够引领全球行业技术发展，在全球产业发展中具有话语权和影响力的企业。随着全球化的推进和经济的快速发展，企业在面对日益激烈的竞争中，不得不寻求更广阔的资源和合作伙伴。神东作为一家秉承创新精神和追求卓越的企业，积极借鉴和融通汇集了世界一流资源，以推动自身不断向前发展。

一流资源的融通是企业在国际资源配置中占据主导地位的关键。为聚焦国内外资源,煤炭行业加大与各高校、科研院所合作,形成产研分工、优势互补的合作机制,打造了产学研深度合作交流的煤炭工程研究中心,能够及时收集掌握行业内的新装备、新技术、新工艺,有效促进科技资源整合。中国煤炭工业逐渐从之前的引进国外先进技术及管理经验转变为能够自行开发具有国际先进水准的国产先进装备,自我提出具有世界一流企业水准的管理体系。

神东以数据为核心资源,推动智能化技术开发和应用模式创新,提高核心竞争力。同时,打造煤矿智能装备和煤矿机器人研发制造新产业,努力建设具有影响力的智能装备和机器人产业基地。加强智能化基础理论研究,推进建设国家级重点实验室和工程(研究)中心,支持建设智能化技术创新研发平台,加强对核心基础零部件、先进基础工艺、关键基础材料等共性关键技术的研发;重点突破精准地质探测、精确定位与数据高效连续传输、智能快速掘进、复杂条件智能综采、连续化辅助运输、露天开采无人化连续作业、重大危险源智能感知与预警、煤矿机器人及井下数码电子雷管等技术与装备的研发;加快智能工厂和数字化车间建设,推进大型煤机装备、煤矿机器人研发及产业化应用,实施"机械化换人、自动化减人"专项行动,提高智能装备的成套化和国产化水平。

融通世界一流资源对于推动神东的发展起到了不可忽视的作用。通过融通世界一流资源的各类资源要素,神东不仅加强了自身的品牌文化传播,也提升了消费者的认知与认同。未来,神东将继续积极融通世界一流资源,不断推动自身的发展,并在全球市场中取得更大的成功。

到2030年,国家能源集团将全面建成具有全球竞争力的世界一流能源集团,成为创新型、引领型、价值型的世界一流企业。到2050年,集团公司作为世界一流能源集团的优势和竞争力将更加巩固,成为综合实力和国际影响力全面领军的现代能源企业。神东亦将紧随集团步伐,在创建世界一流企业的路上目光坚定、步履铿锵。

参考文献

［1］习近平．高举中国特色社会主义伟大旗帜为全面建设社会主义现代化国家而团结奋斗——在中国共产党第二十次全国代表大会上的报告［R］．北京：人民出版社，2022．

［2］埃德加·沙因．企业文化生存与变革指南［M］．杭州：浙江人民出版社，2017．

［3］埃德加·沙因．组织文化与领导力［M］．北京：中国人民大学出版社，2014．

［4］吉尔特·霍夫斯泰德．文化与组织：心理软件的力量［M］．北京：中国人民大学出版社，2010．

［5］王祥伍，谭俊峰．企业文化落地本土实践［M］．北京：电子工业出版社，2014．

［6］彼得·圣吉．第五项修炼［M］．北京：中信出版社，2009．

［7］吉姆·柯林斯，杰里·波勒斯．基业长青［M］．北京：中信出版社，2002．

［8］钟金．华为文化密码：核心价值观的演变与传承［M］．北京：电子工业出版社，2019．

［9］陈春花．从理念到行为习惯［M］．北京：机械工业出版社，2011．

［10］王吉鹏．企业文化诊断评估与考核评价［M］．北京：企业管理出版社，2013．

［11］任志宏，杨菊兰．企业文化管理思维与行为［M］．北京：清华大学出版社，2013．

［12］刘光明．企业文化史［M］．北京：经济管理出版社，2010．

[13] 神东志编委会. 神东志 [M]. 内部出版, 2012.

[14] 杨鹏, 杜善周. 创领——神东企业文化践行应用案例集 [M]. 北京: 红旗出版社, 2020.

[15] 神华集团党建史编撰委员会. 神华集团党建史（神东篇）[M]. 北京: 红旗出版社, 2017.

[16] 杨鹏, 杜善周. 社会主义是干出来的——神东东胜矿区开发建设者口述史 [M]. 北京: 红旗出版社, 2020.

[17] 张瑞田, 高建华. 领跑者——神东煤炭集团改革发展纪实 [M]. 北京: 中共中央党校出版社, 2021.

[18] 神东煤炭集团改革发展系列丛书编写组. 艰苦奋斗开拓务实争创一流——山沟沟里也可以出先进生产力 [M]. 北京: 中共中央党校出版社, 2022.

[19] 神东煤炭集团改革发展系列丛书编写组. 先锋 100 [M]. 北京: 中共中央党校出版社, 2022.

[20] 王存飞. 神东煤炭集团生产安全应急管理体系建设 [M]. 北京: 应急管理出版社, 2021.

[21] 张永智. 神东模式研究 [M]. 北京: 煤炭工业出版社, 2016.

[22] 杜善周. 赋能场——神东班组建设理论与模式 [M]. 北京: 应急管理出版社, 2020.

后　记

　　近年来，随着社会、经济和科技的快速发展，企业文化在塑造企业形象、凝聚集体力量、促进创新发展等方面扮演着愈发重要的角色。作为国家能源集团的骨干煤炭生产企业，神东深知在能源领域的重要责任和使命担当，力求展现出更加强大、富有活力和创新能力的企业形象。在神东开发建设近40年之际，为学习贯彻新发展理念、构建新发展格局，推动形成以"数字化引领、智能化生产、专业化服务、定制化营销、集群化建设、绿色化发展"为特征的高质量发展新格局，进一步宣传贯彻党的二十大精神在大型国有企业落地，对神东企业文化建设历程进行深入总结研究，提出在高质量发展征程中对神东文化的新要求，明确未来神东企业文化软实力和核心竞争力的提升方向，具有重要的理论和现实意义。

　　全书系统整理了神东从创业时期建设者面对恶劣自然环境和生产条件时顽强拼搏的精神，到如今发展成为国家重要煤炭企业争创一流的品质，饱含全体员工对神东的认可与热爱。"文化在传承中发展"，在过去的岁月里，神东逐步塑造"艰苦奋斗、开拓务实、争创一流"的神东精神，不断凝聚员工智慧与力量，形成了自身独具特色的企业文化，沉淀了深厚的文化底蕴。同时，本书通过引用数个经典案例，以真实的"神东人"和"神东故事"书写神东波澜壮阔的文化建成史。这些精心摘选的案例无一不展现出神东为聚焦国家能源发展与革命所付出的努力，让我们感受到了文化理念贯穿于企业发展的各个环节，是一种强有力的战略方针。正如书中所说的："神东文化是各时期建设者、一代代神东人接续凝聚而成的。"

　　编纂本书的目的在于通过全面梳理神东过去近40年来在企业文

化建设、科学技术发展、煤炭生产力进步等方面的主要成就，展示神东在建成特色文化谱系过程中所付出的努力，体现神东"艰苦奋斗、开拓务实、争创一流"的企业精神。提出在新征程中，神东将进一步加强与党建、安全、科技、人才、经营管理等多方面融合建设的文化新发展理念与方略；制定智能安全管理体系的创新研究；形成从文化感知、文化标准、文化评价、文化考核与文化激励等角度出发，独具特色的企业软实力文化落地新方法；通过形成理念引领力、文化自信力、行动自觉力、变革驱动力与品牌号召力五个维度的共同作用的企业文化软实力，借助文化产生的"虹吸效应"吸引各种优势资源汇聚神东，树立神东文化新形象，助力神东成功迈进世界一流企业。

本书是全体参与者集体智慧和共同劳动的结晶，得益于神东公司各位领导的大力支持和帮助，以及神东相关工作人员的辛勤付出，使得本书得以顺利编写完成。在此，向所有为本书提供大力支持和帮助的领导们表达深深的感谢之情。各位领导在本书编写过程中给予了高度重视，提出了在立足高质量发展新阶段中神东文化的传承与创新要求，为本书提供了宝贵的指导和智慧，使本书更加全面准确地呈现神东的企业文化建设历程，更好地传递神东精神与价值。同时，向参与撰写本书的神东党委办公室、综合办、新闻中心、企业文化中心等相关人员表示衷心的感谢，各位同志多次协调、配合本书的撰写，正是你们的辛勤工作、精心研究和深入调查，为本书提供了丰富的资料和宝贵的建议。

在此，我们真诚地欢迎各位领导、专家和广大读者对本书提出批评和指正。通过广泛的交流和反馈，能够不断完善和提高神东文化建设工作质量，为实现世界一流企业的目标做出更大的贡献。同时，我们期待各位读者能够继续关注神东在未来如何以自身的使命和担当打造世界一流企业的文化软实力，共同见证神东今后的辉煌发展，成为引领行业、走向世界的优秀企业。

编者

2023 年

图 1 神东数字化与智能化建设

图 2 神东矿井智能化操作系统

图 3 神东国家水土保持生态文明工程

图 4 神东布尔台生态治理示范区

图 5 神东"光伏+"应用在采煤沉陷区今夕对比

图 6 神东早期办公生活场所

图 7 神东美景